高等専修学校の研究

地域の教育ニーズに着目して

山田千春
yamada chiharu

六花出版

高等専修学校の研究――地域の教育ニーズに着目して●目次

目次

第2章　技能連携制度の歴史と現状

第3章　全日制高校に対する役割の検討

第4章 高等専修学校の変遷——ある一つの学校の事例を中心に

第5章 高等専修学校における教育の意義――卒業生からの聞き取り調査を中心に

はしがき

開発途上国と呼ばれる国では、正規の学校を量的にも質的にも補完するものとして、正規の括りではない学校が実在し、それが正規の学校と比較しても無視することができない状態にある国や地域もある。我が国においても、明治以降、近代的な教育制度が整えられていく過程において、正規の学校と比べると不完備な学校（各種学校）が正規の学校以上に多く実在していた期間もあったといわれている。しかし、現在、我が国において、学校といえば正規の括りである小学校、中学校、高校、大学などを当たり前のように連想し、中卒者が進学する学校といえば「高校」以外に思い浮かべる人は少ないであろう。筆者自身も中学卒業生の進学先は、高校や高等専門学校ぐらいしかないと思っていた。しかし、「高校」以外の学校が実在しているのである。それが「高等専修学校」であった。専修学校には、高卒者を入学要件とする専門学校（専修学校専門課程）と中卒者を入学要件とする高等専修学校（専修学校高等課程）とがあり、高等専修学校は高校生と同世代の生徒が在籍している点から後期中等教育段階の教育機関といえる。

現在、高校（後期中等教育）に進学することが当然視されるなか、少数派の非進学者や高校中退者は非正規雇用を前提とした低賃金労働者などのワーキングプアとなり社会的に排除されやすい状況にある。そのなかでも、何かしらの課題を抱え後期中等教育における進級・卒業が困難な生徒が高い割合で在籍しているのが、定時制高校や通信制高校、そして高等専修学校だといわれている。一九九〇年以降の生徒数減少に伴い、公立高校では高校の再編整備が行われ、私立高校でも募集を停止する学校があるなかで、現代においても「高校」以外の学校が後期中等教育段階の教育機関として存在していることの意味を改めて問う必要があるのではないかと考えた。それが、今回、後期中等教育における高等専修学校の研究をまとめようと思った動機である。

本書では、高等専修学校の前身である各種学校からの歴史や高等専修学校になってからの全国的な動向など全体を押さえつつも、高校のように多くはない高等専修学校が、現在も存立している地域性に着目して、その「地域の教育ニーズ」にどのように応え、地域の後期中等教育のなかでどのような役割を担っているのか（担ってきたのか）を検討しながら、この少数かつマイナーな高等専修学校の実態や後期中等教育における評価を行おうと試みた。それによって、「高校」以外の学校が後期中等教育段階に存在していることの意味を明らかにしていくことができると考えたからである。それは同時に、高校、そのなかでも主流の全日制高校からみた地域の高校教育の課題ではなく、非主流の教育機関である高等専修学校からみた地域の高校教育（後期中等教育）の課題を明らかにする作業でもあった。学力的に序列化された高校教育ではあるが、地域によって、はたして生徒や保護者のニーズにかなった教育の多様性が確保されているのかどうかも含めて検討したものである。

本書で示した高等専修学校の実態や評価は、北海道の高等専修学校、そのうちのB校を中心とした事例研究の結果として明らかとなったことである。高等専修学校全体の実態や評価を捉えるには、今後、北海道以外の学校やB校とは異なる特徴をもつ高等専修学校を取り上げ、事例を積み上げていく必要性があり、その点から本書はまだ発展途上にある研究である。しかしながら、現在は、広域通信制高校を軸にそれと連携した高等専修学校や技能連携校、サポート校などが実在し、「高校」以外の学校／教育機関がより多様化しているなかで、そのような「高校」以外の学校／教育機関に興味関心をもつ研究者の方や現場の教育に携わる方々のもとへ本書が行きわたったら幸いである。

序章

本研究の目的と課題

――高等専修学校の研究と地域性への着目

高等専修学校の授業風景（珠算）
出典：『G高等学校「周年記念誌」通信制課程70周年・単位制課程30周年・技能連携教育50周年』G高等学校周年記念事業協賛会、2019年

一　研究の背景

中学卒業生の進学先といえば、だれもが高校をイメージする。ほかにも中学卒業生の進学先として高等専修学校があるが、生徒数も少なく、高校のように全国的に学校があるわけではないので、その存在を知っている人はきわめて少ないだろう。(1) なぜ、このようにマイナーな高等専修学校に着目したのかというと筆者自身が高等専修学校の教員として勤務して以来、大きな疑問を抱いてきたからである。それは、「現在の日本において高校の統廃合が進行しているなかで、なぜ高校以外の教育機関（高等専修学校）が後期中等教育に実在しているのか？」ということである。しかも、高等専修学校は、学校制度上、「全日制高校」ではないが、それと同じような形態で実在している学校もある。それはなぜなのか？　この素朴な疑問を教育制度と行政学的な視点から解明しようと、高等専修学校に着目し研究を始めることになった。

そのなかでも、本研究で対象とする高等専修学校は、高校生と同じ年齢層が在籍する三年制の高等専修学校である。三年制の高等専修学校には、中学時代の不登校生徒や学力不振の生徒、発達障害を抱えている生徒が高い割合で在籍している。(2) 現在、一〇〇％近い中学卒業生が高校（後期中等教育機関）へと進学している状況のなかで、中学時代の不登校生徒や学力不振の生徒なども高校へ進学せざるを得ない状況にある。(3) そのような進学者側の生徒・保護者のニーズによって、高等専修学校が一定数の生徒を確保し実在しているとも考えられる。しかしながら、近年、高等専修学校を取り巻く状況や私立高校（学校教育法第一条にある学校）と異なる高等専修学校への学校に対する助成状況(4)から、進学者側のニーズだけでは学校が存続している理由を十分に説明することができない。

最初に、高等専修学校を取り巻く状況から述べる。高等専修学校に関する数少ない文献のなかに、その前身である各種学校が、一九六〇年代に高校に進学することのできなかった生徒／高校進学を選択しなかった生徒の中卒後の教育訓練施設となっていたことが示されている[5]（畠山 一九六五、尾形・長田 一九六七：一五五―一六〇、望月 一九六八：七）。つまり、高校生拡大期において、高等専修学校は高校の定員から漏れた生徒の受け皿として学校が成り立っていた。しかし、その後は、高校生世代の人口減少、また新しいタイプの高校創設とする高校教育の多様化のなかで、一九九〇年代の後半から高校の再編整備が進められていて（阿部・喜多下 二〇一九）、その再編整備のあり方について課題はあるものの[6]、単純に中学卒業生数から考えていくと、高校の定員から溢れてしまう生徒は高校生拡大期のようには存在しないことになる。よって、現在では高等専修学校が高校から溢れた生徒を拾い上げるだけでは、生徒数を確保することは困難な状態にあると考えられよう。実際に、そのような少子化の流れのなかで高等専修学校の学校数や生徒数も減少している。

しかも、現在は、そのような生徒減少期であるにもかかわらず、高等専修学校以外にも不登校生徒や学力不振の生徒、発達障害を抱えた生徒を積極的に引き受ける高校や教育機関が増えてきている。その代表的なのが通信制高校である。そのなかでも私立通信制高校は、全日制高校・定時制高校の学校数・生徒数が減少しているなかでも、学校数・生徒数を伸ばしている（乾 二〇一三、内田ら 二〇一九）。通信制高校は、もともと勤労青年の高校教育機会の保障という役割で発足し、社会人になった後の再教育機関の側面が強かった（山梨大学 二〇一一：一五）。しかし、近年では生徒層の若年化が進み、とくに私立通信制高校には、九割以上の生徒が高校生と同年代の生徒で占めるようになっている（山梨大学 二〇一一：一三〇）。つまり、現在、通信制高校は中学時代の不登校生徒、発達障害を抱えた生徒の進学先として、あるいは全日制高校中退者（転入・編入）の受け入れ先となっている（山梨大学 二〇一一：一六―一七、酒井 二〇一八）。通信制高校は登校日数も少なく設定されているので、高卒資格を得たいと考える中学時代の不登校経験者には、単位が履習しやすい学校であると考えられる。しかし、中学時代の不登校生徒や学力不振の生徒にとって少ない登校日数のなかで、通信制高校の学習であるレポートを自力で作成することが困難な状況であるため、そのような生徒に対応できるように登校日数を増やす私立通信制高校が登場したり（土岐 二〇一三）、レポート作成を支援する民間のサポート校が増えている（内田 二〇一三）。いままで、高等専修学校に進学していた生徒層も、このように登校日数が柔軟に設定されている通信制高校や関連するサポート校へと進学者が流れている傾向にある。(7)

私立通信制高校の躍進だけではなく、一九九〇年代半ば以降、新たなタイプの定時制高校も生まれている（高口ら 二〇〇八、柿内ら 二〇〇九）。とくに大都市を中心に昼夜間多部制、単位制、三修制を軸に形成される定時制高校が出現している（高口ら 二〇〇八、柿内ら 二〇〇九）。それによって、定時制は従来、夜間コースがその大半を占めていたが、二〇〇〇年代には昼夜間併置校や昼夜間コースが大きく増加した。(8) 三修制を取り入れた昼間コースの定時制高校は、全日制高校との見分けがつきにくく、しかも公立高校が多いということもあって定員の充足率も高い。(9) よって、昼間コースを希望したものの不合格となってしまう生徒もいる。このような新しいタイプの定時制高校は、大都市を中心に地方都市にも実在し、少なくとも周辺にある高等専修学校の生徒募集に影響を与えている。

さらに、高等専修学校は、学校経営の財政面において私立高校よりも厳しい状況にある。三年制の高等専修学校は、ほぼ私立学校である。ただし、専修学校は、学校教育法第一条にある大学、高校と異なり、学校経営に対する財政的な補助金がきわめて少ない現状にある。よって、ある一定の入学者数がいなければ、学校を経営していくことは難しく、私立高校も昨今、募集を停止する学校もあるが、それ以上に厳しい財政状況のなかで学校経営を行っているのが高等専修学校といえよう。

以上のような高等専修学校を取り巻く状況や学校への助成状況の厳しさにもかかわらず、高等専修学校が実在している実態をどのように考えていけばよいのか。香川めい・児玉英靖・相澤真一（二〇一四）は、高校教育の拡大が地域的多様性（都道府県）という特徴をもって進行したと述べているが、これを踏まえれば、同じ後期中等教育に位置する高等専修学校も都道府県ごとに異なる展開をみせてきたことが容易に推察できる。つまり「地域性」をキーワードに検討していくことによって、高等専修学校の実在している理由などを明らかにすることができるのではないだろうか。

もう一つ参考となるのが、内田康弘のサポート校の研究である（二〇一四）。内田は、全日制高校数や生徒数の多い（よって不登校生徒や高校中退者も多い）東京や政令指定都市を含む都道府県においてサポート校が増加していることを示している。サポート校も高校ではないが、東京や都市部を中心に展開するという、その地域の事情や教育ニーズによってサポート校の需要が生み出されていた。地域性への着目、そのなかでもとくに「地域の教育ニーズ」を中心に事例となる高等専修学校を検討することによって、地域の後期中等教育における高等専修学校の位置づけや展開の仕方を明らかにすることができるであろう。

以上のことから本研究では、北海道の事例を中心に日本の後期中等教育において、高等専修学校が実在している要因を地域の教育ニーズとの関連性から明らかにし、この学校種の評価を考察することを目的とする。高等専修学校の歴史や全国的な動向を踏まえつつも、北海道の事例を通して、地域（学区内）[10]の全日制高校とどのような関係にあるのか（地域の後期中等教育における位置づけ）、そして一つの学校（B校）を事例として、長年にわたる地域の教育ニーズと学校との関係を分析する。それと同時に、事例校（B校）が実在する地域の高校教育（後期中等教育）の課題を、非主流の高等専修学校の視点から分析し、地域の高校教育の多様性の確保という点から、公教育の課題を明確にしていきたい。次の第二節では本研究で対象となる三年制の高等専修学校の説明をし、第三節では非主流の後期中等教育機関[11]の先行研究の検討を行い、第四節では本研究の課題と研究枠組み、そして本書の構成を示していきたい。

図0–1　専修学校のおこり

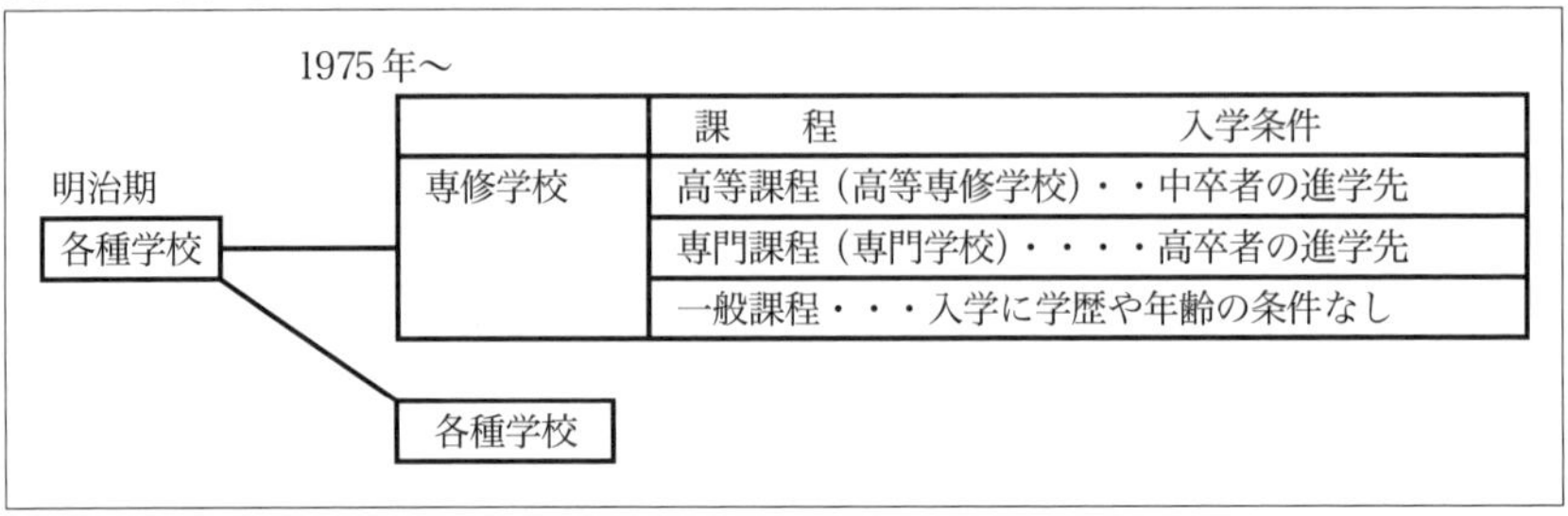

出所：倉内史郎「専修学校制度の発足」『教育』26（3）、1976年、109頁を参考に筆者が作成

二　本研究で対象となる三年制の高等専修学校

高等専修学校とは、学校教育法第一条に記されている「学校」ではなく、学校教育法第一二四条にある「専修学校」である。専修学校の前身は各種学校であった。一九七五年から学校教育法のなかに専修学校が組み込まれ、翌年からある一定の基準を満たした各種学校は、専修学校へと格上げされ、正系の学校体系に対応する形で、高等課程、専門課程、一般課程の三課程が設置された（倉内 一九七六a）。中卒者の進学先である専修学校高等課程を高等専修学校といい、高卒者の進学先である専修学校専門課程を専門学校と呼んでいる。専修学校一般課程は、入学に学歴や年齢の条件がない（図0－1）。

専修学校は、「職業若しくは実際生活に必要な能力を育成し、又は教養の向上を図る」ことを目的とする学校で、実践的な職業教育、専門的な技術教育を行う教育機関である。「工業」「農業」「医療」「衛生」「教育・社会福祉」「商業実務」「服飾・家政」「文化・教養」の八分野の職業教育があり、そのなかでさらに細分化された学科がある（表0－1）。学生・生徒はそのなかの一分野の一学科を学んでいる。二〇一九（令和元）年の学校基本調査の数値によると、全国に高等専修学校は四〇八校あり、三万五〇七一人の生徒が在籍している。入学生は一万四一四一人（うち新規中学卒業生は八三〇一人）であった。

以上のように分野や学科によって細分化された高等専修学校であるが、修業

二　本研究で対象となる三年制の高等専修学校

表0–1　専修学校の8分野

分　野	学　　　　科
工業分野	情報処理、情報工学、電子計算機、自動車整備、建築、土木・測量、電気・電子工学など
農業分野	農業、園芸、畜産、ガーデンデザイン、フラワービジネス、バイオテクノロジー、造園、生命工学、農産加工など
医療分野	看護、理学療法、作業療法、リハビリテーション、歯科衛生、柔道整復、はり・きゅう、あんま、マッサージ、歯科技工、臨床検査、診療放射線など
衛生分野	調理、栄養、製菓、製パン、美容、理容、メイク、エステティック、ネイルなど
教育・社会福祉分野	保育、幼児教育、介護福祉、社会福祉、医療福祉など
商業実務分野	経理・簿記、会計、ビジネス、観光・ホテル、旅行、秘書、医療事務、経営、診療情報管理、ブライダル、情報ビジネスなど
服飾・家政分野	服飾、和裁、ファッションデザイン、スタイリスト、パタンナー、アパレル、ファッションビジネスなど
文化・教養分野	デザイン、音楽、放送芸術、演劇、ジャーナリスト、英語、通訳、翻訳、動物、公務員、法律行政、スポーツ、マンガ、ダンス、美術、写真、日本語など

出所：一般財団法人・職業教育・キャリア教育財団編集『令和3年度版　全国専修学校総覧』2021年、10・11頁をもとに筆者が作成

表0–2　高等専修学校の分類

年数	1、2年制	3年制（高卒資格・高卒扱い取得型）	
	資格取得型	現実型	夢追い型
分野	医療分野の准看護学校 衛生分野の美容・理容学校 衛生分野の調理・製菓学校	商業実務分野、工業分野、教育・福祉分野、農業分野、服飾・家政分野の学校	文化・教養分野の学校（スポーツ系の学校、芸能系の学校、アニメ・イラスト・声優養成系の学校）
生徒の年齢	10代後半からそれ以上と生徒の年齢層に幅がある。准看護学校には高卒者・大卒者も存在している。	15～18歳（高校生と同じ）	
備考	3年制の美容・理容学校、調理・製菓学校もある。資格取得型＋高卒資格型を兼ねた学校	大学入学資格付与指定校[12]。専門高校よりも、職業の専門教育に比重を置いている。なかには、通信制もしくは定時制高校と技能連携[13]を結んでいる学校も多く、高卒資格も取得できる。	

筆者作成

年数に着目すると大きく二つに分類することが可能である。修業年数によると、表0－2にあるように、一、二年制の資格取得型[14]と三年制の高等専修学校（高卒資格・高卒扱い取得型）とに分類することができる。中卒者を受け入れる同じ高等専修学校ではあるものの、資格取得型には、准看護学校のように高卒者・大卒者が大部分を占めている。その他の一、二年制の高等専修学校は、新規の中卒者も含まれているものの、高卒資格（高卒扱い）[15]を得ることを目的とした学校でないため、准看護学校と同様に本研究では研究の対象としていない。高卒資格取得を目的としている学校として、本研究では三年制の高等専修学校を対象とし、北海道内六校で実施した調査結果をもとに考察を進めていく。

二　先行研究の検討——非主流の後期中等教育機関の研究

高等専修学校を事例として扱った先行研究はほとんどないが、後期中等教育機関で不登校経験者、学力不振の生徒、非行傾向の生徒、高校中退者が、高い割合で在籍している学校／教育機関に定時制高校、通信制高校（サポート校など関連施設も含む）などがある。伊藤秀樹（二〇一七：四）は、九〇％以上の中学卒業生が進学する主流の全日制高校に対して定時制高校、通信制高校、高等専修学校、サポート校を非主流の後期中等教育機関と呼んでいるが、ここでは、それらの学校／教育機関の先行研究を「学校適応と進路形成に着目した研究」「従来の学校教育と比較した研究」「生徒の意識や学校への意味づけに着目した研究」「地域性を考慮に入れた研究」の観点から検討し、本研究の目的と課題を提示していきたい。

（一）学校適応と進路形成に着目した研究

戦後、定時制高校は、勤労青少年を含めたすべての青年に対する高校教育の機会を保障するものであったが、高校教育機会の拡大でその社会的機能が変容を遂げていった。片岡栄美（一九八三）の全日制高校の亜流論、渡辺潔（一九九二）の全日制高校失敗組の受け皿という表現に端的に現れているように、一九七〇年代の後半、高校進学率が全国で九〇％を超えた頃から、定時制高校は、全日制高校へ進学できなかった生徒の受け皿となり、そこでの教育活動は困難な状況へと陥っていった。

しかし、その後、定時制高校は、勤労青少年のための働きながら学ぶ教育機関から、なんらかの困難を抱えた生徒が学ぶ教育機関、あるいは生涯学習的要素をもち合わせる教育機関へとシフトしていった（近藤・横井 二〇〇九）。そこで、二〇〇〇年以降は、教育活動の困難を指摘するというよりは、なんらかの課題を抱えて、中学校や最初に入学した全日制高校でうまくやってこれなかった生徒たちが、なぜ定時制高校に定着することができるのか、学校適応のプロセスに焦点をあてた研究が中心となっていく。たとえば、西村貴之（二〇〇二）は、定時制の生徒たちが全日制の生徒たちと違う点として、「なぜ定時制に通うのか、学校とは自分にとってどういう場なのか」を問い直すプロセスを通ることをあげ、生徒自身がこうした「自己への語り」をしながら定時制生活を意味づけ、やがて定着していけるように、教員はだれもがいやすい空間を学校的な枠を緩めることでつくり上げているなと述べている。城所章子・酒井朗（二〇〇六）は、全日制高校とは異なる自由度の高い夜間定時制高校の教育（昼間の仕事やアルバイトも含めて）によって、それまでの学校化社会の枠組みでみれば、脱学校的あるいは反学校的な意識や態度とみなされた生徒も、自己を再定義しつつある過程にあることを明らかにしている。[16]

川井悠一朗（二〇一九）は、高校への進学率が九〇％を超えた一九七〇年代後半から定時制高校へ在籍する生徒層も多様化し、サポーティブな役割を担うようになったと述べている。「サポーティブ（supportive）」とは、「全日制に適応できない生徒の支えとなり協力すること」であるといい、定時制高校はスラム化した状況を改善する独自の取り組みを行うなかで「サポーティブ」な学校へと変容していったという。そのような定時制高校のサポーティブな機能から、不登校経験者や非行傾向にあった生徒なども、「ぬくもり」や「居場所」を感じ取り自己を再定義しながら高校生活を送っていると述べている。

また、定時制高校ではないが、通信制高校のサポート校の先行研究においても、不登校経験者や高校中退者がなぜ学校／教育機関でやっていくことができるのか学校適応の点から検討がなされている。東村知子（二〇〇四）は、サポート校の事例研究を行い、生徒の側に立った従来の学校らしくない、教師らしくない対応によって、通常の学校ではやっていけない生徒に対しても有効である点を示し、そのような対応がサポート校における教育活動の意義であるとも述べている。

以上の先行研究で明らかなように、これらの学校／教育機関では、中学校や全日制高校などにおける厳しい指導に対して、それを緩めながら、教師が生徒に対してサポーティブで親密な関係を築くことによって、生徒たちが安心していられる空間をつくっていると考えられる。そのような安心できる空間のなかで、不登校経験者や反学校的な生徒でも学校に定着しやすくなると捉えられている（伊藤 二〇一七：三三）。それらがこれらの学校／教育機関の教育的な意義であると同時に、逆に欠席してもとがめられない居心地のよい空間が、授業の欠席時数につながってしまい、生徒を取りこぼしてしまう要因ともなっている（西村 二〇〇二、近藤・横井 二〇〇九、川井 二〇一九、東村 二〇〇四）。

これらの研究は、定時制高校やサポート校の事例であるがそれ以外にも、非主流の後期中等教育機関には、全日制タイプの学校、つまり朝から登校することを進級・卒業の要件とする学校も存在する。定時制高校でも三修制を取り入れ全日制高校と同じように、昼登校し三年間で卒業することができる学校もある。また、学校教育法第一条には属さないが、本研究で取り上げている高等専修学校も、中学卒業者が進学する全日制タイプの学校である。

非主流の後期中等教育機関において、定時制高校や通信制高校（サポート校）から比べると、全日制タイプの学校の先行研究が少ないなか、高等専修学校の教育実践を事例とした伊藤（二〇一七）の『高等専修学校における適応と進路──後期中等教育のセーフティネット』を取り上げていきたい。伊藤は不登校経験者、学力不振者、非行傾向にある生徒が高い割合で在籍している高等専修学校を事例に、学校適応と進路形成を支える教師の教育実践・背景要因について考察を行った。そのなかでも、学校適応に関しては、「不登校経験者の登校継続」（第五章）と「教師の指導の受容」（第六章）について生徒の語りをもとに検討を行っている。不登校経験者の登校継続を支えている教育実践・背景要因として、「過去の学校経験における『痛み』を共有する生徒集団」「自閉症の生徒との共存」「密着型教師＝生徒関係による支援」「教師による生徒間関係のコーディネート」[17]の四点をあげている。教師の指導の受容となる契機については、「成長志向」「被承認志向」「年長役割志向」[18]の三つの志向性によるものであり、指導の受容のメカニズムを支える教師の教育実践・背景要因として、「密着型教師＝生徒関係」[19]「部活動への巻き込み」「学校と家庭の協力体制」の三点をあげている。伊藤の研究の特徴は、先の定時制高校やサポート校のように、指導や規則を緩めたり、従来の学校の教師らしくない振る舞いによって、居心地のよい空間をつくり、それによって学校適応が図られているとは異なり、むしろ厳しい指導を行うが、教師の熱心な働きかけと家庭の協力によって学校への適応が図られていくプロセスを示している点である。

以上のように、非主流の後期中等教育機関の先行研究は不登校経験者、非行傾向のある生徒、高校中退者などがなぜ学校に定着できるのかという点に研究者の関心が集中していたが、非主流の後期中等教育機関は、全日制高校では受け止められない生徒を受け止め、就職や進学などの次のステップへとつなげている、いわば後期中等教育のセーフティネットという意味合いから（伊藤 二〇一七：五）、徐々にではあるが卒業後の進路形成に着目した研究も行われるようになってきた。二〇〇〇年以降、雇用情勢の悪化に伴い、全日制高校も含めた高卒就職が厳しさを増すなかで、とくに非主流の後期中等教育機関の「進路未決定率」の高さがたびたび指摘されてきた

（近藤・横井 二〇〇九、伊藤 二〇一二）が、進路形成に向けた詳細なプロセスを検討するには至っていなかった。伊藤はその点にも言及し、先の著書のなかで、生徒の語りから浮かび上がる「出来事」と「志向性」という二つの要素に着目しながら事例校の生徒たちが進路を決定して卒業していくメカニズムを検討している（第七章）。生徒たちは学校内／学校外における出来事によって「やりたいこと」を発見し、その意識の根底にあったのが、『楽しいことを仕事に』志向」「サポート志向」「年長役割志向」「成長志向」という四つの志向性であった。そして、事例校の生徒を進路決定へと結びつける教育実践・背景要因として、「特別活動や部活動、専門コースの授業、進路行事・職業体験の機会などを充実させることによる、学校内での多彩な出来事の創出」「フリーターに出会うような学校外の出来事の制御（アルバイトの制限）」の二点をあげている。さらに、伊藤は卒業後、事例校の卒業生たちがなぜ就業・就学を継続できているのかについて、そのメカニズムを卒業生の語りから検討している（第八章）。卒業生の語りから、就業・就学継続が促されている背景として、事例校在学中の「辞めないための指導」と「つながり続ける教師＝卒業生関係」という二つの教育実践を見出している。

事例校は、在学中の進路決定率が一〇〇％に近く、このような進路形成のプロセスは、卒業後の取り組みを含めて実践的に参考になる点が多い。ただし、学校／教育機関の状況によっては、学校内の出来事の創出に関して限定的であったり、家計を助けるためにアルバイトをしなくてはならない家庭の生徒も存在しているので、事例校のような取り組みが難しい学校もあるだろう。また、学校外の出来事の創出については、生徒のおかれている家庭環境などによっても影響を受けることになる。ましてや卒業後も卒業生をケアし続けることは、教員の人的な配置において余裕がなければ実践していくことは困難であると考えられる。

高校を中退し、再度、学校／教育機関へ登校した者の進路形成について着目した研究もある。内田（二〇一六）は、高校中退経験をもつ私立通信制高校（サポート校）における大学進学行動の事例に着目し、サポート校を経由した非直線的な大学進学行動（教育達成）の実態とその構造を明らかにしようとした。事例校のスタッフは、各生徒の前籍校の履歴現象効果と「やりたいこと」支援を組み合わせ推薦入試によって大学合格へと導く、生徒支援型の進路指導を行っていた。そのようにサポート校を経由して大学合格を達成した生徒たちは、高校中退経験そのものを各個人の描く「成功物語」獲得のための進路変更として積極的に捉え直していたが、今後は選抜性の高い大学への進学をはたすこともできる学力保障が求められることを課題としている。

高校を中退した生徒が、高卒資格を取得するだけのサポートだけにとどまらず、大学進学を志す生徒のために、進学指導を行っている事例となったサポート校の存在は大きいと考えられる。ただし、内田も述べているように事例となったサポート校からの大学進学者は約二割に過ぎず、大学進学を希望しないそれ以外の生徒の意識構造や進路指導については、分析が行われていない。とくに、進路未決定で卒業を迎える生徒も高い割合で存在していると考えられるので、そのような生徒の意識構造やサポート校の取り組みについても今後、検討していく必要性があるだろう。

以上のように、生徒の学校適応や進路形成に関わる研究を概観してきたが、文献検討やアンケート調査による研究はほとんどなく、研究者が実際に非主流の後期中等教育機関に足を運んで、教育活動を観察したり、生徒(卒業生も含む)や教員からのインタビュー調査を行って得たデータをもとに検討されている。近年では、株式会社立通信制高校の教育や運営面における課題が指摘されているなかで(神崎・土岐・手島 二〇一七：一一四―一二〇)、実際にフィールドワークを行ってそこでの教育的な意義を描こうとしている点は先行研究の大きな特徴である。ただし、そのようにして得た貴重なデータも研究者の定めた分析枠組みによって検討が進められていくので、学校／教育機関の教育活動や学校生活に関する当事者(教員・生徒・卒業生)の評価が十分に描かれていないのではないかと考えられる。当事者の評価を踏まえて、はじめて後期中等教育における非主流の学校や教育機関の評価について検討することが可能となるのではないだろうか。そのようなことから、本研究では当事者(卒業生)から聞き取った高等専修学校の教育活動の実態をもとに、当事者の声をストレートに反映する形で、高等専修学校の評価を示していきたい。

また、先行研究では学校適応や進路形成に関して研究が進められているのに対して、入り口の入学動機については断片的な内容しか示されていない。伊藤（二〇一七：八八―九〇）は非主流の後期中等教育機関においても、家庭背景や素行というノンメリトクラティックな選抜基準によって進学先が限定されてくることを指摘しているが、そもそも不登校経験や学業不振など困難を抱えている生徒が、どのような理由で進学先を選択しているのか、その部分に関しては先行研究では十分に検討されていない。困難を抱えた生徒の学校適応のプロセスを検討していくなら、まずは入学動機について、その詳細を明らかにしていく必要があるだろう。本研究においては、高等専修学校の卒業生からの聞き取り調査をもとに、高等専修学校を進学先として決定した要因を明らかにしていきたい。

（二）従来の学校教育と比較した研究

非主流の後期中等教育機関の教育活動だけではなく、なかには従来の管理的な学校教育との比較を行ったり、高校教育制度全体のなかでどのような機能をもつかを検討した研究も存在している。

東村（二〇〇四）は、従来の学校らしくない生徒の側に立ったスタンスがサポート校における教育活動の意義であるとし、さらに従来の学校教育のあり方について再考を迫る視点を示している。制度化された学校のあり方を当たり前として認め、高校中退者や不登校等、学校からはみ出す子どもをあくまでも例外的なケースとして解決すべき問題であるとしてきたが、東村は制度化されていないサポート校（従来の学校らしくない場）のようなところであれば、そのような生徒も踏みとどまることが可能であり、彼らをはじき出している現在の学校のあり方こそ再考すべきではないだろうかと指摘している。

酒井（二〇一八）は、私立通信制高校が学校教育の市場化の流れに沿って、中退問題の解消にどのように寄与してきたのかを把握するとともに、それが高校教育全体にどのような影響を及ぼしているのかを検討している。その結果、中退者は減少していても転学者を入れると六％に上り、そのような転学者の多くを私立通信制高校が受け入れているという。また、高校教育制度に対する私立通信制高校の機能として、「学校不適応の生徒を排除せず、高校教育の中に包摂するように作用している」「これまでの高校教育が排除してきた若者文化を積極的に教育内容として取り込み、学校側が提示する価値規範とそれに対抗する生徒文化という構図を揺るがせているのではないかということ」「既存の高校とは異なる学校文化を備えた高校が設置され、そこに既存の高校に適応できずにいる生徒の多くが転学、編入学できるようになったことで、既存の高校、すなわち全日制の高校や定時制高校は、従来通りの学校文化を堅持する、あるいはさらに強化することができるようになっている」という三点をあげている。現代の高校教育は、全日制高校によって編成されるメインの市場と、その周辺にあるサブ市場（私立通信制高校）の二つが用意されており、そのなかでそれぞれの生徒や保護者の選好により、学校が選択されていると述べている。

以上のように、非主流の学校／教育機関での教育活動の検討にとどまることなく、高校教育全体や学校教育へと議論の広がりがみられるのが特徴である。とくに東村は非主流の後期中等教育機関の視点から、学校教育の課題を捉えようとしている。いままで、高校教育の課題は、全日制高校を中心に検討されてきていたが、非主流の後期中等教育機関には全日制高校では受け止められない生徒が在籍しているので、非主流の後期中等教育機関の視点から高校教育の課題を捉え直していくという作業も今後は積極的に行われていくべきであろう。本研究では、一条校[21]でない非主流の高等専修学校が地域の学校として生き残っている事例を通して、その地域の高校教育（後期中等教育）の課題を探ることを試みたい。

後者の酒井の検討も教育の市場化の流れのなかで、高校教育制度における私立通信制高校の機能を全日制高校との比較で捉えようとしている。しかし、私立通信制高校が非行傾向の生徒を受け入れない傾向もあり（土岐二〇一二）、全日制高校に行かないすべての生徒を包摂しているというわけではない。また、全日制高校によって編成されるメインの市場と、その周辺にあるサブ市場（私立通信制高校）の二つが用意され、そのなかでそれぞれの生徒や保護者の選好により、学校が選択されているとあるが、経済的な困難を抱えた生徒もいるなかで、私立通信制高校を選択できない生徒も存在している。なかには学力的な問題で全日制高校に入学することができなくて、サブ市場である私立通信制高校に進学せざるを得ない生徒も存在しているのではないだろうか。そのようなことを踏まえると、後期中等教育における高等専修学校の評価も全日制高校との単純な比較に終始することなく、丁寧に全日制高校との関係性を捉えて検討していきたい。

（三）生徒の意識や学校への意味づけに着目した研究

非主流の後期中等教育機関に在籍している生徒の意識に着目した研究も少なからず存在している。中学の不登校経験者や高校中退者のその後に関心をもった研究や在籍している学校を生徒はどのように意味づけしているのかを調査結果をもとに検討が行われてきた。

片岡（一九九三）は、定時制高校生にとって学校生活のもつ意味がどのようなものであるのか、生徒類型と行動・意識の特性の関連を中心に検討し、生徒の学校に対する意味世界がどのように形成されているのかを明らかにしようとした。定時制高校に在籍している生徒を「定時制第一志望グループ」「全日制第一志望グループ」「全日制中退者」に類型し、分析していくと、「定時制第一志望グループ」の生徒は定時制高校の勉強や生活全般に関して、肯定的に受け止めている生徒の割合が高く、「全日制第一志望グループ」「全日制中退者」になると肯定的に捉えている生徒の割合が減少していた。「定時制第一志望グループ」は、定時制高校の外に比較準拠がないため定時制高校の学校生活に肯定的であり、「全日制第一志望グループ」や「全日制中退者」は、外に全日制高校など比較準拠をもつため肯定的に捉える割合が低くなるのであろうと分析している。

さらに、三つのグループのうち「全日制第一志望グループ」は、全日制高校の生徒に引け目を感じたり、全日制高校と比べると、いろいろな面で差別を感じている生徒の割合がもっとも高かった。その原因を片岡は、学力による選抜で全日制高校へ行けなかったことがスティグマ（stigma）というべきマイナスのラベルとして、生徒の意識のなかに強く残っているためであろうと分析している。そのようなスティグマを「全日制中退者」はもつことがないが、全日制高校を卒業できなかった、あるいは全日制高校をやめさせられたというスティグマをもっていると述べている。

内田（二〇一五）は、高校中退経験をもつサポート校生徒による「前籍校」の制服着装行動に着目し、サポート校の生徒および卒業生の語りをもとに、高校中退経験および「前籍校」の制服着装行動に対する彼らの主観的解釈と、サポート校における「前籍校」の制服着装行動がはたす機能について検討している。高校中退経験者であるサポート校の生徒は、スティグマが社会から付与され、前籍校の制服を着装することにより「普通の高校生」へと同化し、その軽減を図っていた。それと同時に「前籍校」の制服着装行動は、高校中退経験に対する「内省」によるスティグマの「自発的埋め込み」というアンビバレントな意味をもつという。内田は、この検討を通して、高校中退経験をもつ生徒が再登校する学校／教育機関が増加するなかでも、現代社会においてはいまだ、「普通の高校生」であることへの強い価値規範が存在する可能性を指摘している。

柊澤利也（二〇一九）は、不登校経験者のその後の意識に着目し、チャレンジスクール（オルタナティブな学校）を進学先として選択した要因とチャレンジスクールに登校することを不登校経験者がいかに位置づけているのかを明らかにしようとした。チャレンジスクールの生徒や卒業生の語りを引用し、彼らは全日制高校を「普通」と捉え、そこに進学を希望するものの中学の成績面から全日制高校への進学は現実的に実現することが難しく、

「普通っぽい」学校のチャレンジスクールを選択し進学をしていたこと、それによって、望み通りの「普通」はかなわなかったものの、「普通っぽい」学校に登校することで、それなりの「普通」を回帰することで収まることができたのであろうと述べている。それと同時に、「普通っぽい／くない」という曖昧さを含意するチャレンジスクールにおいて、彼らは葛藤を抱いていることも指摘している。

以上のように、数少ないが生徒の意識に着目したこれらの研究は、中学生の進学先の選択を検討していくうえで重要な点を示唆してくれている。片岡の研究では、定時制高校の志望グループによって、定時制高校の学校生活全般の捉え方や全日制高校に対する引け目の感じ方が異なることを示している。片岡も指摘しているように外の比較準拠の有無によって変化があるものの、全体的に定時制高校の生徒が全日制高校に対して引け目を感じており、それは同時に全日制高校やそこに通学する生徒への憧れとも捉えられる。そのようなことを参考にしていくと、不登校生徒や学力不振の生徒など、何かしら困難を抱えている生徒であっても、高校進学の段階で全日制高校に憧れ、そのようなタイプの学校を選択する可能性が高いことが推察できる。

次に内田の研究では、高校中退を経験したサポート校の生徒は、「普通の高校生」への憧れをもっているという。ここで、普通の高校生とは、高校をやめることなく高校に通学している生徒（おそらく全日制高校の高校生）を指す。チャレンジスクールを進路先として選択したのも「普通っぽい」からだった。柊澤の「普通」は、昼に毎日通学する全日制高校やそこへ通う生徒、あるいは毎日学校に通っている状態を指している。このような願望は、不登校経験者や学力不振の生徒など困難を抱えた生徒の高校選択を考えるうえでもポイントとなることかもしれない。ただし、「普通志向」だけではない要因が中学生の進路選択には複合的に絡み合っている可能性もあるので、本研究では、卒業生の聞き取り調査をもとに検証していきたい。

（四）地域性を考慮に入れた研究

本書は、非主流の後期中等教育機関である高等専修学校の評価を地域性に着目して検討することを試みるが、地域性を前提とした非主流の後期中等教育機関の研究が行われてこなかったというわけではない。たとえば、定時制高校の研究では、学校がある地域社会によって、社会的機能が異なるであろうことを前提に都市や農村など代表的な学校に事例を絞って研究が行われていた。たとえば、片岡（一九九三）は、（定時制の生徒）拡大期から維持期にかけての農村型定時制高校と都市型定時制高校のうち典型的な定時制を抽出して社会的機能の変容を検討している。前田崇（二〇〇九）は、発展的地方都市型定時制高校（千葉県立高校定時制課程）を事例として、戦後復興期から高度経済成長期の大きな社会変動に伴う定時制高校の社会的機能の変容を歴史社会学的に考察している。渡辺（一九九二）は「働きながら学ぶ場」から「多様な生徒の学ぶ場」への定時制高校の変容の姿を、東京の下町にある都立F高校を事例に検討している。これらの先行研究は、その定時制高校が実在している地域によって様相が異なることを前提に、全日制高校への進学率の向上や地域社会の変化によって、その社会的機能が変容していている点を明らかにしている。

しかし、このように地域社会における代表的な学校を事例とした、学校の社会的機能を検討する研究は、一九八〇年代までの分析にとどまり、一九九〇年以降の検討がなされてこなかった（高口ら 二〇〇八、柿内ら 二〇〇九）。そのことを踏まえ、高口明久・柿内真紀・大谷直史・太田美幸（二〇〇八）・柿内真紀・大谷直史・太田美幸（二〇〇九）は、現代の定時制高校がおかれている状況、抱えている問題群、そこからの転換の可能性を明らかにするために、全国の定時制高校に質問紙を送付し、状況の分析を行っている。それによると一九九〇年以降の定時制高校の改革は、定時制高校のある地域によって異なる成果が現れている。「大都市」では、昼夜間多部制、単位制、三修制を軸に形成される定時制高校が出現し、生徒の充足率や卒業達成率もともに高く、学校の活性化へと結びついているが、「地方都市」では、新しいタイプの定時制高校によって成果をあげることができていない。さらに、「農村部・漁村部・離島」ではこれらの改革を取り込むことすらできず、入学者数も減少し、定時制高校の整理、縮小、統廃合という圧力が強くのしかかっていた。このように、柿内・大谷・太田の研究は、一九九〇年以降の定時制高校改革後の「大都市」「地方都市」「農村部・漁村部・離島」の定時制高校のそれぞれの状況と課題を明らかにしている。ただし、それぞれの特徴的な地域の傾向を把握することは可能であるが、個々の定時制高校では異なる展開をしていることが十分に予測できる。また、定時制高校が一九九〇年以降、その地域でどのような役割をもって実在しているのかを明らかにしていくには、先の片岡、渡辺、前田のように地域のなかで事例校を絞って詳細な検討を積み重ねていく必要があるのではないかと考える。一九九〇年以降、少子化の進行、高校教育の改革や再編整備、新しいタイプの定時制高校の登場、私立通信制高校の躍進、それに伴うサポート校の増加など、高校教育（後期中等教育）を取り巻く環境が変化しているにもかかわらず、それ以降、地域とそのなかで事例校を絞った非主流の後期中等教育機関の研究が行われてこなかった。その先行研究の欠陥を埋めるのが本研究の課題である。

ちなみに、非主流の後期中等教育機関ではないが、香川・児玉・相澤（二〇一四）は、戦後の高校教育拡大の様相を都道府県という地域性と公立／私立の設置主体に着目し検討を行っている。高校教育は全国一律の制度だが、高校の設置に関しては都道府県に任されていた。それによって高校教育拡大の様相も都道府県によって異なるであろうことが予測されたからである。その予想通り、高校生拡大期に私立高校のはたした役割は都道府県によって違いがみられ、高校教育拡大の様相については地域的多様性を確認することができた。高校の設置が各都道府県に任せられているということから、高校教育の拡大に関しては、都道府県単位の「地域性」に着目することがベストだと考えられる。高校教育の配置のあり方が都道府県ごとに異なる状況ならば、当然、その影響を多大に受けている非主流の後期中等教育機関の状況も都道府県ごとに異なる状況であることが十分に予測できる。

ただし、中学生の高校選択を考慮するなら、都道府県単位よりも細かい「学区単位の地域」に着目すべきである。一県一学区というところもあるが、本研究で事例として取り上げる北海道は一九の学区があり、広大な地理的状況を考慮すれば、道単位よりも学区ごとに検討したほうが、その地域における高等専修学校の後期中等教育機関の位置づけが、より明確になるのではないかと考える。

さらに、一九九〇年代に登場したサポート校がどのように全国に展開していったのかを分析したものがある。内田（二〇一四）は、サポート校の全国的な数値を捉えようと、サポート校の都道府県ごとの分布やその推移を明らかにし、都道府県の全日制高校の校数、生徒数、不登校生徒・高校中退者に関する指標との相関分析を行った。その結果、サポート校は東京を中心に展開されていること、その後、政令指定都市を含む都道府県で増えていることがわかり、それらの地域は、不登校や高校中退者も多くいるため、サポート校が進出しやすい状況にあるという。

サポート校は、民間の教育機関であるため、開校が比較的容易であるが、全国一律ではなく、サポート校の教育需要がある都市部を中心に展開されていることから、地域の教育需要と学校／教育機関との関係を考えていくうえで参考となる研究である。おそらく高校の再編や統廃合が進行し、かつ不登校経験者や学力不振の生徒など、同タイプの生徒を引き受ける高校が増えているにもかかわらず、高等専修学校が存続している理由として考えられるのは、それが実在している地域（学区）において、後期中等教育段階の履修において課題を抱えている生徒が多い傾向にあると同時に、そのような生徒を受け入れる全日制高校が存在しないということが考えられる。内田のサポート校の分布や推移については、都道府県ごとのサポート校数と高校中退者、不登校との関係にとどまっているので、もっとミクロな「学区単位の地域」で、非主流の後期中等教育機関と地域の教育需要との関係を検討していくことによって、高等専修学校のはたしている実態が明らかとなり、その評価が可能になるのではないだろうか。

したがって、本研究では、学区内の高校との関係（とくに全日制高校）を中心に地域における高等専修学校の位置づけを検討していく。さらに、一つの学校に事例を絞って、一九五〇年代後半から現代に至るまで、地域の教育ニーズとその変遷において高等専修学校がどのように対応していったのか検討し、後期中等教育における高等専修学校の役割を明らかにしていきたい。

四　研究課題と研究枠組み

（一）研究課題

以上のような先行研究の検討を踏まえて、北海道の高等専修学校をもとに、日本の後期中等教育において、高等専修学校が実在している要因を地域の教育ニーズとの関係から明らかにし、この学校種の評価を考察するため、本研究では四つの課題を設定した。課題の一つ目は、高校教育が拡大していく一九六〇年代から一九九〇年頃までの高等専修学校が教育機会の供給ではたしてきた役割について検討することである。これは先行研究の検討では示されていないが、現在の高等専修学校の後期中等教育における役割を検討するため、過去のはたしてきた役割を確認しておく必要があると考える。高等専修学校は専修学校に属するが、その前身は各種学校であり、近代的な教育制度がスタートした明治期から誕生し、戦後、大学や高校などへ格上げする学校もあったが、依然、各種学校のままで経営を続けている教育訓練施設もあった。また、戦後、新しく誕生した各種学校もあるなか、先行研究によると一九六〇年代の各種学校は、定時制高校と比べても青年に必要な一般教養の授業が少なく、専門技術教育に偏っていたためか（畠山　一九六五、尾形・長田　一九六七：一六六―一六七）、高校を補完する後期中等教育段階の教育訓練施設とみなすことに異議を唱える者もいた（尾形・長田 一九六七：一六六―一六七）。それに対して、一九六〇年代の教育政策では、後期中等教育の概念を各種学校なども含め拡充を図っていたことから、各種学校が、後期中等教育段階の教育機会を補っていたのではないかと考えられる。既存の文献や北海道内の高等専修学校と長きにわたって技能連携をしている道内の通信制高校の資料をもとに、高校教育が拡大していく一九六〇年代から、第二次ベビーブーム世代が高校生になった一九九〇年頃までの高等専修学校が担っていた全日制高校に対する補完の状況について整理をしていく。

課題の二つ目は、卒業生から聞き取った高等専修学校への進学動機を整理し、中学で課題を抱えた生徒の進路選択の要因を明らかにすることである。高校改革や入試改革が進められても、中学の偏差値によって、進学する高校を割り振られている傾向にある。[22]だが、現在においては不登校生徒、学力不振の生徒、発達障害を抱えている生徒、高校中退者などを引き受ける学校／教育機関が以前から比べると多様化し、いくつかの選択肢が存在している。そのなかでも、なぜ、登校スタイルや規則、学校生活全般において、どちらかというと固いスタイルの高等専修学校を生徒は選択し進学してくるのか。中学で何かしら課題を抱えている生徒たちが、後期中等教育機関の学校生活で何を望み、何を期待して進学してくるのか。高等専修学校への進学動機や課題を抱えた生徒の後期中等教育における教育ニーズを高等専修学校の卒業生からの聞き取りをもとに検討する。

課題の三つ目は、北海道の高等専修学校を事例に、地域社会の教育ニーズの変化と高等専修学校の役割の変化を検討していくことである。第一の課題では、高校の数が不足していた状況のなかでの高等専修学校の補完のありようを確認していくが、少子化で高校の統廃合が加速度的に進行しても、その地域に高等専修学校が実在しているということは、同じ学区内の高校（全日制、定時制）の設置状況や定員数だけではなく、その地域の教育ニーズに対して高等専修学校のあり方が変化し、対応してきたからだと考えられる。よって、一つの高等専修学校を事例として選び、地域の教育ニーズとの関連性から高等専修学校のはたしている実態を検討していくことによって、類似する地域における共通点を見出す可能性があると考えられる。この課題については、事例とした高等専修学校の「学校新聞」「教育計画」「記念誌」そして、経営者と教員からの聞き取りをもとに検討をしていく。

課題の四つ目は、当事者（卒業生）による高等専修学校の教育活動の評価を行うことである。先行研究においては、学校／教育機関への積極的なフィールドワークを行い、当事者からデータを収集しているものの、最終的には研究者の分析枠組みによって整理されていくので、当事者の学校に対する評価が薄められていく傾向にあった。さらに、後期中等教育のセーフティネットとして、「学校適応のプロセス」や「卒業後の進路決定のプロセス」に焦点があてられ分析が行われてきたため、授業を中心とする日常の教育活動についての実態が明らかにされていない。一〇代後半の青年期に必要だと考えられる学びが保障されているのかどうかも含めて検討することが重要である。本研究では、卒業生が高等専修学校在学中に、日常の授業を中心とする教育活動の実態とそれをどのように評価していたのか、卒業生からの聞き取り調査で得られた内容を中心に、教員の聞き取り調査の内容も補足的に活用しながら検討を行っていく。さらに、卒業生にとっての高等専修学校の教育的な意義も検討していきたい。

（二）本書の構成

次に、本研究の構成を記す。各章タイトル下の（　）内は、本研究の四つの課題のうち、どの課題に対応して書かれた内容かを記している。最後の補論では、学校教育法第一条に規定されている「学校」ではない専修学校、そのなかでも高等専修学校の制度的な課題に対する高等専修学校の管理職の意見を分析する。補論は、おもに第4章、第5章の内容を補足する役割がある。

第1章　高等専修学校の成立と概要（課題一）

本章の目的は、高等専修学校について、文献や調査の数値を参考に、その前身である各種学校の歴史的な経緯を確認することと、高等専修学校になってからの実態や特徴を明らかにすることである。各種学校時代の特徴をまとめ、その後、高等専修学校になってからの学校種の特徴を「学校基本調査」「高等専修学校の実態に関するアンケート調査」などを中心に整理をし、高等専修学校の認知度の低い理由を検討している。さらに、現在の非主流の後期中等教育機関について、私立学校や民間の教育機関を中心に概観し、後期中等教育における高等専修学校の位置づけを述べる。

第2章　技能連携制度の歴史と現状（課題一）

高等専修学校に在籍しながら、高卒資格が取得できることは高等専修学校の一つの特徴である。その技能連携制度について、歴史や現状を整理することが本章の目的である。技能連携制度がスタートしたきっかけ、各種学校まで広がっていった背景を整理し、一九六八年から各種学校や企業内学校と技能連携制度を結んだG高校の技能連携生徒数の推移を使って、一九六〇年後半から一九九〇年ぐらいまでを中心とした、後期中等教育における高等専修学校（各種学校）の担ってきた役割を確認する。さらに、制度改正（一九八九年）以降における技能連携制度の全国的な活用状況を整理する。

第3章　全日制高校に対する役割の検討（課題二、三）

北海道内で行った三年制の高等専修学校における管理職に対するインタビュー調査をもとに、全日制高校に対する高等専修学校の多様な補完のありようを検討する。補足的に、高等専修学校の実在する学区の後期中等教育機関の現状や全日制高校の志願倍率なども参考にして検討を行う。

第4章　高等専修学校の変遷――ある一つの学校の事例を中心に（課題二、三）

北海道内のある一つの高等専修学校を事例にして、その時々の地域の教育ニーズに対して、どのように学校が応えてきたのかを整理し、地域の後期中等教育における高等専修学校の役割の変化を検討する。「疑似全日制高校[23]へのプロセス」「不登校や発達障害の受け入れ経緯」「地域の後期中等教育における役割の変化」などの観点から、経営者や教員からの聞き取りを中心に、『学校要覧』『教育計画』『創立五十周年記念誌』『学校新聞』なども参考にしながら整理する。

第5章　高等専修学校における教育の意義――卒業生からの聞き取り調査を中心に（課題二、四）

高等専修学校の卒業生一五名からの聞き取り調査を中心に、「高等専修学校への入学動機」「教育の実態」「卒業後の進路形成と教育の関連性」の三つの観点から高等専修学校における教育活動の実態を明らかにし、卒業生にとっての高等専修学校の教育の意義について検討を行った。最後に、卒業生からの聞き取り調査の結果をもとに、卒業生から見た高等専修学校の課題について整理をする。

終章　後期中等教育における高等専修学校の評価と高校教育の課題

後期中等教育における高等専修学校の評価や地域の高校教育の課題をまとめ、高等専修学校の可能性や今後の研究課題を述べる。

補論　高等専修学校の一条校化をめぐる論点――管理職への聞き取り調査を中心に

学校教育法第一条に規定されている大学や高校との学校に対する補助金の格差を解消しようと、専修学校関係者の間で二〇〇六年から専修学校を一条校へ追加規定しようとする動きが始まった。いわゆる専修学校の一条校化運動であるが、それに対して高等専修学校の管理職はどのような意見をもっているのか、北海道の高等専修学校（三年制）の管理職を対象としたインタビュー調査の結果を整理し、高等専修学校における一条校化をめぐる論点について明らかにした。

注

（1）学校基本調査の数値から算出すると現在、高等専修学校には、中学卒業生のうち〇・七％から〇・八％の生徒が高等専修学校に進学しているに過ぎない。
（2）「平成三〇年度『高等専修学校の実態に関するアンケート調査』報告書」全国高等専修学校ホームページ（https://www.zenkokukoutousenshugakkoukyoukai.gr.jp/hokoku_h30.pdf）（筆者最終閲覧日：二〇一九年一〇月一九日）によると、中学時代の不登校生徒が二割を超え、発達障害のある生徒（その疑いのある生徒も含めて）一六・三％が、調査に協力した高等専修学校に在籍していた。
（3）梶原豪人「不登校経験者の高校進学とその後の不登校、中退」『Working Paper Series』Vol. 12、東京都立大学　子ども・若者貧困研究センター、二〇二〇年、二頁参照。二〇一六年度に行われた「東京都子供の生活実態調査」の若者調査のデータを使用したものであるが、それによると小学校、中学校において年間三〇日以上の欠席を経験した者のうち、九一・五％の子どもが高校へ進学していた。
（4）私立学校経常費補助については、私立高校であれば生徒一人当たり、平均三四万円程度が学校に補助されるが（都道府県によって金額が異なる）、高等専修学校は生徒一人当たり六万円程度の補助になる（これも、都道府県や学校の種類によっても異なる）。
（5）望月哲太郎『高等学校技能連携制度の解説――指定申請・連携措置の手引き』第一法規出版、一九六八年、七頁。一九六七年の一五～一七歳の青少年の教育機関在籍状況によると、高等専修学校の前身である各種学校には四一万三千人在籍しており、同年代の青少年の六・四％を占めていた。同年の定時制高校在籍数が三六万六千人であり、それと比較して各種学校に在籍していた生徒数が上回っている。
（6）高野正「地方農村部の昼間定時制課程における「教育的意義」Ⅱ：音更高校定時制農業科生徒が書いた「意見発表文」の内容分析を通して」『公教育システム』第一六号、北海道大学大学院教育学研究院教育行政学研究室／学校経営論研究室、二〇一七年、一〇三～一一七頁。そのなかで、高校再編整備においては、様々な困難（低学力や不登校等）を抱えた生徒の学習の場となる高校（小規模校や定時制高校）が統廃合となる可能性が高いことが述べられている。香川めい・劉語霏「生徒減少期の高校教育機会――日台比較から見る公私分担と多様性の確保の課題」『教育社会学研究第』九九集、二〇一六年、五～二五頁。高校教育において、量的規模を縮小化しながら質的多様性を確保するために、公立と私立がどのように分担していくべきかが議論されている。

（7）なかには、同じ学校法人が通信制高校と高等専修学校の両方を経営しているところもある。

（8）乾彰夫「高校教育の現状と『高卒資格』をめぐる課題――二〇〇〇年代の変容を中心に」『人文学報』（首都大学東京人文科学研究科）№471、二〇一三年、一～一六頁。それによると、定時制の昼夜間併置校や昼夜間コースが増加した背景には、定時制の性格が従来の勤労生徒を対象とする（少なくとも建前上は）ものから、建前上も低学力層ないし学習困難層を対象としたものへと変容してきたことがあげられる（四頁）。

（9）「令和三年度東京都立高等学校入学者選抜受検状況（定時制）」東京都教育委員会ホームページ（https://www.kyoiku.metro.tokyo.lg.jp/admission/high_school/archives/application/files/examinee2021/04_r3.pdf）（筆者最終閲覧日：二〇二一年六月二〇日）。それによると、チャレンジスクールは、志願倍率が一・〇倍以上かそれに近い志願倍率となっていた。多部制・単位制（定時制課程）においても、一部や二部の充足率が高い傾向にある。

（10）「北海道立高等学校の通学区域について」北海道教育委員会ホームページ（https://www.dokyoi.pref.hokkaido.lg.jp/hk/kki/akd/HokkaidoAtarasiikoukou040.html）（筆者最終閲覧日：二〇二一年六月二〇日）。これによると、北海道立高等学校の全日制課程普通科については、一九の通学区域（いわゆる「学区」）があり、保護者の住所により就学できる高校が定められている。ただし近年、一県一学区とする地域もある。

（11）伊藤秀樹『高等専修学校における適応と進路――後期中等教育のセーフティネット』東信堂、二〇一七年、四頁参照。全日制高校以外の後期中等教育段階の教育機関のうち、①全日制高校への進学（・転編入）に困難を抱えている生徒を受け入れ、②生徒への教育と卒業後の進路への移行支援を行う施設を、「非主流の後期中等教育機関」と定義している。具体的には定時制高校、通信制高校、高等専修学校、サポート校、（一部の）技能連携校、高卒認定予備校、（教育を主目的とした）フリースクール・フリースペースを、非主流の後期中等教育機関の定義に含めているが、そのなかでも在籍する生徒数が多い定時制高校、通信制高校、高等専修学校、サポート校の四つに焦点を当てている。本研究も、この四つを非主流の後期中等教育機関として取り上げている。

（12）学校教育法九〇条、学校教育法施行規則一五〇条の三に基づく。「大学入学資格について」全国高等専修学校協会のホームページ（https://www.zenkokukoutousenshugakkoukyoukai.gr.jp/about03.html）（筆者最終閲覧日：二〇二一年八月二八日）。それによると、「大学入学資格付与指定校を卒業すると自動的に大学入学資格が付与され、大学・短期大学を受験することができる。なお、指定のおもな要件は修業年限が三年以上で総授業数が二五九〇単位時間以上（普通科目の総授業時間数が四二〇単位時間以上）などとなっている」との解説がある。

(13) 技能連携制度のこと。望月哲太郎『高等学校技能連携制度の解説――指定申請・連携措置の手引き』第一法規出版、一九六八年、一〇頁参照。技能連携制度は、高等学校の定時制の課程または通信制の課程に在学する生徒が、文部大臣（現在は都道府県教育委員会）の指定する技能教育施設で教育を受けている場合、高等学校の校長が一定の条件のもとに、当該技能教育施設における学習を当該高等学校における教科の一部の履修と認めることができる制度である（学校教育法第四五条の二。現在は同法第五五条になる）。筆者の調査では、技能連携を行っている高等専修学校で取得した専門科目の単位については、高等学校の単位として認定し、普通科目の単位については、技能連携をしている高等学校へレポート提出と試験によって単位が認定され、高等専修学校卒業と同時に高等学校卒業資格が得られる仕組みになっている。

(14) 植上一希『専門学校の教育とキャリア形成――進学・学び・卒業後』大月書店、二〇一一年、三〇頁参照。植上は、このタイプの学校を「資格教育」分野の専門学校といっている。それを参考にして本研究では資格取得型とした。ここでの資格教育は、特定の職業に就くための資格のことであり、簿記や英語などの技能検定とは異なる。

(15) 三年制の高等専修学校は、注(13)の技能連携制度を活用し、高等専修学校卒業と同時に高卒資格を取得できる学校が多い。技能連携制度を活用していない学校も注(12)の大学入学資格付与指定校の卒業見込者として大学・短大への受験が可能なので、ここでは「高卒扱い」と表現した。

(16) 住田正樹「子どもの居場所と臨床教育社会学」『教育社会学研究』第七四集、二〇〇四年、一〇二頁参照。否定的な自己イメージを積極的な、肯定的な自己イメージに転換して、自己可能性感覚をもつようにすることを「自己再定義」と述べている。

(17) 前掲書(11)と同じ、一三六〜一五四頁参照。「過去の学校経験における『痛み』を共有する生徒集団」とは、不登校等、過去のつらい学校経験をもつ生徒が事例校では多く、ほかの生徒への配慮が生まれやすくなっていることを指す。「自閉症の生徒との共存」とは、事例校において健常者と自閉症の生徒がペアを組んで授業を受け、学校生活を過ごしていることを述べている。「密着型教師＝生徒関係による支援」とは、日頃の教師の細やかな指導から、家庭訪問や学校での宿泊を通した、生徒と積極的に関わりをもつ指導を指す。「教師による生徒間関係のコーディネート」とは、教師が友人づくりや友人関係のトラブル解決に向け、積極的に関わりをもつことをあらわしている。

(18) 前掲書(11)と同じ、一七一〜一八四頁参照。伊藤は、学業達成や地位達成には集約できない願望も含め、なんらかの目標を達成したいと個人が思い描く願望を総称して「志向性」と定義している（一七一頁）。「成長志向」とは、地位達成や学業達成に集約されない幅広い具体的／抽象的な「成長」に向けた願望のこと（一七八頁）。「被承認志向」とは、生徒が教師から「承認」されたいという願望のこと（一八二頁）。「年長役割志向」とは、年長者や年長役割に憧れそれに近づきたいという願いのこと（一八四頁）。

(19) 前掲書(11)と同じ。具体的には、前掲(17)を参照。

(20) 内田康弘「サポート校生徒と大学進学行動：高校中退経験者の『前籍校の履歴現象効果』に着目して」『教育社会学研究』第九八集、二〇一六年、二〇一～二〇二頁。内田は、ブルデューの過去の時点で獲得されたハビトゥスがその後も効果をもつ「ハビトゥスの履歴現象効果」から、サポート校入学前の異なる前籍校によって獲得された行動様式を「前籍校の履歴現象効果」として分析を行っている。

(21) 学校教育法第一条にある、幼稚園、小学校、中学校、義務教育学校、高等学校、中等教育学校、特別支援学校、大学および高等専門学校のことを指す。

(22) 吉野浩一「中学生の高校選択の現状と高校の情報提供の在り方」政策大学大学院修士論文、二〇一二年（http://www3.grips.ac.jp/~education/wp/img/report/3rd_term/material7.pdf）（筆者最終閲覧日：二〇二二年八月二八日）四二七～四四七頁参照のこと。埼玉県での「偏差値追放」後も、偏差値が志望校決定率や進学率に影響を与え、「推薦入試制度の変更」以降も偏差値による高校選択が行われ、特定の高校に進学志望者が集まっていた。高校教育の改革が行われても、依然として、偏差値（学力）によって志望校が選択されていると考えられる。白石淳「生徒の高等学校の選択に関する調査研究——高校を志望するときに生徒が抱く学校選択の要因を中心として」『人間福祉研究』六、二〇〇三年、八〇～八一頁参照。それによると、「学力」「友人」「地元」（通学しやすさ）を中心に、中学の先生と相談しながら、進学先の高校を選択・決定していた。

(23) 本研究では、疑似全日制高校とは制度的には全日制高校ではないが、通学スタイル、教育課程、制服や校則などの学校文化も全日制高校と同じで、全日制高校と区別がつきにくい学校のことを指す。柿内真紀・大谷直史・太田美幸「現代における定時制高校の役割（特集 移行局面と周辺化）」『鳥取大学生涯教育総合センター研究紀要』六、八頁では一九九〇年以降に高校改革で誕生したケースによく見られる、いわゆる新しいタイプ（昼間部、もしくは昼夜間の多部制で単独設置）の定時制高校のことで、「擬似全日制を目指している高校」と表現している。大村恵「技能連携制度の研究（その一）——愛知県の実態を中心に」『愛知教育大学研究報告（教育科学編）』四一、一九九二年、八三頁では通信制高校と技能連携をしている高等専修学校のなかで、生徒の生活スタイルがほとんど全日制高校の生徒と変わらない学校があることを指摘し、そのような高等専修学校を〝疑似〟全日制高校と表現している。それぞれ「擬似」と「疑似」で使用している漢字が異なるが、どちらも「区別のつけにくいほどよく似ていること」（大辞林 第三版）という意味で、本研究では「疑似」で表記する。

第1章 高等専修学校の成立と概要

昭和30年頃のタイプ学校の校舎
出典：『G高等学校「周年記念誌」通信制課程70周年・単位制課程30周年・技能連携教育50周年』G高等学校周年記念事業協賛会、2019年

はじめに

本章の目的は、高等専修学校に関して、文献や調査[1]の数値を参考に、その前身である各種学校の歴史的な経緯を確認することと、高等専修学校になってからの実態や後期中等教育における位置づけを整理することである。

専修学校の前身は各種学校であり、その起源は明治期までさかのぼる。各種学校は制度化された学校になれない未熟な学校、制度化された学校に対して下位の学校というイメージで捉えられてきたが、変化する社会が必然的に生み出す制度的学校〈以外〉の学校が各種学校ではないかと考えられる（土方 二〇〇八：八）。このような特徴を踏まえつつ、専修学校の特徴や役割を把握するためにも、その前身である各種学校の歴史的経緯や実態について、文献をもとに整理を行いたい。

一九七五（昭和五〇）年、専修学校が法制度化され基準を満たした各種学校が翌年から専修学校へとなっていった。高卒者が入学する専門学校（専修学校専門課程）においては、大学に次ぐ高卒者の進学先ということもあり、社会的にも認知されている。しかし、中卒者を入学対象とする高等専修学校に関しては、社会的認知度がきわめて低く、教育関係者においても知らない人が多い。高校と比較して学校数も少ないこともあるのだろうが、本章では文献や調査の数値を使い、高等専修学校の認知度が低い理由を、「多様な学校が一つになった学校種」であることと「類似する教育機関の登場」という観点から整理し、高等専修学校の特徴を描くことを試みていきたい。

最後に、「類似する教育施設の登場」とも関わって、非主流の後期中等教育機関の全体像を通信制高校を中心に確認をする。高等専修学校は制度的には「高校」ではないため、多くの学校は通信制高校（定時制高校）と技能連携制度を結んでいる。二〇〇〇年以降、私立通信制高校の増加（なかでも広域通信制高校）に伴い、高等専修学校以外にもそれと技能連携を結んだり、通信制高校のレポート作成を支援するサポート校が多く登場するようになった。通信制高校を中心に、高等専修学校をはじめとする教育機関が、互いにどのような関係にあるのか。また、それぞれの教育機関の相違点を確認する。それらの検討を踏まえて、高校も含めた後期中等教育全体における高等専修学校の位置づけを明らかにしていきたい。

次節では専修学校の前身である各種学校の歴史的な経緯や社会的な役割について整理し、第二節では高等専修学校になってからの特徴として、学校数・在籍者数の推移と受け入れてきた生徒層を確認する。第三節では高等専修学校の認知度の低さの理由を分析し、その特徴を整理する。第四節では非主流の後期中等教育機関、とくに私立通信制高校を中心とした全体像を整理し、後期中等教育における高等専修学校の位置づけを述べ、おわりにでは本章のまとめを行う。

一　各種学校時代の歴史

(一) おこりと戦前の各種学校

専修学校の前身である各種学校の歴史は古く、明治の学制（一八七二年・明治五年）までさかのぼる。明治に入って、近代的な学校制度が整えられていく一方で、当時の実情から正規の学校の規定に拘束されない、比較的就学しやすい学校が存在していた。それらが変則小学校、変則中学校、家塾であり、各種学校の起源であるといわれている（多田 一九五四、韓民 一九九六：三一―三二）。正式に「各種学校」という名称が登場したのは、一八七九年の「教育令」であり、「学校は小学校、中学校、大学校、師範学校、専門学校、その他各種の学校とす」とある。翌年一八八〇年の「改正教育令」では「学校は小学校、中学校、大学校、師範学校、専門学校、農業学校、商業学校、職工学校、其他各種の学校とす」とあり、完備した学校とは区別された、不完備な小学校、中学校、家塾など様々な種類の学校が一括されて各種学校となった（『各種学校総覧』一九六六：九）。このように非常にアバウトな括りの学校種であったが、『各種学校総覧』（一九六六：六―一三）には、戦前の各種学校を「エリートの養成に貢献した学校」「中堅技術者の養成に貢献した学校」「女子の技能教育職業教育に貢献した学校」「恵まれない子どもに就学機会を与えた学校」と大別されている。つまり、戦前の各種学校は、正系の学校では十分に担うことのできなかった教育のニーズに対して、比較的、簡易に設置ができるという柔軟性を活かし、対応してきたといえる。戦前の各種学校のピークは、一九一六年に二五二三校、生徒数は一九四一年に約三九万六〇〇〇人を記録している（『専修学校制定二〇年史』一九九五：二三）。戦前の各種学校については、大学、専門学校[2]、高等女学校、実業学校など、正系の「学校」へ昇格するケースがかなりみられた（『各種学校総覧』一九六六：四八）。しかし、第二次世界大戦の戦時下において、各種学校に対する指導監督が強化され、多くの学校が閉鎖に追い込まれた。一九四三年一一月、不当と認める施設の整備がなされ、許可校三八〇校、無許可校三一一校に閉鎖命令が出されている（『専修学校制定二〇年史』一九九五：二四）。

（二）戦後の各種学校

戦後、一九四七年に、学校教育法が制定され、第一条では「学校とは、小学校、中学校、高等学校、大学、盲学校、聾学校、養護学校、及び幼稚園とする」と規定されて、戦前の複線型教育制度から単線型に移行する（『専修学校制定二〇年史』一九九五：二六）。各種学校は、この枠外におかれ、同法第八章雑則中の第八三条[3]で「第一条に掲げるもの以外のもので、学校教育法に類する教育を行うものは、これを各種学校とする」とされた（『専修学校制定二〇年史』一九九五：二六）。一条校の枠外にあるとはいえ、各種学校も学校教育法において、一応、法的根拠が定められたことになる。各種学校の設置許可については、「各種学校の取り扱いについて」（一九四八年三月二日通達）で基準が示された。「一以上の教科若しくは技術、又はこれらの双方を教授する教育施設にして二名以上の教員と、二〇名以上の生徒を有するものは、すべて学校教育法第八三条の規定によってこれを各種学校として認める」としており、この基準が低かったために、戦後、各種学校の量的拡大が促進されていく。一九四九年には三四〇二校と急増し、生徒数も四五万人近くになる（**表1－1**）（『専修学校制定二〇年史』一九九五：二六）。

しかし、この通達は都道府県レベルでは運用面に格差が目立っているということで、一九五六年には「各種学校規定」が制定された。この規定の諸条文は修業年限、授業時間、生徒数、教員資格など「学校」として最低の条件を提示したものであって、どのような内容を教えるのか、教育課程については一切限定していない（土方 二〇〇八：六）。各種学校間に対立構造を生まないように、「類する教育」の内容の明確化は避け、「類する教育」の「条件」を示しただけの規定であった（瀧本 二〇一一a）。

小金井義（一九六九）は、戦後の各種学校について、「画一的な六・三・三制の我が国の教育制度の隙間をぬって、弾力性のある教育の場と機会を提供してきた」「戦前の各種学校は、高等学校や専門学校、大学など正系の学校に昇格する学校が比較的多かったが、戦後の各種学校は、正系の学校に昇格する学校は少数であり、各種学校として存続し、そこに特有の存在価値と機能を見出す学校が増加している」「公立学校や第一条の私立学校と比べて、経営者、設置者の考え方、方針が強く支配している」など、その特色を述べている。戦後の社会、産業の急速な発展に応じて、各種学校はかなり弾力的にそれらの情務に適応し、戦前まではみられなかった新しい種類の学校が進出して隆盛を示したり、その半面、社会的需要が減少して淘汰され、廃校となった学校もあり、正規の学校ではみられない盛衰消長の激しさをみせている（『各種学校総覧』一九六六：四七）。そのなかでも、女子をおもな対象とした栄養、理容、美容、看護、助産、保母、歯科衛生などの職業のための学校が、厚生省の指定養成施設となり、修業年数、教育内容、設置基準等が詳細に規定され、職業資格制度が確立して安定した活動を行

表1-1　各種学校の学校数・生徒数の推移

年次	学校数				生徒数			
	総数	国立	公立	私立	総数	国立	公立	私立
1946	619	3	14	602	114,238	794	541	112,903
1947	1,020	—	18	1,002	146,488	—	635	145,853
1948	1,405	16	79	1,310	220,098	2,328	3,929	214,723
1949	3,402	16	209	3,177	448,414	2,264	12,010	434,140
1950	4,190	31	246	3,913	486,609	2,283	14,797	469,529
1951	5,144	30	250	4,864	610,912	1,657	13,685	595,570
1952	5,507	30	299	5,178	723,580	1,856	16,798	704,926
1953	5,888	26	326	5,536	803,710	2,076	18,392	783,242
1954	6,546	27	323	6,196	912,235	2,060	19,086	891,080
1955	7,115	28	338	6,749	958,292	2,109	20,310	935,873
1956	7,516	34	337	7,145	1,020,801	2,408	20,951	997,442
1957	7,889	41	322	7,526	1,070,323	2,456	21,898	1,045,969
1958	7,855	42	315	7,498	1,133,117	2,519	22,333	1,108,265
1959	7,870	47	323	7,500	1,178,399	2,628	23,850	1,151,921
1960	7,938	51	317	7,570	1,239,621	2,794	21,905	1,214,969
1961	7,918	53	298	7,567	1,241,044	2,864	19,134	1,219,037
1962	7,826	55	276	7,495	1,295,376	2,902	17,356	1,275,118
1963	7,820	58	276	7,486	1,374,033	3,087	18,248	1,352,698
1964	7,826	60	253	7,513	1,386,475	3,195	19,407	1,363,873
1965	7,746	64	246	7,436	1,383,712	3,515	20,593	1,359,604

出所：『各種学校総覧 1967年版』48頁より
※「生徒数」欄の総数があっていない年次があるが、資料のとおりです。

うようになった（『各種学校総覧』一九六六：四七）。それに関係して、戦後の各種学校は、女子が多い洋裁学校の生徒も含めて、生徒全体の七、八割を女子が占めるようになり、女子を主とした各種学校の比重が相対的に高まった（『各種学校総覧』一九六六：四七）のが、一九六五年ぐらいまでの特徴である。しかし、専修学校になる直前の一九七五年の学校基本調査では、男子が四二・一％、女子が五七・九％と女子の比率が依然として高いものの、その格差は縮まってきている（**表1－2**）。

表1 2　各種学校の男女別入学者数

	男	女	計
1965年	259,151名 (29.0%)	635,254名 (71.0%)	894,405名 (100%)

	男	女	計
1975年	308,694名 (42.1 %)	423,793名 (57.9%)	732,487名 (100%)

「学校基本調査」をもとに筆者が作成

各種学校の修業年数に関しては、一九六七年に全国各種学校連合会が実施した全国各種学校学生調査によると、七カ月から一二カ月までが四二・八%、一年一カ月から二年までが三二・一%、二年一カ月以上三年までが一六・二%、三年一カ月以上が三・三%、無回答が二・九%、六カ月以下が二・七%で、修業年数一年前後が全体の七五%を占め、比較的、短期の学校であったことがわかる。

また、仕事をしながら通学している生徒も存在しているが、それよりもむしろ、ほかの学校に在籍している生徒も多く、高校生が三〇・七%、他の各種学校に通学する者が二八・七%であった。和洋裁、編物、料理では他の各種学校に通学している生徒が多い。大学に通学している生徒で著しく多いのは、外国語学校の八〇・五%であった。つまり、昼は正系の学校に通学し、放課後は各種学校に通学するパターンや各種学校を掛けもちするパターンが、一九六〇年代半ばにおける各種学校の特色であった。

（三）高校教育によって変化する各種学校の役割

おもに、一五～二〇歳の青年を対象とする各種学校であるが、第一次ベビーブーム世代が高校生を迎えた一九五〇年代の後半から一九六〇年代前半にかけて、後期中等教育を対象とした各種学校に関しては、当時、量的に不足していた高校の補完として機能し始めていたようだ。一九六一年には高校進学率が六〇%を超え、地方自治体は高校進学者の受け入れに追われ、一九六三年には二〇〇校近くの高校が新設された（『専修学校制定二〇年史』

表1–3　各種学校の年齢別入学者数

年　齢	1965年			1975年		
	入学者数（名）	全体に対する割合		入学者数（名）	全体に対する割合	
14歳以下	55,734	6.2%		66,052	9.0%	
15～17歳	256,721	28.7%		93,687	12.8%	
18～19歳	264,879	29.6%	65.1%	316,511	43.2%	78.2%
20～21歳	141,788	15.9%		108,862	14.9%	
22歳以上	175,283	19.6%		147,375	20.1%	
計	894,405	100%		732,487	100%	

「学校基本調査」をもとに筆者が作成

一九九五：三二）。それと同時に、定時制および通信制高校の振興も図られ、一九六一年には、学校教育法の一部が改正されて、技能連携制度が発足した（『専修学校制定二〇年史』一九九五：三二）。この制度が一九六七年に各種学校まで連携が拡大し、家庭、農業、工業、商業、看護その他水産などの教科、科目について修業年限が一年以上で年間指導時間が六八〇時間以上なら、高校卒業に必要な単位数の二分の一までを高校教育の単位として認められることになった（佐野 一九六八）。多くの各種学校が技能教育施設の指定を受けて高校教育の普及に大きな役割をはたした（『専修学校制定二〇年史』一九九五：三二）。

しかし、その後、後期中等教育に相当する各種学校への注目も、高校教育の拡大に伴い薄れていき、各種学校は高卒後の中等後教育の職業教育機関へと徐々にシフトしていくようになる。そのような状況を「学校基本調査」を使って説明していきたい（**表1－3**）。一九六五年以降の「学校基本調査」からは、各種学校在籍者の年齢を把握することができる。一四歳以下の在籍者は、珠算学校の在籍者である。一九六五年では、高校生に相当する一五～一七歳の生徒の在籍数は二五万六七二一名で各種学校在籍者全体の二八・七％であったが、一九七五年になると高校進学率が九〇％を超えたこととも関連し、一五～一七歳の生徒の在籍数が九万三六八七名と各種学校在籍者全体の一二・八％まで低下してきている。逆に一九六五年に一八～一九歳の生徒在籍数が二六万四八七九名、各種学校在籍者全体の二九・六％から、一九七五年には生徒在籍数三一万六六五一名で各種学校在籍者全体の四三・二％を占めるようになった。一九六五年は一八歳以上の在籍者の割合が六五・一％だったのが、一九七五年には一八歳以上の在籍者の割合が七八・二％となり、各種学校は高卒者の進路先として移行している様子がうかがえる（ただし、年齢が一八歳以上でも必ずしも高卒者とは限らないことに注意する必要がある）。

（四）専修学校の法制度化

このように社会のあらゆるニーズに対応して柔軟な教育を行い、学校数、生徒数も多くなった各種学校であるが、学校教育法第一条にある学校とは異なり、学校教育に類似した教育というきわめて不備な条件と地位におかれている学校教育法第八三条の規定を改正し、各種学校の地位の確立、向上をはかる制度化を全国各種学校連合会[4]が中心となって推進してきた（『各種学校総覧』一九六七：七二）。一九六四年に文部省当局から「専修学校構想」として発表された内容が、一部の学校の向上にしかつながらないという理由から、全国の各種学校全体の共通利益を守り、発展させていく方向で、全各連[5]と文部省が審議を繰り広げてきた。その結果、全各連の法改正要求は全面的に受け入れられ、最終的には設置者や内容によって差をつけることなく、修業年数や生徒数、教員数、年間の授業時間数などの基準を満たしている学校は専修学校へと移行することになった（韓民 一九九六：四九―八八）。この専修学校の法制度化が成立した背景には、高等教育多様化政策により、大学抑制政策の受け皿的教育機関として、専門学校を中等後教育機関の一つとして位置づけたいという政策的な意図と、制度化されることによって公的な支援を受けたいという各種学校経営者側との要求があったからである（韓民 一九九六：四九―八八、倉内 一九七六ａ）。

専修学校になってからの変更点は、専修学校設置基準により各種学校規定よりも教育諸条件に対する要求水準

図1–1　専修学校になってからの課程（専門課程、高等課程、一般課程）

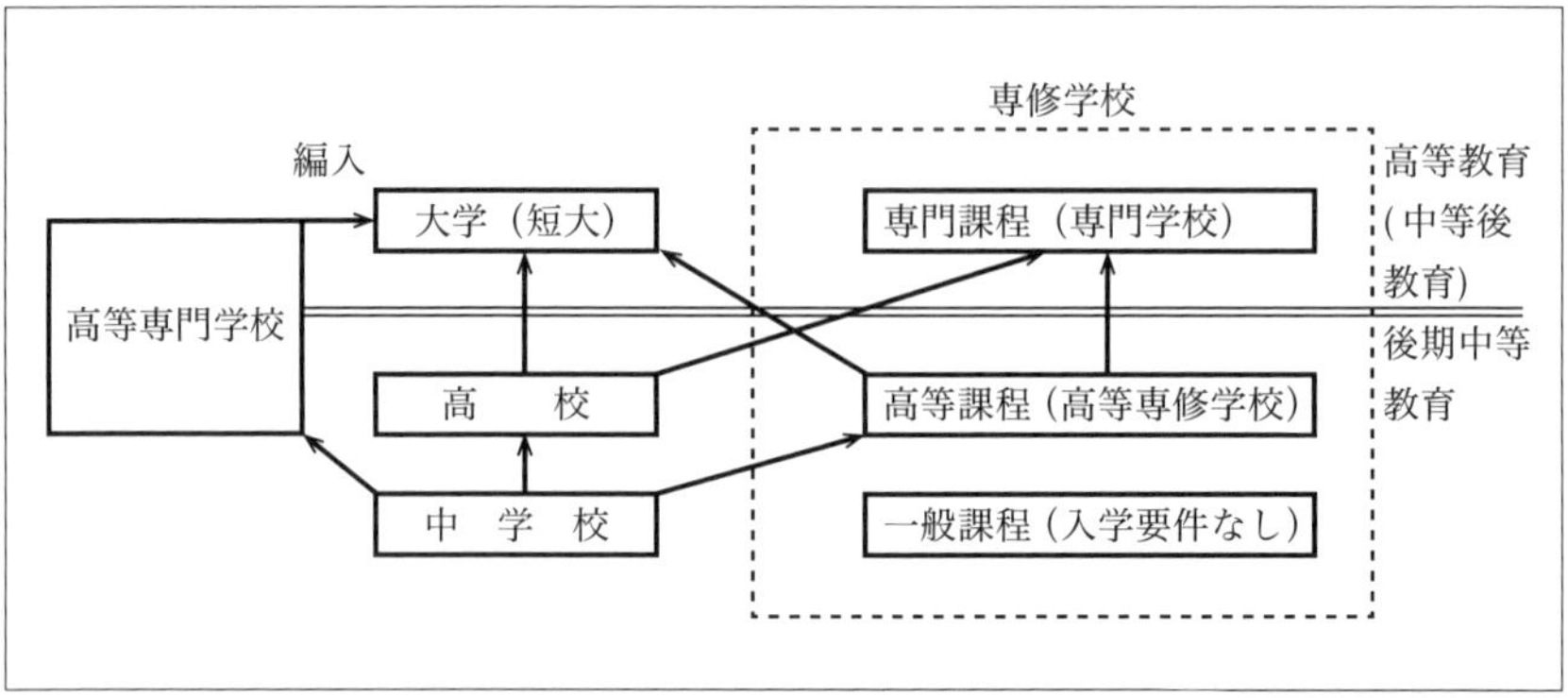

出所：高石邦男「制度創設の意義と内容（発足した専修学校〈今日の焦点〉）」季刊教育法（20）、1976年、154～158頁の「図１専修学校制度の概要」を参考に筆者が作成
※専修学校の法制度化と同時に、正規の教育機関である高校、大学（短期大学）と対応する形で高等課程、専門課程が設けられた（倉内 1976a）。３年制の高等専修学校に大学・短期大学の入学が認められたのは、1985年より

が高くなった点と、専修学校が専門課程、高等課程、一般課程の三つの課程を設け、入学者の学歴を規定したことにより、正系の学校体系に半ば組み込まれた点である（**図１－１**）（倉内 一九七六ａ）。正系の学校体系に対応させた位置づけを規定するなどの制度的整備がなされたことで公的助成の道を開くことになったが、半面、「私」的な各種学校が「公」的な性質を帯びてくることで、学校制度上まったくの傍流として放置されていた各種学校に、行政的指導のルートがつけられることになった（倉内 一九七六ａ）。

二　専修学校の法制度化後の高等専修学校

(一) 学校数・生徒数の推移

次に、専修学校に格上げされたあとの高等専修学校はどのような学校なのか。「学校基本調査」を参考にその実態をみていきたい。**表1－4**は、高等専修学校になってから現在までの学校数、在籍者数、入学者数の推移である。参考までに中学卒業生数も示しておいた。専修学校の法制度化がスタートした一九七六年と翌年一九七七年を比較すると、学校数、在籍者数が倍以上になっている。この一年間で、新たに学校が設立されたというよりもむしろ、一九七七年に各種学校から高等専修学校への認可が急ピッチで進行したと推察される。その後、学校数、在籍者数も順調に増え、一九八九年、学校数、在籍者数ともにピークを迎えている。この時期、偶然、高等専修学校に生徒が多く集まったのではなく、中学卒業生の数値を確認してもらうとわかるように、一九七六年以降、生徒が増え続け、一九八九年に中学卒業生数が最大になっており、その数の多さが高等専修学校数や在籍者数に影響を与えたといえる。その後、中学卒業生は減少の一途をたどり、それと同時に高等専修学校の学校数、在籍者数、入学者数は減少している。二〇一八年には最低数値の在籍者数を記録し[6]、学校数も一九九〇年前後のピーク時と比較して半数以下になっている。つまり、中学卒業生の人数によって、高等専修学校数や在籍者数、入学者数の数値に影響を与えていることがわかる。第二次ベビーブーム世代が高校生となる一九八〇年代後半を見通して、新たに高校が新設された地域もあったが、それでも漏れてしまった生徒を高等専修学校が全日制高校の補完的な役割として引き受けてきたことが確認できる。近年、中学卒業生の減少(少子化)に伴い、公立高校の統廃合が進行している。もちろん、高等専修学校の学校数や在籍者数も少なくなっているが、それでもある一

表1-4　中学卒業者数、高等専修学校の学校数・在籍者数・入学者数

	中学卒業者数（名）	高等専修学校の学校数（校）	高等専修学校の在籍者数（名）	高等専修学校の入学者数（名）（新規中学卒業者）
1976年（昭和51年）	1,563,868	241	25,286	−
1977年	1,579,953	563	58,083	−
1978年	1,607,183	666	68,063	−
1979年	1,635,460	695	68,556	−
1980年	1,723,025	725	68,334	−
1981年	1,677,764	803	73,944	−
1982年	1,556,578	807	73,012	−
1983年	1,850,694	816	77,358	−
1984年	1,882,768	816	81,263	−
1985年	1,882,034	828	85,920	−
1986年	1,933,616	841	93,222	−
1987年	2,005,425	851	103,255	−
1988年	2,044,923	867	110,736	−
1989年（平成元年）	2,049,471	869	116,775	−
1990年	1,981,503	861	116,681	−
1991年	1,860,300	860	113,294	50,999(31,848)
1992年	1,773,712	858	107,165	47,184(27,539)
1993年	1,732,437	831	101,157	45,631(25,741)
1994年	1,680,006	821	96,490	43,418(21,897)
1995年	1,622,198	803	92,197	42,344(20,483)
1996年	1,545,270	805	87,895	40,847(18,874)
1997年	1,510,994	787	83,927	38,558(16,740)
1998年	1,511,845	760	76,367	34,003(15,331)
1999年	1,502,711	731	72,331	32,583(14,557)
2000年	1,464,760	702	68,877	30,017(13,389)
2001年	1,410,403	683	62,552	26,867(12,030)
2002年	1,365,471	645	57,067	24,554(11,265)
2003年	1,325,208	622	52,901	22,929(9,894)
2004年	1,298,718	609	49,129	20,963(9,294)
2005年	1,236,363	576	45,889	19,678(8,908)
2006年	1,211,242	554	42,560	18,425(8,420)
2007年	1,213,709	524	40,141	17,850(8,003)

（続き）

	中学卒業者数（名）	高等専修学校の学校数（校）	高等専修学校の在籍者数（名）	高等専修学校の入学者数（名）（新規中学卒業者）
2008年	1,199,309	503	38,731	16,648(7,672)
2009年	1,188,032	494	37,548	16,473(7,546)
2010年	1,227,736	488	38,349	17,445(8,262)
2011年	1,176,923	459	38,865	16,975(8,203)
2012年	1,195,204	452	39,698	17,448(8,936)
2013年	1,185,054	443	39,359	17,032(8,525)
2014年	1,192,990	438	40,048	17,009(8,821)
2015年	1,174,529	431	40,095	17,125(8,985)
2016年	1,169,415	424	38,962	16,031(8,678)
2017年	1,160,351	418	37,585	15,203(8,597)
2018年	1,133,016	412	36,378	14,746(8,731)

「学校基本調査」をもとに筆者が作成

定数が、現在も在籍している状況については、単純に中学卒業生の人数だけでは分析できない部分もある。この点については、あとの章で検討を加えていく（第３〜第５章）。

「学校基本調査」には、一九九一年以降、高等専修学校入学者数のうち、「新規中学卒業者」の数が示されるようになった。**表１－４**をみてもわかるように、入学者数の数値と「新規中学卒業者」の間に開きがみられるので、入学者の約半数が中学既卒者ということになる。ただし、既卒者の実態に関しては、卒業して一、二年程度で高卒資格を目的に入学しているのか、それ以上の年齢層の生徒が資格取得を目指して入学しているのか、准看護師のように高卒者や大卒者の入学なのか、その詳細に関しては「学校基本調査」からは確認することができなかった。

では、中学を卒業した生徒がどの程度、高等専修学校へ入学しているのだろうか。**表１－４**の中学卒業者数と新規中学卒業者数を参考に高等専修学校の進学率を算出してみた。中学卒業者のうち高等専修学校に入学した生徒の割合は、一九九一年が一・七％、一九九六年が一・二％、一九九九年が〇・九六％、二〇〇一年が〇・八五％、二〇〇六年が〇・六九％、二〇一一年が〇・六九％、二〇一四年が〇・七四％であり、一九九〇年代以降、高等専修学校への進学率はすでに高くはなかったが、その後も高等専修学校への進学率は低下している傾向にあり、高校から比べるときわめて少数派の学校であることが確認できる。

（二）受け入れてきた生徒層

それでは、高等専修学校になってから、どのような生徒を受け入れ、どのような学校だったのだろうか。これに関する記録はほとんどないのだが、一九八七年から全国高等専修学校協会が編集・発行している『ニュース高等専修』を読むと、高等専修学校の様子をうかがい知ることが可能である。これは、テーマを決めた校長（理事長）間の座談会や研修会の様子、高校との格差是正に向けての取り組み、全国の学校に対する各種アンケート調査の報告、全国高等専修学校体育大会の結果、各都道府県の助成金額などが掲載されている。まずは、座談会や研修会のなかでの各学校の校長や先生方のコメントを掲載する。

今は中学校の先生が個々の生徒の進路を捜してグルグル歩き回り、いくところがないから高等専修学校で救ってくれという状態がまだあるんです。そういう評価から脱皮する必要があります（『ニュース高等専修』五号、一九九〇年・座談会での校長のコメント）

中学校の輪切り進学指導（偏差値によって進学先を決めること）で本校に入学した生徒の中には、初め学力が低いだけではなく、勉強の目的意識も薄く、集団生活のルールからも疎外されズレているものが目立ちます。こういう状態の中で勉強を始めても効果は薄い。まず集団生活の中で掌握するには体育しかなかった（『ニュース高等専修』八号、一九九一年・スポーツに力をいれるようになったとある校長のコメント）

以上のような各学校の校長のコメントより、高等専修学校になってから、後期中等教育の序列化された学校の下位に位置づけられ、なんらかの理由で全日制高校に入学することができなかった生徒の受け皿的（補完的）な学校として位置づけられていることがわかる。また、生徒たちは入学した目的も明確であるとはいえず、それによって物事に対する意欲も不足している様子がうかがえる。当然、生徒指導面においても、困難な状況であったことが予想される。次の記述からそれを読み取ることができる。

生徒は特に数学、英語に拒否反応を持つなど、基礎学力に弱いのが悩み。生徒指導上の問題点としては、喫煙、無断欠席、遅刻、無免許運転、言葉遣いなどさまざま。家庭からの協力が得られないなど家庭環境の問題、基本的な生活習慣の欠如、進学したことの目的意識の薄さなどが指摘されており、その対策として夏休み中全生徒の家庭訪問や校内巡視、遅刻防止週間などいろいろな試みがなされているという回答があった。一般教科・生徒指導の両面とも、高等専修学校では高校より苦労している実態がうかがえた（『ニュース高等専修』二号、一九八八年・高等専修学校における一般教科・生徒指導に関するアンケート調査より）

一九八〇年代後半は、高等専修学校の先生が生徒指導上、悪戦苦闘している状況がわかる。今井（一九九八）が、一九七〇年代後半の定時制高校を「全日制失敗の受け皿」、八〇年代半ばにかけて「スラム化」していったと表現しているように、高等専修学校も定時制高校のように、低学力、全日制高校不合格者、やんちゃな生徒も受け入れ、全日制高校の受け皿としての役割があったようだ。その後、全国的に高等専修学校では、中学時代の不登校経験者が在籍するようになっていった。『ニュース高等専修』の「がんばる学校ルポ」という学校紹介のなかで、その原点となるような記述を確認することができる。

第１４号　ニュース高等専修　平成６年１１月１０日　（2）

がんばる学校 ルポ

自作衣裳で卒業ショー

登校拒否治り驚く親

下関学院・立修館高等専修学校

平成六年度の全国高等専修学校体育大会は山口県維新百年記念公園で開かれたが、この大会を成功裏に演出して縁の下の力持ちの役割をはたしたのが、山口県専各の会長校、下関学院・立修館高等専修学校（関谷尚徳理事長）である。前夜祭には副知事や県教育長、国会議員らも出席、同県内での専修学校の重みを感じさせた。意外なことに、この立修館校はそんなに大きい学校ではなく、むしろこぢんまりしていた。系列の上級校には下関文化服装専門学校があって内部進学する生徒が多く、五年一貫のような形となっているが、高等課程の入学定員は高等科洋和裁専攻が十五人、経理情報科が二十人の計三十五人に過ぎない。高等課程全部では生徒数は百五人程度になるが、志願者はその三倍くらいあるため、三分の二は落としている。規模を大きくしないのは「実技の実習に力を入れるためには、その程度の人数が限界だから」という。平成七年度からは福祉科を開設するが、それでも大規模校とはいえない。

生徒の中には公立高校中退者が十五人いる。中学からのストレート入学者の中には中学で登校拒否していた生徒もかなりいる。中卒で就職した社会人の入学者で二十歳代という人も毎年いる。特徴的なことはクラスメートの仲が非常によくて、生徒がほとんど休まず授業に出席していることである。

ここでは高校中退者はむしろ吸引力になっている。高等課程では煙草を吸うと一回目は停学、二回目は退学である。社会人入学者の中には中卒だけで就職し、高校卒の後輩に仕事を教えたが、給料はその後輩が高かったのを見て「やはり高校レベルの教育は必要だ」と感じ、入学したといった話を中卒ストレート入学者に話して聞かせたりする人もいるが、それは人生の先輩の体験として素直に受け入れられている。

入学志願者を三分の一に絞るのに学力成績はほとんど関係ない。この学科の勉強を本気でやりたいかどうかという"やる気"の有無にかかっている。「中学の先生がいけといったからきた」というような生徒は入学させてもまず脱落は間違いないからだ。

授業は平日は朝九時から午後三時まで、五十分授業を五時限。洋・和裁の高等科は服飾や和裁の基礎から学び、被服に関する製作・材料・管理・構成、スタイル画などの専門教科を次第に深めて、デザイナーや和裁士をめざす。専門学校生が同じ校舎の中で上級の実習に取り組んでいるのを見ているから、それと同じレベルをめざそうとして自然に目標が高くなる。ふだん着る衣服は自作が基本だから、この学校には制服はない。卒業前には洋裁専攻ならウェディングドレスやフォーマルドレス、和裁専攻なら着物のふりそでなどを縫って仕上げる卒業制作が必修要件で、卒業式の前には自作の衣装をまとって生徒のファッションショーが行われる。卒業生の結婚式では「この衣装は新婦ご自身の手づくりです」という紹介で盛大な拍手がわき起こるのが通例となっている。

経理情報科は簿記、会計事務、情報処理、秘書実務、ワープロ演習など学び、ビジネスの世界で即戦力をめざす。卒業までにはワープロ三級と簿記三級が必須のほかパソコン、情報処理、ペン習字、珠算、電卓の各三級のうちから一つが選択必須という三種類の検定試験合格を義務づけている。クラスの中にはとり遅れるものがいつも一～二人いるが、先に合格した仲間が休憩時間や放課後に教えている。教える方もそれで自信をつける。中学でずっと登校拒否していた生徒の一人は三年間で十日も休まずに精勤して、親や中学の先生を驚かせたが、パソコンが好きになって情報処理の時間には「博士」と友達から呼ばれるうちに自信をつけ、きらいだった数学もできるようになった。二年次で日商簿記検定の二級をとり、大学に推薦入学できる条件を充たしたが、九州のコンピュータ専門学校に進学した。

校内を見学していて四～五人の男子生徒が机を囲んで雑談しているところに通りかかると、その中の一人を指して「あれは下関西高校を一年でやめて親の猛反対を押し切って編入した生徒です」と関谷理事長がいった。するとそばに立っていた身体の大きい生徒が「僕は東海大五高中退」と自分を指さした。「何か資格とった人いるかね」と尋ねると、下関西君が「これ、ワープロ三級とった男」と隣を指さし、指さされた方は照れている。

「先生、僕は英検とったけど認めてくれませんか」「だめだめ、英検じゃ」。少し離れたところでは女子生徒が立ち話している。非常に明るい印象だった。たまに欠席する生徒がいても、級長が「どうした」と電話をかけると次の日には出てくるという人間関係も、この雰囲気からはうなずける。

高等課程から専門課程に進むと、中学時代の同級生で高校を経由して入学してくるのと再会することがある。再びいっしょに学ぶわけだが、専門学科の学習では自分の方が完全に進んでいることを内部進学組は自覚し、進路選択が誤っていなかったことに満足感を味わう。

同校には産業技術科生という制度があって、経済的にゆとりがない場合、被服製作現場で働いて給料をかせぎなが

『ニュース高等専修』の記事「がんばる学校ルポ」（第14号・1994年11月10日より）

生徒の中には公立高校中退者が一五人いる。中学からストレート入学者の中には中学で登校拒否していた生徒もかなりいる。中卒で就職した社会人の入学者で二〇歳代という人も毎年いる。（中略）中学でずっと登校拒否していた生徒の一人は三年で一〇日も休まずに精勤して、親や中学の先生を驚かせたが、パソコンが好きになって情報処理の時間には「博士」と友達から呼ばれるうちに自信をつけ、嫌いだった数学もできるようになった（『ニュース高等専修』一四号、一九九四年）

同校には、中学時代、登校拒否などの理由で長期欠席した子や高校受験に失敗した子どもなど、心に傷を負った生徒が少なからず入学してくる。はじめは周囲に心を閉ざしていた、そういった子どもたちが資格取得という目標をもつことによって自信をつけ、卒業までの三年間にみるみる変わってくるというのだ（『ニュース高等専修』

一八号、一九九六年）

また、『ニュース高等専修』一三号（二〇〇二年）には、高等専修学校教員研究協議会で、「高等専修学校における不登校生への対応」をテーマとして、いくつかの学校の不登校生徒の事例をもとにパネルディスカッションが開催されている。すでに、この頃（二〇〇〇年前後）は、全国の多くの高等専修学校で不登校生徒の受け入れを実施していたようである。

この高等専修学校における不登校生徒の受け入れは、いつ、何をきっかけでスタートしたのか。学校格差構造の下位に位置づけられた高等専修学校へ全日制高校には入れない不登校生徒が振り分けられ、結果的に不登校でも登校できるという実績を生徒募集に活用するようになったのか。それとも高等専修学校側の生徒募集の方針で不登校生徒を積極的に受け入れるようになったのか。通信制高校やその関連施設のように登校日数に柔軟性がなく、集団のなかで朝から毎日登校する従来の学校的な登校スタイル（全日制スタイル）をとっている高等専修学校で、実際に不登校経験者は登校できているのかなど、文献だけではよくわからない疑問点が残る。

さて、『ニュース高等専修』の資料から時間的な隔たりはあるが、高等専修学校協会が各学校に依頼して実施している「高等専修学校の実態に関するアンケート調査報告書」をもとに現在受け入れている生徒層の全体像を確認していきたい。「平成三〇年度『高等専修学校の実態に関するアンケート調査』報告書」(7)によると、生活保護世帯が二一・三％、生活保護に準じる世帯が一三・三％、年収三五〇万～五九〇万円未満が二五・三％、家計急変世帯が〇・一％、これらをあわせて六〇・九％の家庭が就学支援金の加算対象世帯(8)であった。他の学校種と比較する数値がないのではっきりしたことは述べられないが、加算対象の家庭の割合は決して低くはない。

中学時代の不登校生徒は全体の二割を超え、発達障害のある生徒が全体の八・九％、支援・特別措置生徒(9)が全体の七・四％、身体障害のある生徒が全体の二・三％それぞれ在籍し、全体の一八・六％の生徒が発達障害か

（その疑いがあり支援が必要な生徒）、身体障害のある生徒ということになる。このアンケート調査から、現在の高等専修学校は、中学時代の不登校生徒や発達障害の生徒（その疑いがあり支援が必要な生徒も含めて）が比較的高い割合で在籍していることが確認できる。

三　なぜ認知度の低い学校種なのか

各種学校より専修学校へ制度的に格上げになり、高卒者を受け入れる専門学校は大学に次ぐ高校生の進学先となり、その認知度も高い。それに対して、中卒者を受け入れる高等専修学校は、きわめて認知度が低い。高校の数から比べて圧倒的に少ないこともあるが、それ以外にも（一）「多様な学校が一つになった学校種であること」、（二）「類似する教育機関が登場したこと」、（三）「学校名に統一感がなくわかりにくいこと」などの理由をあげることができる。ここでは、（一）と（二）について補足説明をする。

（一）多様な学校が一つになった学校種

高等専修学校は、一つの学校種でありながら、その教育内容は多様性に富んでいる。また、高校と違い、高等専修学校は「修業年数が一年以上」となっており、修業年数に幅がある。この修業年数に着目して高等専修学校をみていくと大きく二つのタイプの学校に分けることが可能である。**表１－５**は、分野別・修業年数別の生徒数であるが、三年未満の資格取得型の学校と三年以上の高等専修学校とに二分することができる。たとえば、衛生分野に一年、もしくは一年一カ月から一年一一カ月までの生徒が存在しているが、これは調理・製菓学校の生徒

表1-5　2020年修業年数別生徒数

	計（名）	男（名）	女（名）	1年	1年1カ月～1年11カ月	2年～2年11カ月	3年～3年11カ月	4年以上
工業	4,634	4,224	410	0	0	0	4,634	0
農業	74	52	22	0	0	0	74	0
医療	8,516	1,694	6,822	0	0	8,491	5	20
衛生	4,819	2,075	2,744	435	287	680	3,417	0
教育・社会福祉	1,008	388	620	0	0	0	1,008	0
商業実務	8,145	5,465	2,680	0	0	56	8,089	0
服飾・家政	2,281	687	1,594	14	0	26	2,238	3
文化・教養	4,598	1,648	2,950	0	0	0	4,598	0
合　計	34,075	16,233	17,842	449	287	9,253	24,063	23

出所：文部科学省「学校基本調査」より

であり、資格取得までに必要な期間の修業年数が定められている。二年から二年一一カ月の間には、医療分野と衛生分野に生徒が存在し、とくに医療分野の生徒が多い。医療は准看護学校、衛生は理美容学校の生徒であり、資格取得まで二年かかるので、修業年数もその年数となっている。これらの短期の学校は、高卒資格（高卒扱い）取得を目的とした学校ではなく、職業に直結した資格を取得するための学校である。実際、現代において、准看護学校には中卒者はごくわずかで、高卒（新卒・既卒）が多くを占め、正看護学校の高倍率から、なかには大卒者も入学するケースがある（山田 二〇一三b）。調理・製菓学校、理美容学校は、中学卒業後ストレートに進学する生徒も存在しているが、中学既卒者か、高校中退者で、資格を取得したいと望む生徒も在籍しており、生徒の年齢層に幅がある（山田 二〇一三b）。

一方、現在は各種学校時代、比較的在籍している割合が少なかった三年以上の年数の学校に生徒が多く在籍しているのがわかる。このような三年制の高等専修学校には、新規の中卒者が多く（高校生と同年代）、職業教育も実施しながら、高卒資格（高卒扱い）取得を目的とした学校である。**表1－5**からは工業、農業、教育・社会福祉、商業実務、服飾・家政、文化・教養の分野に三年制の生徒が集中している。近年では、衛生分野の学校も三年制の生徒の割合が増えてきている。[10] これらの学校を資格取得型に対して、高卒資格（高卒扱い）取得型と呼ぶことができる。

以上のように、高等専修学校は高校と並ぶ後期中等教育機関であるが、年齢層や学歴にバラツキのある生徒が在学する資格取得型の学校と、高校生世代が通う三年制の学校とが一括りで「高等専修学校」となっている。このような多様性が高等専修学校の学校種のわかりにくさや理解しにくさを招いていると考えられる。

（二）類似する教育機関の登場

二〇〇〇年前後を境に、非主流の後期中等教育機関のなかで、高等専修学校と類似する教育機関が登場し増加傾向にある。その類似する教育機関とは、通信制高校とそれと連携する教育機関である。

具体的には、私立通信制高校の学習センター[11]、技能連携校、サポート校である。これらの教育機関には、通信制高校に在籍し自宅中心の学習ではなく、通学して指導を受けることを望んでいる生徒が通学している（自宅中心で学習する生徒のスクーリングや定期試験の会場としても活用される場合がある）。受け入れている生徒層も、中学時代の不登校生徒、学力不振の生徒、発達障害を抱えた生徒など、高等専修学校に在籍する生徒層と共通点も多く、後期中等教育を履修するうえで、何かしらの困難を抱えている生徒が高い割合でその教育機関に通学している。しかも、これらの教育機関は、定時制高校や公立の通信制高校とは違って、私的な教育機関であり、多くは私立通信制高校とダブルスクールの形態をとっているので、トータル的な学費が高いという共通点ももっている。[12] さらに、私立通信制高校やその教育機関では、不登校生徒への配慮から素行に問題がある生徒は入学が難しいという特徴がある（土岐 二〇一二、二〇一七）。したがって、経済的にきわめて厳しい家庭の生徒や素行に課題のある生徒は、これらの教育機関に在籍することは難しく、それらの生徒は定時制高校や公立の通信制高校など、中退率が

図1–2　広域通信制高校とキャンパス校との関係

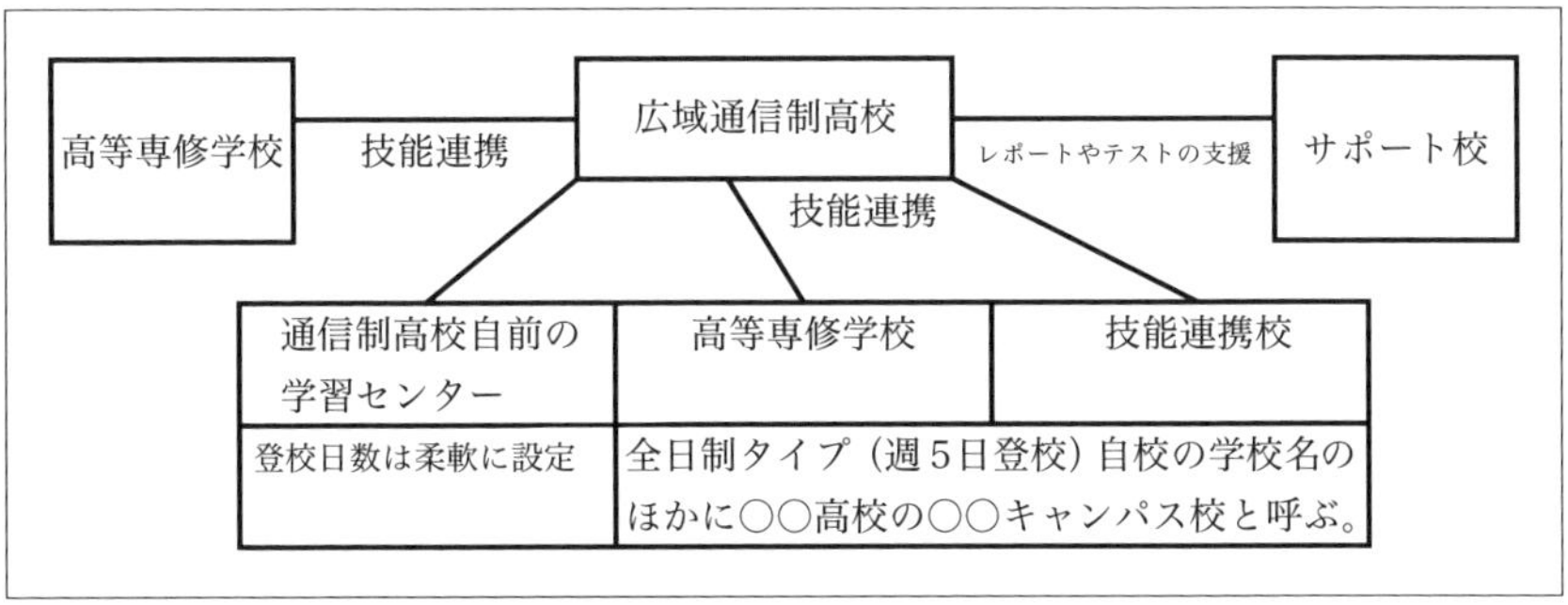

広域通信制高校のホームページを参考に筆者が作成

高い学校へ水路づけられていく傾向にある（伊藤 二〇一二）。

　都市部の高等専修学校では、この私立通信制高校や関連機関の登場で生徒が取られてしまったという学校もあるが、全国に生徒を抱えている私立の広域通信制高校[13]においては、高等専修学校、技能連携校が通信制高校のキャンパス校[14]となっていて、自校の学校名のほかに○○高校○○校（キャンパス）と呼ばれ、通信制高校を中心にすると並列的な関係にある（**図1－2**）[15]。キャンパス校となっている高等専修学校のなかには、通信制高校と同じ学校法人が経営している学校もある。サポート校は、たいてい、特定の通信制高校との間に「サポート校契約」を結んでいるが、そうでない教育施設もあり（阿久澤 二〇一七：一四六）、生徒が高校卒業を迎えるまでの学習・生活面の支援を行っている（阿久澤 二〇一七：一四六）。このように、類似していて混同しやすい教育機関の登場が、高等専修学校の存在を見えにくく、理解しにくいものとしている。

　そのほか、通信制高校のキャンパス校として位置づいていないものの、通信制高校と技能連携を行っている高等専修学校も確認できる。次節では、高等専修学校と類似する教育機関との相違点を整理しながら、後期中等教育における高等専修学校の位置づけを確認していきたい。

四　高等専修学校と類似する教育機関との相違点

高等専修学校と類似している非主流の後期中等教育機関は、私的な教育機関として経営されている。そして、これらの教育機関は、「高卒資格」（私立通信制高校）と「日常の学習」（高等専修学校、技能連携校、サポート校）の相互補完関係で成り立っている。[16] 最初に、私立通信制高校について説明を行っていきたい。少子化に伴い、公立高校では統廃合が進行しているなかで、学校数・生徒数が増えているのが通信制高校である。そのなかでも増えているのが、公立ではなく私立の通信制高校とそこに在籍する生徒数である。従来の公立通信制高校は、自学自習が基本であり、学費はほとんどかからないが、学習を進めていくうえで、基礎学力が身についていない生徒にとってはハードルが高く、進級、卒業率がきわめて低いなどの課題が指摘されていた（小林 二〇一四）。それに対して私立通信制高校は、通学型のコースも採用し、進級や卒業に向けて手厚い指導がなされ、卒業率もきわめて高くなっている（土岐 二〇一三）。私立通信制高校は、従来の自宅での学習をメインとしたコース（スクーリングも含めて）も含めて、登校日数を柔軟に選択できるようになっている。

私立通信制高校のなかでも、複数の都道府県に生徒を抱えている広域通信制高校では、通信制高校に在籍する生徒が日常通学し、生徒の学習を支えているのが生徒の通学可能な範囲にある通信制高校の学習センターだけではなく、高等専修学校、技能連携校、サポート校である。これらの教育機関の存在によって私立の通信制高校は在籍数を確保し、そこでの進級や卒業に向けて手厚い指導が行われ、公立の通信制高校から比較すると圧倒的に進級・卒業率が高くなっている。

それでは、次に類似する技能連携校の説明を行っていきたい。技能連携校は「学校教育法」第五五条によって定められた教育機関である。技能連携校も高等専修学校と同じく、技能教育施設として認可されており、通信制高校と技能連携を結ぶことによって、高卒資格を取得することができる教育機関である。それに関する技能連携制度の詳細については第2章で述べるが、一九八八年一一月一五日に「学校教育法の一部を改正する法律」が公布（一九八九年四月一日施行）され、定時制課程、通信制課程と連携できる技能教育施設の指定者を「文部大臣」から「都道府県の教育委員会」に改められた（大村 一九九二）。これによって、技能教育施設の認定が受けやすくなり、技能教育施設が増えていった（大村 一九九二）。技能教育施設に認められているが専修学校の基準には満たない学校を技能連携校といい、現在、一二三校確認できた。[17] 高等専修学校も技能連携校も職業に関する専門科目は、そこで実施した授業を高校の単位として連携先の高校に認定してもらい、普通教科に関してはレポート提出と単位認定試験を受験して単位を認定してもらい、高等専修学校や技能連携校卒業と同時に高卒資格が取得できる。

それに対して、サポート校は「通信制高等学校（高等学校通信制課程）に在籍する生徒が三年間で高校を卒業できるよう支援する、民間の教育機関」である（遠藤 二〇〇二）。したがって、高等専修学校や技能連携校とは異なり法的な根拠がない教育機関である。都市部を中心に一九九〇年代に登場し、二〇〇〇年以降、確実に増加してきた。[18] 中学時代の不登校生徒や高校中退者が高卒資格を取得したい場合、通信制高校がよく選択される。しかし、不登校を経験し学力的に厳しい状況にある生徒にとって、通信制高校の自学自習での学習スタイルで進級・卒業することは難しい。サポート校は、通信制高校に入学する生徒の変化と現状との間に生じたギャップを埋めるものとして、「制度化されない教育＝民間の教育産業」が新たに見出した、いわば「ニッチ」（隙間産業）のようなものである（東村 二〇〇四）。このように、生徒の変化と現状の隙間を縫うように登場し増加したサポート校であるが、その教育内容や運営の母体はどうなっているのか。

「サポート校」における「支援」の範囲は施設によってさまざまで、通信制高校へ提出するレポートの作成の支援のみを行うものから、レポート以外の学習支援や生徒の生活指導まで含め、既存の高校と同様に行事を行うものまである。施設の形態面についても、学習塾や家庭教師派遣業者が副業的に「サポート校」事業をはじめたものから、通信制高校との業務提携を行い、「無許可」の「高校」という自負を持つものまで幅広い。指導の内容や方法に着目すると、不登校を経験した生徒が登校しやすいよう粗暴な生徒や「茶髪」の生徒を入学させないとするもの、予備校や進学塾を母体とし大学進学を重視するもの、音楽・芸能・スポーツなどの才能を開発させることに力点をおくもの、電子メールやインターネットを活用し個別に指導を行うものなど、多岐にわたっている。[19]

これは遠藤宏美（二〇〇二）の論文からの引用だが、サポート校の教育内容が非常に多様で幅広く、それを運営している母体も様々であることが確認できる。ただし、高等専修学校や技能連携校と大きく異なる点は、サポート校での学習（授業）は、一部、通信制高校の単位として認定されるものもあるが[20]、多くは通信制高校の単位としては認定されることはない。

以上のように、私立通信制高校の仕組みを中心に整理すると、通信制高校の学習センター、高等専修学校、技能連携校、サポート校が類似する関係になっているのだが、高等専修学校とそのほかの教育機関との違いはいくつか存在する。高等専修学校と技能連携校の大きな違いは、高等専修学校の場合、技能連携制度を利用しなくても、三年制の学校なら単独で大学・短期大学等への入学資格が認められている点である。したがって、高等専修学校は通信制高校（定時制高校）と技能連携制度を利用しなくても、単独でほぼ高校と同じく卒業後の進路（進学）が保障されている。技能連携校やサポート校は単独で大学・短大への受験資格などは認められていないので、卒業後の進路を確保するという面から必ず一条校である通信制高校との連携が必要となってくる。いくら高校っぽい教育を施したとしても、高校との連携がなければ高卒資格を得ることはできない。

次に大きな違いは、受け入れている生徒層である。不登校生徒や学力不振の生徒、発達障害の生徒という共通

図1-3　後期中等教育における高等専修学校の位置づけ

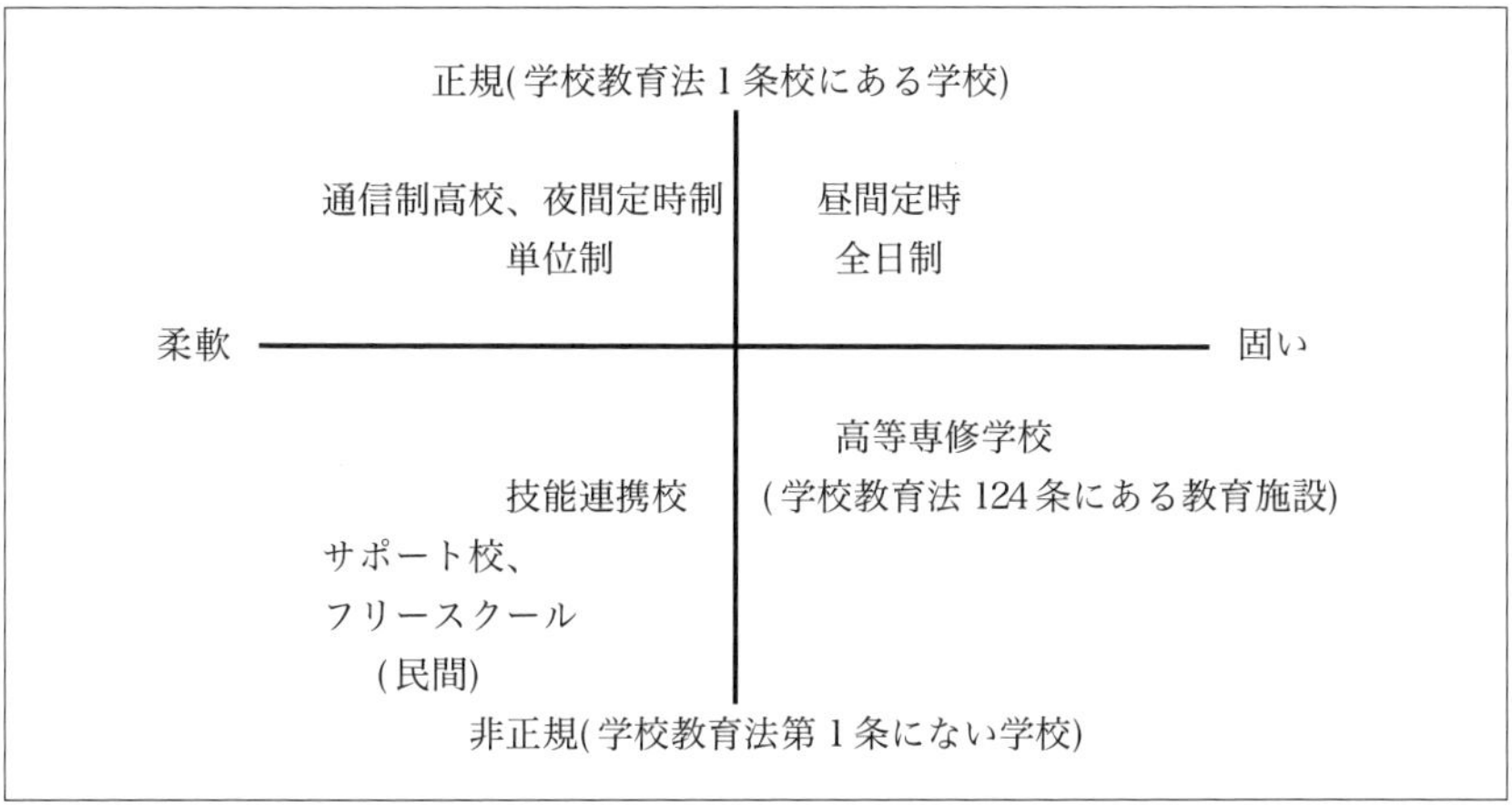

筆者作成

点はあるが、高等専修学校の場合、四月入学（なかには高校を中退し、翌年の四月から入学する者もいる）がほとんどで、編入学者や年度途中からの転学者の受け入れは全国的にも少数にとどまっている。したがって、高等専修学校は新規の中学卒業者を中心に受け入れ、そのほかの教育機関では新規の中学からの進学者だけではなく高校中退者（前籍校からの転学者、編入者）も多く引き受けている（山梨大学 二〇一一：一七、酒井 二〇一八）。

さらに高等専修学校は、全日制の学校であり週五日間登校することが基本である。全日制高校や定時制高校と同じく授業の出席時間数に規定があり、欠席が増えないよう（授業の欠席が規定時数以上越えないように）指導されている。校則については学校によって厳しい緩いの幅はあるものの、技能連携校、サポート校、通信制高校、夜間定時制高校よりは頭髪指導なども含めて厳しく指導している学校が多い。

以上のように、高等専修学校は私立通信制高校やその関連機関と見分けがつきにくい状況にあり、類似する教育機関と同じく、通信制高校と相互補完関係にある。しかし、そのなかでも高等専修学校は、正規の学校ではないが、制度的には正規の学校（一条校）にもっとも近く、全日制高校や定時制高校のように授業の出席時数や校則などがしっかりと定められており、全日制タイプの週五日間登校する学校である（図1－3）。中学時代の不登校生徒や発達障害を抱えた生徒が高い割合で在籍しているにもかかわらず、固いスタイルの従来型の学校であるといえる。このような固い従来型の学校に、なぜ後期中等教育において課題を抱えた生徒が高い割合で在籍することができるのか。そのような生徒を学校に定着させるためにどのような教育が行われているのか。生徒の進級・卒業はどのようになっているのか。その点についての詳細は第５章で検討する。

おわりに

戦前の各種学校は、比較的、簡易に設置が可能だったということもあり、あらゆる分野において正系の学校では十分に担うことのできなかった当時の教育ニーズに対して柔軟に対応してきた。語学学校や大学の予備校だけではなく、当時、正系の学校では十分に対応できなかった分野の教育を担い、正系の学校へたどり着くことができなかった人たちに教育や訓練の場を提供してきたともいえる。そのなかでも、戦前の各種学校は正系の学校の基準を満たして大学、専門学校、高等女学校、実業学校など正規の「学校」へ昇格するケースがかなりみられた。正系の学校では十分に担うことができなかった教育ニーズを満たしていく各種学校の役割については、戦後も引き継ぎつつも、正系の「学校」へ昇格するケースは少なく、各種学校として存続し、そこに特有の存在価値と機能を見出す学校が増えていった。さらに戦後の社会、産業の急速な発展に応じて弾力的に対応し、新しい種類の学校が進出する半面、社会的需要が減少して淘汰され廃校となる学校もあるなど、戦前以上に各種学校の様相はめまぐるしくなる。一九六〇年代半ばまでは、女子生徒の占める割合が高く、女性の職業的自立を支援する役割が強かったといえる。後期中等教育段階の生徒が通学している各種学校については、一九五〇年代の後半から一九六〇年代半ばにかけてベビーブーム世代が高校へ進学する頃、進学先として数的に十分でなかった高校に代わって生徒を受け入れ、高校教育の普及に貢献していた。しかし、その後の高校教育の普及によって後期中等教育段階の各種学校は生徒数が減少し、中等後教育の拡大の影響で各種学校は高卒以上の学生数が伸びていった。専修学校の法制度化も、高等教育多様化政策により、大学抑制政策の受け皿的教育機関として、専門学校を中等後教育の一つとして位置づけたいという政策的な意図と、制度化されることによって公的な支援を受けたいという各種学校経営者側との要求の合致によって成立したものである。専修学校は「各種学校規定」よりも教育諸条件に関する要求水準が高くなり、三つの課程（高等課程、専門課程、一般課程）を設け、入学者の学歴を規定したことにより、正系の学校体系に半ば組み込まれたような形となった。

このように、各種学校から専修学校へ制度的に格上げになったが、高等専修学校になってからの特徴を「学校基本調査」の数値から読み取り確認した。まず、高等専修学校の学校数・生徒数は、中学卒業生の人数によって左右されている。つまり、全日制高校へ進学を希望したが、そこから溢れてしまった生徒が高等専修学校へ進学しているケースが多い。『ニュース高等専修』の記載からも、地元の高校ランクでは最下位に位置づけられ、生徒指導や学習指導が困難な学校の状況が確認できた。しかし、二〇〇〇年を境に、ただたんに全日制高校に入れなかった生徒の受け皿ではなく、中学時代の不登校生徒や発達障害を抱えている生徒を積極的に受け入れる学校となっていった。

そのような高等専修学校が社会的認知度が低いのは、「多様な学校が一つになった学校種であること」「類似する教育機関が登場したこと」などをあげることができる。とくに、非主流の後期中等教育機関において、高等専修学校と類似する教育機関が混在している。そのなかで、高等専修学校の位置づけを述べると、正規の学校ではないが、一条校に近い法的根拠のある学校であり、進級・卒業に関わっては、全日制高校や定時制高校と同じように授業への出席時数が定められ、校則もあり固いスタイルの従来型の学校である。中学時代の不登校生徒にとって決してやさしいスタイルの学校ではないが、なぜ高等専修学校に登校することが可能なのだろうか。また、少子化が進行し、全日制の公立高校においても定員割れが起きている状態にもかかわらず、なぜ小規模ながらも一定数の入学者を確保することができているのか。それらの疑問については、高等専修学校の管理職に対する聞き取り調査をもとに構成された第3章、卒業生への聞き取り調査をもとにして構成された第5章、理事長（経営者）や教員からの聞き取り調査と学校の歴史がわかる「学校要覧」「教育計画」「創立五十周年記念誌」「学校新聞」を参考にして構成された第4章、それらの検討を通して明らかにすることができるだろう。

注

（1）本章で使用する文献や調査は、「学校基本調査」「平成三〇年度『高等専修学校の就学支援金・学校評価等に関するアンケート調査』報告書」「ニュース高等専修」（創刊号・一九八七年一〇月三一日～第二三号・二〇〇二年三月三一日）「専修学校制定二〇年史」「各種学校総覧」（一九六六～一九七三年）「各種学校教育」（一九六四～一九七三年）である。

（2）「専門学校令（明治三六年三月二七日勅令第六一号）」文部科学省ホームページ（https://www.mext.go.jp/b_menu/hakusho/html/others/detail/1318055.htm）（筆者最終閲覧日：二〇二一年八月二九日）によると、一九〇三年に公布された「専門学校令」に規定された学校。修業年限が三年以上、入学資格は中学校卒業者もしくは修業年限四年以上の高等女学校卒業者であった。

（3）現在、各種学校は学校教育法第一三四条に記載されている。

（4）全国専修学校各種学校総連合会の前身。一九五八年五月二八日設立。専修学校の法制度化に伴い名称を現在の形に改める。

（5）全国各種学校連合会の略。

（6）二〇一八年時点までの数値である。

（7）「平成三〇年度『高等専修学校の実態に関するアンケート調査』報告書」。全国高等専修学校ホームページ（https://www.zenkokukoutousenshugakkoukyoukai.gr.jp/hokoku_h30.pdf）（筆者最終閲覧日：二〇一九年一〇月一九日）

（8）「高等学校等就学支援金リーフレット」兵庫県教育委員会ホームページ（https://www.hyogo-c.ed.jp/~aboshit-hs/sub05_

jimu/sub05_sienkin/monbu_sienkin.pdf）（筆者最終閲覧日：二〇二一年八月二五日）参照のこと。それによると、市町村民税所得割額が三〇万四二〇〇円未満であれば年間一一万八八〇〇円、一五万四五〇〇円未満であれば年間一七万八二〇〇円、五万一三〇〇円未満であれば年間二三万七六〇〇円（私立学校のみ）、非課税なら年間二九万七〇〇〇円（私立学校のみ）、それぞれ国から授業料を軽減してもらうこができる。これに関しては、制度がスタートした二〇一〇年四月より私立高校の生徒と同じく私立の高等専修学校の生徒にも軽減されている。

（9）発達障害が疑われ、なんらかの支援が必要だと思われる生徒。

（10）二〇一四年の「学校基本調査」の数値では衛生分野の三年未満の資格取得型と三年制の高卒資格取得型の生徒在籍数は、ほぼ半数だったが、二〇二〇年の数値は資格取得型が約三割、高卒資格取得型が七割と後者の生徒の割合が高くなってきている。衛生分野（理容・美容、調理・製菓）の学校も高卒資格取得型の学校にシフトしつつあることが読み取れる。

（11）阿久澤麻理子「広域通信制高校と『サテライト施設』――外部機関との連携による生徒『支援』」手島純編著『通信制高校のすべて――「いつでも、どこでも、だれでも」の学校』彩流社、二〇一七年、一四七頁参照。阿久澤によると、「学習センター」は、通信制高校直営の自校施設である場合だけではなく、「サポート校」や「技能教育施設（技能連携校）」の場合もあるという。これに関しては、直接、個々の「学習センター」に問い合わせないと、その施設が通信制高校の直営か、技能教育施設か、サポート校などかを確認することはできないので、本章のようなインターネット検索だけでは、そこまで明らかにすることはできていない。

（12）通信制高校直営の「学習センター」に通う場合は、ダブルスクールとはならない。

（13）松本幸広「なぜ通信制高校なのか」手島純編著『通信制高校のすべて――「いつでも、どこでも、だれでも」の学校』彩流社、二〇一七年、一六頁参照。三つ以上の都道府県からの生徒を募集対象とするのが「広域通信制高校」、高校所在地とその隣接県一つに居住する生徒を募集対象とするのが「狭域通信制高校」と呼ばれている。

（14）「広域通信制高校に関する実態調査結果について（概要）」文部科学省ホームページ（https://www.mext.go.jp/content/20200605-mxt_koukou02-1403642_4.pdf）（筆者最終閲覧日：二〇二一年八月一二日）。この調査では、キャンパス校とは呼ばず「サテライト施設」と示されている。「サテライト施設」の設置数の調査結果では、「自校の施設」「技能教育施設（技能連携校）」「サポート校」「協力校」と分類されていた。「協力校」とは、広域通信制高校の行う面接指導および試験等に協力する他の高等学校のことである。この調査では、技能連携をしている高等専修学校は「サテライト施設」に入っていない。このように、文部科学省が実施した調査と筆者が広域通信制高校のホームページ（二校）から整理した内容とでは相違点がみられる。

（15）筆者がインターネットで検索した広域通信制高校のホームページ（二校）や、キャンパス校における補足的なインターネット検索の結果では、高等専修学校はキャンパス校と位置づく学校とそうでない学校が確認できた。サポート校は、キャンパス校と位置づいてはいなかったが、前掲書(11)のように「学習センター」がサポート校である場合は、通信制高校直営の「学習センター」と判別することはできなかった。

（16）生徒が日常通学するのは、高等専修学校、技能連携校、サポート校だが、これらの教育機関は正規の学校ではないので、高卒資格を取得するには通信制高校との連携が欠かせない。私立の通信制高校では、自校に在籍する生徒のレポート作成や試験勉強などの指導を高等専修学校、技能連携校、サポート校で実施することによって、進級や卒業へ向けての手厚い指導が行われることになる。そのような関係を相互補完関係と表現した。

（17）「技能連携校一覧」「通信制高校があるじゃん！」（https://stepup-school.net/datapdf/003.pdf.）（筆者最終閲覧日：二〇二一年六月二二日）。その一覧表に掲載されている学校について、筆者が学校のホームページで確認し、技能連携校数をカウントした数値である。

（18）内田康弘「私立通信制高校サポート校の誕生とその展開：教育政策との関連に着目して」『平成二五年度日本通信教育学会 研究論集』日本通信教育学会、二〇一三年、七〜九頁参照のこと。

（19）遠藤宏美『「サポート校」における学校文化――『学校文化』なるものの特性解明の前提として」『教育学研究集録』（筑波大学大学院博士課程教育学研究科）二六、二〇〇二年、二六頁より引用。

（20）阿久澤麻理子「通信制高校の実態と実践例の研究――若者の総合的支援の場としての学校のあり方」科学研究費助成事業研究成果報告書、二〇一五年（https://kaken.nii.ac.jp/ja/file/KAKENHI-PROJECT-24531071/24531071seika.pdf）（筆者最終閲覧日：二〇二一年八月二九日）五頁参照のこと。サポート校の活動も学校外における学修の単位認定を受け、高校の卒業単位に組み込まれている。たとえば自然体験、就業体験、ボランティア体験などが、高校の卒業単位として認められている。

第2章 技能連携制度の歴史と現状

賑わう生徒食堂（高等専修学校のスナップより）
出典：『G高等学校「周年記念誌」通信制課程70周年・単位制課程30周年・技能連携教育50周年』G高等学校周年記念事業協賛会、2019年

はじめに

本章の目的は、多くの高等専修学校が利用している技能連携制度の歴史と現状を整理することである。技能連携制度とは、一九六二（昭和三七）年学校教育法の一部改正に伴い、文部大臣の指定する技能教育施設で修得した専門科目の学習成果を高等学校における単位として認められるという制度である。[1]現在、全体の八割近い高等専修学校生がこの制度を活用しており[2]、高等専修学校も含めて技能教育施設と認められれば[3]、通信制高校か定時制高校とこの制度を結び、生徒は卒業と同時に高卒資格が取得できるようになっている。

この制度に注目し、歴史と現状を整理しようとした理由の一つは、この制度を利用しながら各種学校やその後の高等専修学校が高校の補完として全日制高校から漏れてしまった生徒の就学を保障してきた点を明らかにするためである。一九六〇年代の高校生徒数拡大期に、私立高校がマンモス校化し多くの生徒を引き受けた（児玉 二〇〇八）といわれているが、私立高校には到底及ばないものの、公立・私立の全日制高校に入れなかった生徒たちの受け皿となったのが教育訓練施設とされていた各種学校であり、そこに在籍する生徒たちに高卒資格をできるだけ負担を軽減して与えていくための仕組みが技能連携制度だった。第1章では、高校生拡大期に、この制度によって、各種学校が高校教育の拡大に貢献したことを文献[4]によって示したが、そのことについて、北海道における通信制高校の技能連携生徒の在籍数によって詳細に確認をしていきたい。

もう一つの理由は、現在の技能連携制度の活用状況を確認するためである。この制度を使って技能教育施設に在籍する生徒が負担なく高卒資格を取得するという制度設立当初の目的は現在も変わらない。ただし、一九八八九年の制度改正に伴い、技能教育施設の認定が緩やかになったことに伴って、高等専修学校以外の技能連携校が増加し、現在、この制度は私立通信制高校（とくに広域通信制高校）の教育に必須の制度となっている。そのような状況の変化を捉えつつ、現代の技能連携制度の利用状況を整理していきたい。

以上のことを踏まえて、本章では技能連携制度の歴史と現状を明らかにすることを目的に、次の手順で説明する。第一節では技能連携制度のおこりと各種学校への連携拡大の背景について述べる。第二節ではG高校の技能連携生徒数の推移によって、いままで担ってきた各種学校（高等専修学校）の役割を確認する。第三節では一九八九年の制度改正に触れ、第四節では現代における技能連携制度の利用状況について整理する。第五節では技能連携制度の意義を述べ、最後に本章のまとめを行う。

一　制度のおこりと各種学校連携拡大の背景

技能連携制度とは、「高等学校の定時制または通信制課程に在学する生徒が、都道府県教育委員会が指定する技能教育施設で教育を受けた場合、その施設での学習を高校の教科の一部の履修とみなすことができる制度」である。「学校教育法等の一部を改正する法律」（一九六一年法律第一六六号）により、学校教育法第四五条の二として創設され[5]、二〇〇七年からは学校教育法第五五条に変更されている。一九五〇年代から六〇年代、中卒での就職者が珍しくない時代、働きながら定時制高校や通信制高校で学ぶ青年が存在していた。そのなかでも、青年たちが勤める企業内の教育訓練には、高校教育と同じように質の高い内容のものがあり、定時制高校（通信制高校）と企業内の教育訓練との二重負担を軽減するために創設されたのが、技能連携制度である[6]。また、この制度は、企業が中卒技能労働力を確保するために設けられたともいわれている[7]。一九六二年から企業内訓練所などの五二施設と公立・私立の一二工業高校（定時制課程・通信制課程）との間で単位修得の便宜が認められた（佐野 一九六八）。スタート当初は、文部大臣の指定による連携教育訓練施設には修業年限三年以上、年間指導時間八〇〇時間以上、生徒一〇人について一人以上の教育担当のいる工業に関する科目に限るとされていたため、その基準を満たすことができたのは、企業内の訓練所のみであった（佐野 一九六八）。

それが、一九六七年に高校とほかの教育訓練との技能教育に関する連携制度を拡大する「学校教育法施行令の一部を改正する政令」が施行され、連携措置の対象となる施設が各種学校（高等専修学校の前身）に拡大されていき、技能教育施設の申請をして、その制度を利用する各種学校が増えていった。これによって、青年たちは定時制高校（通信制高校）に便宜的に在籍しながら、各種学校などの技能教育施設で修得した専門教科の学習成果について、在籍している高校の卒業単位として認められるようになった（佐野 一九六八）。

では、なぜ、この時期、各種学校まで連携措置が拡大されていったのだろうか。一九六〇年代、高度経済成長による国民所得の向上に伴い、人々の高校進学意欲も高まっていった。さらに、第一次ベビーブーム世代の高校進学を控え、「せめてわが子を高校までは」の意識のもと、一九六二年には総評（日本労働組合総評議会）・日教組を母体とする「高校全員入学問題全国協議会」（全入全協）が結成され、全国的な運動へと広がっていった（木村 二〇一五：一〇九）。

それに対して文部省は、一九六三年、「公立高等学校の入学者選抜について」を各都道府県に通達し、従来は志願者が定員以下だと学力検査をしない場合が多かったが、学力検査を必ず実施すること、公立高校の普通科の通学区域を広くして「小学区制」から「中学区制」への移行を示した（大脇 一九九四）。ここで、修学にはたえられないと認められる者を入学させることは適当ではないとする「適格者主義」を明確に打ち出し（大脇 一九九四）、全入運動を受け入れなかった。

それと同時期に、高校以外の教育訓練機関には、ある一定数の青年が在籍していた。一九六四年五月、各種学校には後期中等教育の対象者となる生徒が約三九万人在籍しており、一九六五年の定時制高校通学者数（年齢を一五～一七歳に限った場合）約四一万五〇〇〇人と比較しても、決して少ない数値ではない。(8) そこで、高校教育拡大政策として、公立高校の増設を抑え、既存の教育訓練施設（各種学校）を利用し、教育方法の多様化（連携措置拡大）によって高校の就学機会を確保しようとしたのである（木村 二〇一五：一一二）。

最終的には、高校の配置計画は各都道府県に委ねられているので、各都道府県の教育行政が住民の要望に応える形で、文部省の予想を超える高校進学率となっていった（大脇 一九八四）。地方の財政難のなか、公立高校の新設は抑えられ、公立高校の学級増・定員増と私学が経営拡張の立場から生徒を吸収していったといわれている（大脇 一九九四）。とくに、一校当たりで多くの生徒を引き受けた私立高校は、高校生拡大期の教育機会の提供に大きな役割を果たした（児玉 二〇〇八）。私立高校でも補うことができなかった青年を技能連携制度によって、各種学校が高校教育の機会を与えてきたのである。

ただし、当時の各種学校の修業年数は一、二年の学校が多く、定時制課程、通信制課程の高校は修業年数が四年以上なので、各種学校での学習の一部が高校の単位として認定されたとしても、不足分は定時制課程か通信制課程の高校に在籍し単位を取り続けなければ高卒の資格を得ることはできない。各種学校の卒業生が仕事をしながら学習を継続することが困難であったのではないかとも考えられる。したがって、最終的に各種学校に在籍していた生徒の高卒取得率までは確認することができないが、少なくとも高校進学率の向上についてはプラスの影響を与えたといえる。私立高校の費用は、保護者の負担によって賄われたことから、一九六〇年代の高校教育の拡大について、香川・児玉・相澤（二〇一四：五八）は「安上がりの教育拡大」と呼んでいる。同じように、各種学校における技能連携制度を使った高校生拡大の対応策についても、安上がりの高校教育拡大政策の一つだったといえるだろう。

二　G高校の資料による技能連携生徒の推移

文献をもとに、各種学校が技能連携制度を利用して高校の補完的な役割をはたしてきたことを述べたが、実際、どの程度の生徒がこの制度を活用してきたのだろうか。北海道の通信制高校で、企業内学校や各種学校（のち高等専修学校）と技能連携を結んできたある通信制高校G高校における連携生の人数を使って確認していきたい（**表2－1**）。

一般生は通信制課程の生徒で、連携生が各種学校（高等専修学校）や企業内学校に在籍しながらG高校と技能連携を結んでいる生徒である。技能教育施設とは、技能連携を結んでいる各種学校（高等専修学校）や企業内学校のことである。G高校では一九六八年から、技能連携制度がスタートしている。「学習集団数」とは、別の教育施設に在籍している生徒が、集団で通信制課程に入学している施設数を指す。したがって、一九六七年までは、技能連携がスタートしていないので、「連携校および学習集団数」は、「学習集団数」をあらわしていることになる。

連携生在籍生徒数は、スタート後、順調に増え続け、一九七八年から一九八〇年の在籍数は、一般生在籍生徒数よりも上回っている。表中の（ ）内の休学を含まない受講生徒数に限っては、一九八三年まで一般生の受講生徒数を上回っている。その後も一九八八年までは、受講生徒数に限っては一般生と連携生との間には数値的な開きはあまりない。一九九〇年以降、第二次ベビーブーム世代が高校世代を過ぎたあたりから、一般生と連携生との間に開きが現れはじめ、連携生が減少しはじめていく。一九九八年以降は、連携生が減少の一途をたどっている。技能教育施設数については、一九七三年までは増え続け最大一八校を記録しているが、その後、減少し、二〇〇五年より二校のみとなっている。

この連携生がどの程度なのかを確認するために、**表2－2**の「北海道の中学卒業生数、高校進学者数、高校進

二　G高校の資料による技能連携生徒の推移

表2-1　技能連携を行っているG高校の　般生、連携生、技能教育施設数の推移

	一般生 在籍生徒数（受講生徒数）	連携生 在籍生徒数（受講生徒数）	合計 在籍生徒数（受講生徒数）	技能教育施設および学習集団数（施設数）	定時制連携生徒数 (9)
1958年（昭和33年）		80※		1	
1959年		119※		1	
1960年		162※		1	
1961年		0※		1	
1962年		125※		1	
1963年		50※		1	
1964年		100※		3	
1965年		194※		5	
1966年		229※		6	
1967年	4,805	406	5,211	5	
1968年	4,366	972	5,338	9	
1969年	4,030	1,076	5,106	9	
1970年	3,828	1,780	5,608	16	
1971年	3,821	1,889	5,710	15	
1972年	3,567	1,958	5,525	17	
1973年	3,220	2,199	5,419	18	
1974年	3,389	2,343	5,732	18	
1975年	3,115 (2,031)	2,477 (2,411)	5,592 (4,442)	16	
1976年	2,862 (2,278)	2,712 (2,436)	5,574 (4,714)	12	
1977年	3,105 (2,025)	2,971 (2,943)	6,076 (4,968)	11	
1978年	2,783 (1,989)	3,128 (3,115)	5,911 (5,104)	11	
1979年	3,117 (2,281)	3,129 (3,113)	6,246 (5,394)	11	
1980年	3,172 (2,414)	3,064 (3,048)	6,236 (5,462)	11	772
1981年	3,370 (2,633)	2,921 (2,902)	6,291 (5,535)	11	1,408
1982年	3,372 (2,497)	2,667 (2,635)	6,039 (5,132)	11	1,877
1983年	3,367 (2,418)	2,523 (2,504)	5,890 (4,922)	11	1,736
1984年	3,330 (2,337)	2,325 (2,324)	5,655 (4,661)	11	1,641
1985年	3,224 (2,298)	2,195 (2,187)	5,419 (4,485)	11	1,600
1986年	3,290 (2,393)	2,121 (2,117)	5,411 (4,510)	10	1,522
1987年	3,420 (2,504)	2,165 (2,155)	5,585 (4,659)	9	1,587
1988年	3,674 (2,598)	2,284 (2,274)	5,958 (4,872)	8	1,711
1989年（平成元年）	3,985 (2,900)	2,358 (2,358)	6,343 (5,258)	7	1,882

(続き)

	一般生 在籍生徒数 (受講生徒数)	連携生 在籍生徒数 (受講生徒数)	合計 在籍生徒数 (受講生徒数)	技能教育施設および学習集団数(施設数)	定時制連携 生徒数
1990年	4,196 (2,932)	1,981 (1,979)	6,177 (4,911)	7	1,981 (1,979)
1991年	4,325 (2,893)	2,043 (2,041)	6,368 (4,934)	7	2,043 (2,041)
1992年	4,480 (2,833)	1,977 (1,975)	6,457 (4,808)	5	1,977 (1,975)
1993年	4,689 (3,137)	1,772 (1,766)	6,461 (4,903)	5	1,772 (1,766)
1994年	4,797 (3,157)	1,581 (1,578)	6,378 (4,735)	4	1,581 (1,578)
1995年	4,756 (3,146)	1,407 (1,407)	6,163 (4,553)	4	1,407 (1,407)
1996年	4,826 (3,194)	1,341 (1,341)	6,167 (4,535)	4	1,341 (1,341)
1997年	4,913 (3,268)	1,080 (1,078)	5,993 (4,346)	4	1,080 (1,078)
1998年	5,066 (3,438)	832 (829)	5,898 (4,267)	4	832 (829)
1999年	5,338 (3,579)	707 (704)	6,045 (4,283)	3	707 (704)
2000年	5,616 (3,828)	641 (641)	6,257 (4,469)	3	641 (641)
2001年	5,604 (3,618)	585 (585)	6,189 (4,203)	3	585 (585)
2002年	5,519 (3,448)	467 (467)	5,986 (3,915)	3	467 (467)
2003年	5,278 (3,186)	408 (408)	5,686 (3,594)	3	408 (408)
2004年	5,002 (3,010)	364 (361)	5,366 (3,371)	3	364 (361)
2005年	4,732 (2,755)	327 (326)	5,059 (3,081)	2	327 (326)
2006年	4,538 (2,579)	293 (292)	4,831 (2,871)	2	293 (292)
2007年	4,288 (2,396)	282 (282)	4,570 (2,678)	2	282 (282)
2008年	4,155 (2,325)	280 (280)	4,435 (2,605)	2	280 (280)
2009年	4,144 (2,382)	273 (273)	4,417 (2,655)	2	273 (273)
2010年	4,116 (2,323)	260 (260)	4,376 (2,583)	2	260 (260)
2011年	4,012 (2188)	274 (274)	4,286 (2,462)	2	274 (274)
2012年	3,940 (2,053)	302 (302)	4,242 (2,355)	2	302 (302)
2013年	3,911 (1,972)	301 (301)	4,212 (2,273)	2	301 (301)
2014年	3,747 (1,805)	319 (319)	4,066 (2,124)	2	319 (319)
2015年	3,506 (1,629)	335 (335)	3,841 (1,964)	2	335 (335)
2016年	3,217 (1,413)	349 (349)	3,563 (1,762)	2	349 (349)
2017年	2,928 (1,394)	342 (342)	3,270 (1,736)	2	342 (342)
2018年	2,786 (1,401)	307 (307)	3,093 (1,708)	2	307 (307)
2019年(令和元年)	2,742 (1,528)	277 (277)	3,019 (1,805)	2	277 (277)

G高校の技能連携部の資料を参考に筆者作成
※印は在籍者数ではなく入学者数

表2–2　北海道の中学卒業生数、高校進学者数、高校進学率

	中学卒業生（名）	高校進学者数（名）	高校進学率（%）
1960年（昭和35年）	97,402	55,734	57.2
1965年	142,074	94,234	66.3
1970年	97,920	73,060	74.6
1975年	83,409	73,310	87.9
1980年	83,908	77,890	92.8
1985年	86,437	81,197	93.9
1988年	92,223	88,170	95.6
1998年（平成10年）	70,460	68,492	97.2
2008年	52,346	51,599	98.6
2018年	44,746	44,276	98.9

「学校基本調査」をもとに筆者が作成

学率」の数値と比べてみる。たとえば、**表2－1**をみると一九七〇年の連携生が一七八〇名で、三分の一程度がその年の入学生徒数だとすると六〇〇名程度となり、その年の高校進学者数七万三〇六〇名で割ると、高校進学者数のうち〇・八％の生徒が技能教育施設に入学していることになる。同じように算出すると、一九八〇年の技能教育施設への進学率が一・一％、一九八五年が〇・九％、一九八八年が〇・九％、一九九八年が〇・四％、二〇〇八年が〇・二％であった。割合的には高い数値とはいえないかもしれないが、一九九〇年ぐらいまでの第二次ベビーブーム世代が高校生の頃までは、技能教育施設が一％前後の中学卒業生を受け入れていたということになる。それ以降は、さらに減少の一途をたどっているが、北海道にはG高校以外の広域通信制高校と技能連携を行っている高等専修学校（技能教育施設）もあるので、この制度を利用している道内の生徒数は**表2－1**の連携生在籍生徒数の数値よりも若干多くなる。

三　その後の制度改正

一九七〇年代に入ると高校への進学率向上に伴い、全国的には後期中等教育に該当する各種学校の在籍者も減少し、それと同時に、各種学校の生徒も高卒後の年齢層が増えてきた。一九七五年に学校教育法の一部改正に伴い、専修学校がそのなかに組み込まれ、各種学校のなかでも基準を満たす学校は専修学校となっていった。各種学校時代も生徒の学歴によって、ある程度、コース（課程）は存在していたものの、専修学校になってから高卒者が入学する専修学校専門課程（専門学校）、中卒者が入学する専修学校高等課程（高等専修学校）、入学条件がない専修学校一般課程の三課程ができた。一〜二年程度の修業年数が多かった各種学校も、高校の三年に対応する形で修業年数を三年に延長する高等専修学校の割合が増えてきた。それでも、定時制課程や通信制課程の高校が、四年以上の修業年数だったので、技能連携制度を活用しても、高等専修学校卒業後、一年間は定時制か通信制高校に在籍し、残りの単位を取得しなければ高卒資格を得ることができないという不便さを抱えていた。

それが、一九八八年一一月一五日に「学校教育法の一部を改正する法律」が公布（一九八九年四月一日施行）され、高等学校の定時制課程および通信制課程の修業年限が「四年以上」から「三年以上」に改められたとともに、それらの課程と連携できる技能教育施設の指定者を「文部大臣」から「都道府県の教育委員会」に改められた（大村　一九九二）。この制度改正によって、現在のように高等専修学校入学と同時に連携先の定時制課程か通信制課程の高校に入学し、三年後、高等専修学校卒業と同時に高卒資格が取得できる仕組みが完成した。それと同時に、技能教育施設の認定が文部大臣から各都道府県になったことで認定を受けやすくなり、技能教育施設が増えていった（大村　一九九二）。この技能教育施設に指定される所は、当初は企業内学校だったが、中卒労働者の減少によって一九八〇年代から高等専修学校が増加傾向にある。高等専修学校のうちどのくらいの学校が技能教育施設として認定されているのかは確認が困難であるが[10]、学校基本調査からは入学者の八割近い生徒が技能教育施設として認定されている高等専修学校に進学している。大村恵（一九九二）は、企業における中卒技能者確保のために作られた技能連携制度ではあるが、高校進学率の上昇に伴いその必要性が低くなり、いまは高等専修学校に入学した生徒に高卒資格を与える制度にシフトしていったと述べている。この制度の活用によって、高等専修学校は、高等学校の設置基準を満たさなくても高卒資格が得ることができ、そのなかでも学校文化が全日制高校と変わらない高等専修学校を「疑似全日制高校」と表現している（大村 一九九二）。

四　現代における技能連携制度の実態

一九八〇年代から、技能連携制度を活用する主流は高等専修学校になってきたが、現在はどのようになってきたのだろうか。その詳細を調査した資料は存在しないので、インターネットの「通信制高校があるじゃん！」[11]の技能連携校一覧[12]を利用して、現在の技能教育施設について整理をしていきたい。その技能連携校一覧には、技能教育施設二七一校が示されているが、すべて高等専修学校だとは限らない。各学校のホームページや『令和三年度版 全国専修学校総覧』を使用し確認したところ、掲載されている技能連携校二七一校のうち、一三四校が高等専修学校であった。これは三年制の学校だけではなく、二年制の准看護学校で高校と技能連携を結んでいる学校もある。残りの学校は高等専修学校ではなく、三校が企業内学校[13]、一一校が職業能力開発校[14]、一二三校が技能連携校[15]であった（**図２－１**）。現在も高等専修学校が技能連携制度を利用して、高卒資格を取得する学校が多いが、技能連携校も高等専修学校に並ぶ勢いで実在していることが確認できる。技能教育施設の指定者を「文部大臣」から「都道府県の教育委員会」に改めたことによって、専修学校に限らず技能教育施設として申請し認められる

図2–1　技能教育施設（技能連携校）の種類

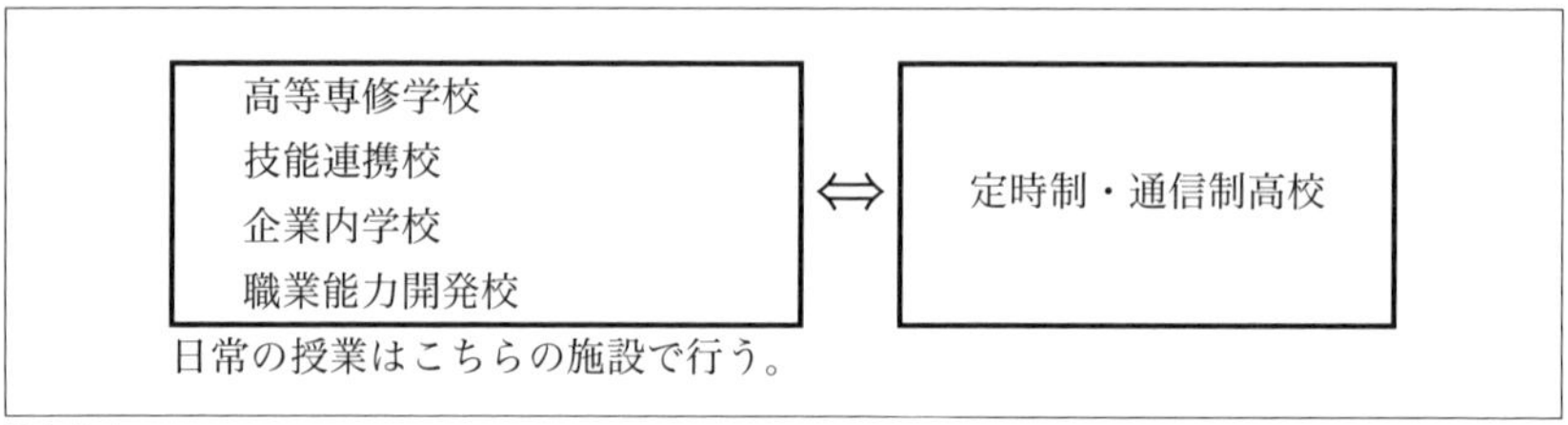

筆者作成

技能連携校が急増している現状にあることが明らかである。

次に、公立／私立、定時制高校／通信制高校、通信制高校なら広域／狭域(16)など、どのような高校と技能連携をしているのかを確認していきたい。**表2－3**は、先ほどのインターネットの技能連携校一覧に記載のあった連携先の高校を整理したものである。この数値は高等専修学校だけではなく、それを含んだすべての技能教育施設の連携先の高校を振り分け整理したものである。**表2－3**をみるとわかるように、私立の通信制高校が多いことが確認できる。とくに複数の都道府県に生徒が在籍している広域通信制高校に集中していることがわかる。技能教育施設は私立が多く、さらにそのような学校に在籍しながら私立通信制高校と技能連携すれば、費用負担の問題が懸念されてくる。

一方、准看護学校は全国的に、公立高校の定時制課程もしくは通信制課程と技能連携を結んでいた。准看護学校等は、ある程度、歴史があるので、一九六〇年代にこの制度がスタートしたときから公立高校の定時制課程もしくは通信制課程と技能連携をスタートさせたのではないかと考えられる。公的な施設である職業能力開発校も、公立高校の定時制課程もしくは通信制課程と技能連携を結んでいた。全国的に定時制課程と通信制課程の両課程を設置している公立高校が存在しており、技能教育施設がどちらの課程と技能連携を結んでいるのかはインターネットの学校紹介のなかでは判別することができなかったため、そのような学校は「定時制・通信制」という括りで示してある。

ちなみに、北海道の技能教育施設については六校となっている。詳細を確認する

表2-3　技能連携先の高校

（私立）広域通信制高校	
高校	技能教育施設数
H校	40校
I校	39校
J校	27校
K校	24校
L校	18校
M校	8校
N校	8校
O校	6校
P校	5校
Q校	5校
他18校の高校	27校
計	207校

（私立）狭域通信制高校	
高校	技能連携施設数
Q校	8校
R校	3校
S校	3校
他10校の高校	10校
計	24校

公立高校	
課程	技能教育施設数
定時制	12校
通信制	3校
定時制・通信制	25校
計	40校

「通信制高校があるじゃん！」を参考に筆者作成

と、高等専修学校が三校、技能連携校が三校であった。連携先の高校は、私立の広域通信制高校が四校、公立の定時制高校が二校となっている。北海道の技能教育施設も全国的な傾向と同じく、私立の広域通信制高校との連携が多い現状にあった。

技能連携制度の履修のパターンであるが、生徒は日常、高等専修学校をはじめ技能教育施設に通学し、そこの教員によって授業を受ける。職業に関する専門科目については、技能教育施設で授業や定期試験を実施し、そこで単位が認められた場合、連携先の高校より高校の単位として認定される。それ以外の普通教科の場合は、技能教育施設で連携先の高校の課題レポートを作成し期日までに提出する。その課題レポートが期日までに順調に提出できれば、連携先の高校の定期試験を受け、課題レポートと定期試験の結果で連携先の高校より成績がつけられ、普通教科の単位として認められる。連携先の高校の定期試験は、日常、通学している技能教育施設で受験可能なので、連携先の高校へ登校するケースはほとんどない。

筆者の勤務校は、現在、定通併修が採用されていて、少し複雑な仕組みになっている。職業に関する専門科目

図2–2　高等学校との技能連携制度の仕組み（一般的なパターン）

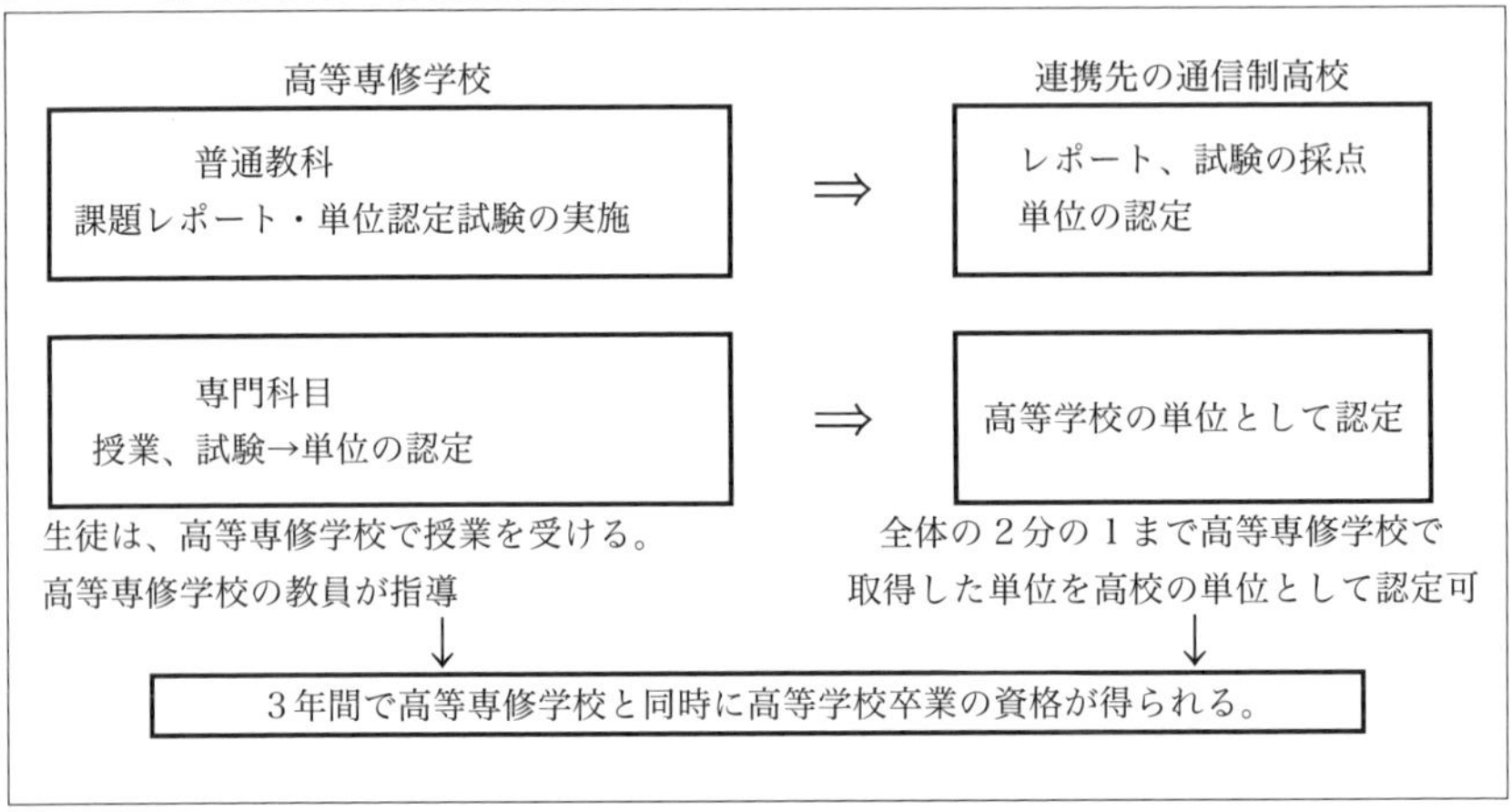

筆者作成

については先と同じ認定の仕方だが、普通科目に関しては先の課題レポート提出と定期試験による認定と、協力校[17]の定時制高校の教員が技能教育施設で面接指導（授業）を実施し、定期試験なども行い、最終的に連携先の高校で認定してもらうという仕組みである。協力校の定時制高校の教員が技能教育施設に出向いて授業をするのではなく、技能連携先の教員が、協力校の非常勤講師として登録することによって、協力校の教員による面接指導が成り立つ仕組みとなっている。単位修得のこのような仕組みで、修得すべき教科の単位数を取得し、技能教育施設の学校の卒業と同時に、連携先の高校も卒業資格が取得できる仕組みになっている（**図2－2**）。したがって、高等専修学校の生徒は、連携先の高校の生徒であるという帰属意識はきわめて低い。一方、○○高校の○○キャンパスという名で実在している技能教育施設の生徒については、連携先の高校の生徒という帰属意識をもつことになるであろうと考えられる。

　では、現代の後期中等教育機関において、技能連携制度はどのような意義があるのか、整理していきたい。

五　技能連携制度の意義

大村（一九九二）は、技能連携が拡大する社会的な原動力として、次のように指摘している。

技能連携を拡大する社会的要請は、直接的には、全日制不進学者の高校教育要求、高等学校通信制課程の生徒募集策、専修学校高等課程（高等専修学校）の生徒募集策という三つの要素からなりたっている。ただし、これらを調整し、技能連携拡大に水路づけているのは、行政担当者の役割は無視できない。

この指摘を参考にして、ここでは技能連携制度の意義を、技能教育施設側（高等専修学校、技能連携校）と通信制高校側から整理していく必要があると考える。

まず、技能教育施設としては、全日制高校と差異なく高卒資格を取得させることができ、高卒でなければ推薦入学の資格が得られない大学の入試に対応することができる。三年制の高等専修学校の多くは大学入学資格付与指定校[18]であり、単独で大学への入学は認められているが、一般入試以外の受験方法（推薦入試やＡＯ入試）によっては、高等専修学校からの入学試験を認められていない大学・短期大学もある。よって、卒業後の大学などへの進路を保障していくうえで技能連携制度は重要な制度となる。一方、進学を希望しない生徒や保護者にとっても、「高卒扱い」と「高卒」では受けるイメージが大きく異なり、「高卒の肩書き」が何よりも必要となってくる。このことは、中学校からの生徒を募集する際に非常に重要なこととなる。高等学校の設置基準を満たして、技能教育施設が高校となれば、この技能連携制度ももちろん不要となるが、少子化の傾向にあるなかで、仮に高等学校の設置基準を満たしたとしてもその地域で私立全日制高校として認可を受けるにはきわめて困難な状況にある。

そのような現状におかれているなかで、技能連携制度は高等専修学校をはじめ技能連携校がその地域で開校し、経営していくうえで必要な制度であると断言できる。

次に、通信制高校側からみれば、とくに私立の通信制高校なら手厚い指導を行っているということで、生徒募集のポイントにもなり、自学自習でレポートを作成することのできない生徒を技能教育施設で手厚く指導し、確実に進級、卒業と導いていくことが可能な仕組みが整えられていくことになる。通信制高校に在学する生徒のなかで、技能教育施設に在籍する生徒が全体のどのくらいを占めているのか具体的な数値はないのだが、通信制高校のキャンパス校において、技能教育施設の数は決して少なくはない[19]。とくに広域通信制高校などは、本校が遠方なので、各地域に実在する技能教育施設が、その周辺に生活する生徒にとって通信制高校の本校とを結びつける身近な学びの場となる。そう考えると、各地の技能教育施設の存在が通信制高校の生徒を増やし、維持していく原動力ともいえ、通信制高校にとっては遠隔地にある各地のキャンパス校と協力しながら運営できるというメリットがこの技能連携制度にはある。

ただし、ダブルスクールという形になるので、学費の二重負担が保護者（生徒側）に生じてしまう点はどうしても避けられない。公立高校との技能連携であれば、比較的費用の負担は少ないかもしれないが、多くの通信制高校は私学であり、技能連携施設も私学であるケースが多く、学費の負担という点について課題があることを付け加えておく。

おわりに

技能連携制度がスタートし、高等専修学校の前身である各種学校へ連携措置が拡大していった頃、当時、各種学校はなんらかの理由で高校へ進学しなかった青年の重要な教育訓練の場として機能していた。そのときの教育内容に関しては、職業に関する専門的な知識や技術を磨く時間が多く、一般教科の指導が不十分であり、高校の定時制課程の指導と比較しても計画性がなく、課題を含んでいた（尾形・長田 一九六七：一六二）。しかし、各種学校には高校に進学しない多くの青年が在籍していたこともあり、高校教育を普及させるという意図でもって技能連携制度の対象が拡大し、その指定を受ける各種学校が増えていった。一九六〇年代、高校生拡大期において、その受け入れにあたって私立高校のはたした役割が大きかったといわれている。私立高校の受け入れ数から比べても小規模ではあるが、私立高校以外の簡易な私立学校である各種学校がこの技能連携制度の利用によって、高校への進学率向上に貢献したとみられる。しかし、多くの各種学校は、当時、修業年限が一、二年程度のものが多く、そこを卒業してからも定時制高校や通信制高校に籍をおいて残りの単位を取得しなければ、高卒の資格を得ることはできないため、利用しにくい制度であった。その後、各種学校（高等専修学校）の修業年限が高校と同じく三年に延長する学校が増え、定時制高校・通信制高校の修業年限が四年以上から三年以上になったことをきっかけに、二つの学校に入学し、三年後、二つの学校を卒業できる利用しやすい制度となっていった。

現代における技能連携制度の利用状況をインターネットの資料から確認し集計すると、一九八〇年代には技能教育施設として高等専修学校が占めていたが、現在は技能連携校の数が急増し、高等専修学校の数に近づきつつある。連携先の高校は広域通信制高校をはじめとして私立の通信制高校が多数を占めており、北海道の技能連携施設においても同じような傾向がみられた。本章の整理を通して、高等専修学校をはじめとする技能連携施校や通信制高校（とくに私立の通信制高校）が互いに協力し合いながら生徒数を確保するうえで欠かせない制度であることが明らかとなった。通信制高校のサポート校は、あくまでも通信制高校のレポート作成や単位認定試験に向けての勉強を中心に指導するところであるのに対して、高等専修学校をはじめとする技能連携校では、そこで行っている専門教科の学習が連携先の高校の単位として認定してもらえる利点もある。したがって、技能連携制度は高等専修学校や技能連携校にとって欠かせない制度であることは間違いないのだが、ダブルスクールという点で、学費の二重負担という大きな課題を抱えていた。高等専修学校だけではなく、近年、増加傾向にある技能連携校も含めて、どの地域にどの程度の生徒が在籍しているのか。それが通信制高校においてどの程度の割合を占めているのか。日常の授業の実態も含めて調査をし、今後、技能連携制度の課題をより明らかにしていく作業が必要であると考えられる。

注

（1）技能連携制度のこと。望月哲太郎『高等学校技能連携制度の解説――指定申請・連携措置の手引き』第一法規出版、一九六八年、一〇頁参照のこと。
（2）高等専修学校のうち技能連携制度を利用している学校の割合については、個々の高等専修学校に問い合わせないと確認ができない。ただし、「学校基本調査」から技能連携制度を利用している生徒の割合を算出することは可能である。技能連携制度を利用している高等専修学校の進学者は、「中学校卒業後の状況調査」で、高等学校等進学者としてカウントされている。よって、高等専修学校へ新規に入学した生徒数から、「中学校卒業後の状況調査」の専修学校（高等課程）進学者数を差し引くと、高等学校等進学者にカウントされている技能連携をしている生徒数を導き出すことができる。その方法で算出すると高等専修学校へ入学する生徒のうち、八割近くの生徒が技能連携を行っている高等専修学校に入学していることになった。
（3）「学校教育法施行令」第三三条の一から五に技能教育施設の指定基準が示されている。
（4）全国専修学校各種学校連合総会が編集した『専修学校制定二〇年史』一九九五年、三三頁
（5）前掲書（1）と同じ。
（6）前掲書（1）の一一頁参照のこと。
（7）原正敏『教育学全集14　教育と社会』小学館、一九六八年、二〇一～二〇二頁
（8）尾形利雄・長田三男『夜間中学・定時制高校の研究』校倉書房、一九六七年、一六〇頁
（9）『G高等学校「周年記念誌」通信制課程七〇周年・単位制課程三〇周年・技能連携教育五〇周年』二〇一九年によると、

一九八〇年から、道立G高校では連携生に限って、定時制課程と通信制課程を併修させる仕組みがスタートしている。その定通併修を利用した連携生は定時制連携生徒数となる。一九九〇年からはすべての連携生が、定通併修を活用した定時制連携生徒となった。

（10）文科省がインターネットで公開している技能教育施設に指定された施設のなかには、現在、存在しない施設も掲載されているため確認が困難である。

（11）「通信制高校があるじゃん！」（https://stepup-school.net/）（筆者最終閲覧日：二〇二一年六月二二日）

（12）「技能連携校一覧」「通信制高校があるじゃん！」（https://stepup-school.net/datapdf/003.pdf.）（筆者最終閲覧日：二〇二一年六月二二日）。その一覧表に掲載されている学校について、筆者がインターネットのホームページで確認し、カウントした数値である。

（13）日野工業高等学園、デンソー工業学園、トヨタ工業学園の三校。日立工業専修学校は、一般財団法人職業教育・キャリア教育財団編集『令和三年度版 全国専修学校総覧』にも高等専修学校として明記されていたので、高等専修学校へ分類している。

（14）職業能力開発促進法による。ここでは公共職業能力開発施設を指す。

（15）都道府県の教育委員会が指定する、技能教育を受けることができる施設。そのなかで専修学校の設置基準を満たすのが高等専修学校であり、それを満たさない施設が技能連携校となる。

（16）松本幸広「なぜ通信制高校なのか」手島純編著『通信制高校のすべて――「いつでも、どこでも、だれでも」の学校』彩流社、二〇一七年、一六頁参照のこと。三つ以上の都道府県からの生徒を募集対象とするのが「広域通信制高校」といい、高校所在地とその隣接県一つに居住する生徒を募集対象とするのが「狭域通信制高校」と呼ばれている。

（17）「広域通信制高校に関する実態調査結果について（概要）」文部科学省ホームページ（https://www.mext.go.jp/content/20200605-mxt_koukou02-1403642_4.pdf）（筆者最終閲覧日：二〇二一年八月一二日）。そのなかで「協力校」とは、広域通信制高校の行う面接指導および試験等に協力する他の高等学校のことと記されている。

（18）おもに三年制の高等専修学校は、大学・短期大学への入学資格が認められている。そのような高等専修学校を大学入学資格付与指定校と呼ぶ。

（19）私立の通信制高校の在学生のうち、技能教育施設の生徒数の割合は定かでないが、技能教育施設の数や割合は、おおむね通信制高校のホームページで確認することができる。広域通信制高校のH校は、全国に六六カ所の学習センターやキャンパス校がある。そのうち、高等専修学校が一五校、技能連携校が二九校あり、あわせて四四校が技能教育施設であった。**表２−３**の四〇校よりも四校多いのは、「通信制高校があるじゃん！」の技能連携一覧表の調査時期とＨ校のホームページ更新時期とにずれがあるためだと考えられる。残りの一二校が技能教育施設かどうかホームページからは確認できなかった。おそらくＨ校直営のキャンパス校（自校施設）だと推察されるが、正確には、キャンパス校へ直接確認しないと明らかとはいえない。広域通信制高校のＩ校は、全国六四カ所に学習の拠点を有し、Ｉ校の学習センターは三五校、高等専修学校が四校、技能連携校が二五校であった。Ｉ校の学習センターについては、自校直営かどうかインターネットから判断することは難しい。技能教育施設はあわせて二九校となり、**表２−３**の三九校と比較すると一〇校少ない。これは、Ｉ高校のキャンパス校という位置づけではなく技能連携を行っている技能教育施設が実在していることをあらわしている。広域通信制高校のＫ校については、技能連携をしている教育施設のうち、二〇校が高等専修学校、三校が技能連携校、三校が企業内学校であり、あわせて二六校が技能教育施設であった。これからＫ高校は、高等専修学校との技能連携の比率が高い学校であるといえる。Ｋ校の**表２−３**の二四校よりも二校技能教育施設数が多いのは、先のＨ校と同じ理由だと考えられる。その他、Ｋ高校の本校と二つの分校がある。このようにＫ校は通学型の生徒のうち技能教育施設の生徒の占める割合が高い状況にあると考えられる。

第3章 全日制高校に対する役割の検討

被服製作（服飾・家政分野の高等専修学校のスナップより）
出典：『G高等学校「周年記念誌」通信制課程70周年・単位制課程30周年・技能連携教育50周年』G高等学校周年記念事業協賛会、2019年

はじめに

本章の目的は、道内における高等専修学校が実在する学区[1]において、全日制高校に対する高等専修学校の多様な補完のありようを明らかにすることである。高等専修学校は定時制高校、通信制高校とともに後期中等教育のセーフティネットとして、全日制高校で受け止めることができない生徒を受け入れている学校（伊藤 二〇一二、二〇一七：五）といわれている。そうなれば、高等専修学校は全日制高校に対して補完的な役割のある学校と考えられる。高等専修学校は、「職業若しくは実際生活に必要な能力を育成し、又は教養の向上を図ること」を目的とした学校[2]であり、高校と同じく後期中等教育段階の生徒を受け入れているところではあるが、三年制の高等専修学校は、私立学校が大半を占めるため、学校によって教育の実態が多様であることが予想できる。さらに、全日制高校に対する補完のありようもその高等専修学校の実在する地域の実情によって、多様なのではないかという仮説が成り立つ。本章は、この仮説が正しいのかどうか、実際どのように全日制高校を補完しているのかを明らかにしていく。

その目的を明らかにするために、二つの課題を設定した。一つ目の課題は、北海道内の三年制の高等専修学校における聞き取り調査（六校）をもとに、それぞれの学校の実態を明らかにすることである。同じ高等専修学校であっても、設置の目的や学校の経営方針が異なれば、同じ学校種であってもまったく異なる学校文化や教育の実態が考えられる。一校を事例として検討しただけでは、高等専修学校を定義づけることは難しく、異なったいくつかのサンプルを調査して、その教育の実態がはたしてどのようなものかを確認する必要があるだろう。

二つ目の課題は、高等専修学校が実在している地域において、その学校が学区内の全日制高校とどのような関係にあり、どのような理由で生徒募集が成り立っているのかを明らかにすることである。一つ目の課題で教育の実態が明らかとなった高等専修学校が地域のなかでどのように位置づけられているのか。そして高等専修学校が実在している学区の公立高校の入試倍率や高等専修学校の管理職の聞き取り調査からどのような理由で生徒が集まるのかを検討する。

さらに、本章では応用編として、高等専修学校の課題と将来展望を最後に検討する。生徒激減期を迎え、公立高校と私立高校がどうあるべきか検討されたものはあるもの、[3]高等専修学校のような高校以外の学校種の将来について検討されたものはない。後期中等教育の多様性を確保するという観点も含め、このような学校種が将来どのようになっていくのかを検討する。以上の理由から、本章は、二〇一三年の夏に実施した北海道の高等専修学校の管理職に対するインタビュー調査で得られたデータを中心に検討していく。また、補足的に高等専修学校が実在している学区の公立高校の倍率を参考にしながら、北海道における高等専修学校の全日制高校に対する多様な補完のありようを検討していきたい。

一　北海道の高等専修学校の多様性

（一）調査について

『進路指導資料　平成二五年度版　全国専修学校総覧』[4]をもとに、北海道の専修学校で「高等課程」[5]（高等専修学校を指す）の設置が記載されていた一二校に電話で確認をとった結果、六校に生徒が在籍していることが確認できた。ここでは、職業に関する資格取得を目的とした准看護学校や調理学校などは調査の対象とはせず、高卒資格（高卒扱い）取得目的とする三年制の高等専修学校のみを調査の対象とした。その三年制の高等専修学校六校に、二〇一三年七月三一日～八月一〇日にかけて筆者が学校訪問し、管理職（校長、教頭、事務局長）と面談し、「学校の概要」「生徒や家庭環境の特徴」「実践している教育」「不登校や発達障害の生徒の受け入れ」「一条校化に対する意見」「後期中等教育における高等専修学校の役割」「通信制高校（定時制高校）との競合について」「高等専修学校の展望」の項目について聞き取り調査を実施した。[6]さらに、確認や補足的な質問をFAXやEメールを使用して行った。[7]一校につき、一時間三〇分から二時間の聞き取り調査だった。本章では、そのなかでも「学校の概要」「後期中等教育における高等専修学校の役割」「通信制高校（定時制高校）との競合について」「高等専修学校の展望」での聞き取りをもとに全日制高校に対しての高等専修学校の多様な補完のありようを検討していく。

（一）学校の概要と設立の目的

最初に、北海道の高等専修学校の特徴をつかむために、管理職からの聞き取りをもとに各学校の概要と学校設立の目的を整理したのが次の通りである。以下に記されている内容は、すべて調査当時のものである。

［学校の概要］

〈A校〉

一九五六年に設立の商業学校である。A校は道内一二万人のA市にある。全校生徒一五〇名程度。同一学校法人で二つの専門学校、幼稚園一校、保育園一校、英会話スクール、スポーツクラブを運営している。教育課程もほぼ商業高校と同じで、全日制高校と同じく制服、校則が存在している。技能連携制度を利用し、卒業と同時に高卒資格が取れる。中学時代の不登校経験者を積極的に受け入れており、中学時代の不登校経験者の割合が一六・七％。八割の生徒が大学・専門学校へ進学し、そのうちの半数以上が同じ学校法人の経営する専門学校へ進学している。残りの二割の生徒が就職している。

〈B校〉

一九五三年に設立の商業学校である。B校は道内一七万人のB市にある。全校生徒一四〇名程度の学校である。この学校は、専門学校や他に学校もなく、高等専修学校だけの単独経営である。教育課程もA校と似ている。全日制高校と同じく制服、校則が存在している。技能連携制度を利用し、卒業と同時に高卒資格が取れる。中学時代の不登校経験者を積極的に受け入れており、中学時代の不登校経験者の割合が二〇％。二～三割の生徒が大学・専門学校へ進学し、残りの生徒は就職している。B市内やその周辺で就職する生徒がほとんどである。進路未決定で卒業を迎えてしまう生徒も若干存在しているが、卒業後、半年以内には就業先が決まっている。

〈C校〉

一九九六年に設立の工業学校である。C校は道内で人口の多いC市にある。姉妹校の専門学校は、それより先の一九八八年に設立されている。全校生徒一一〇名程度の学校である。技能連携制度を利用し、卒業と同時に高卒資格が取れる。A校、B校と同じく制服、校則がある。中学時代の不登校経験者を積極的に受け入れており、中学時代の不登校経験者が四割近く在籍している。姉妹校の専門学校へ五～六割の生徒が進学し、二、三割が就職している。残りの生徒は、他の大学・専門学校へと進学している。

〈D校〉

文化・教養の学校で、ここは芸能界へのデビューを目指す学校である。D校はC校と同じC市にある。D校は二〇一二年から開設された。専門学校も同じ校舎内にある。この学校法人は、全国規模で専門学校や高等専修学校を経営しており、芸能分野以外の学校・学科も多数ある。道内においても同一の学校法人が経営している他分野の専門学校がある。芸能界デビューの高等専修学校は東京、大阪、名古屋、福岡、仙台などの主要都市に実在し、道内に開設された学校は比較的新しい。二〇一二年度には一三名、二〇一三年度には八名入学している。技能連携制度を利用し、卒業と同時に高卒資格が取れ、不登校経験者だけではなく、他校からの転学も受け入れている。不登校経験者の割合は一九％。調査当時、進路実績はなかったが、ほかに実在している高等専修学校（芸能関係）の卒業生に関しては、事務所（芸能界）に所属できなければ、姉妹校である専門学校へ進学するケースが多い。制服もあるが、私服登校も可。髪の毛も自由。派手な茶髪や化粧はオーディションに受からないので、生徒は自然体を目指すようになるという。

〈E校〉

一九五二年に開設された商業学校。E校は道内一六万のE市にある。全日制高校から定員が溢れていた時代は、行き場のない生徒の受け皿として機能し学校内も荒れた雰囲気があったが、近年では中学時代の不登校生のみに特化し、小規模学習を学校の特徴としている。教育課程は、商業高校とほぼ同じ。技能連携制度は活用していないが、大学入学資格付与指定校なので、専門学校へ進学する卒業生もいる。在学している生徒は皆、不登校経験者。転学者の受け入れも行っている。毎年一、二名の生徒が専門学校へ進学。五、六割の生徒が市内に就職するが、残りの生徒は進路未定のままで卒業を迎えてしまう。就活すらなかなか乗ってこない生徒が進路未定のままになってしまうという。厚生労働省が行う職業訓練と併設している。制服・頭髪は自由。

〈F校〉

一九四一年に設立。服飾（洋裁）の学校である。F校は道内一六万のF市にある。姉妹校の専門学校と同じ校舎にある。その他、一般の方を対象とした洋裁別科、カルチャーコースもある。かつて服飾系の学校は女子に人気のある分野であったが、近年ではその必要性が低くなり、全国的に生徒が減少傾向にある。F校も例外ではなく、筆者が調査に訪れた二〇一三年夏の時点では三年生に二名在籍していたが、翌年入学生がいなかったため高等課程に在籍者がいなくなった。洋裁に関する実習の時間が多く、専門学校の課程も含めるとかなりの技術を身につけることができる。技能連携制度は活用していないが、大学入学資格付与指定校なので、姉妹校の専門学校へ進学する生徒が多い。不登校生徒だけではなく、高校中退者、転学者、編入学者どれも積極的に受け入れているという。生徒の進路は就職が多いが、姉妹校の専門学校以外にも服飾系の専門学校へ進学する者もいた。なかには中卒だと仕事がなく、二〇歳を過ぎてからここに入学する生徒もいる。服装・頭髪は自由。

すべての学校が男女共学であった。学費については、学校によってバラツキはあるが、すべて調査対象となった学校は私学なので、私立高校と同額の費用が三年間かかっていた。また、私立高校と同じく高等専修学校も保護者の所得に応じて、就学支援金や奨学のための給付金の対象になっており、私立高校同様に低所得の家庭であっても高等専修学校への進学は可能である。ただし、芸能のD校に関しては専門学校なみの高い学費かかっていた。

次に、学校の設立の目的をみていく。

【質問】　高等専修学校（高等課程）設立の目的はなんですか？

・（不明。インタビューに答えてくれた校長は、一九八六年から赴任しているため）設置当初のことは、わからない。学校は一九五六年から北海道知事の認可を受けてスタートしている。（A校　校長）

・一九五三年に現在の理事長兼校長が設立。当時の北海道は、企業数が少なく女性の働き口があまりなかった時代だった。女性に対して手に職を身につけさせ、女性の社会的自立を目的に、編物学校として設立した。その後、時代の流れとともに和文タイプ科、秘書実務科を設け、一九七〇年から商業科の学校となり、現在に至っている。（B校　顧問）

・専門課程の入学者を確保するために、高等課程を設立した。（一九九六年に設立）（C校　教頭）

・（アイドルになるのであれば）高卒からでは遅く、もっと早い段階から、発掘し育てる必要性があるため。（D校　の設立は、専門課程・高等課程ともに、二〇一二年度からスタート）（D校　事務局長）

・（回答者の教頭は、設置者ではないので、設立当初のことは不明）。一九五二年、経理学校として開校。開校当初は高等学校も少なく、商業科目を専門的に学ぶ学校としてあった。一九七六年に高等専修学校へ。一九八〇年から専門課程の認可を受ける。公立学校が増えるにつれ、公立学校がほぼ全入状態となったあたりから、公立高校の不合格者の受け皿になり始めた。七、八年ぐらい前から、不登校生中心に生徒を募集している。専門課程の生徒数減少が高等課程で不登校生徒を募集しようとした一番の理由。そして、特色のある教育を実施するために不登校生徒の受け入れがスタート。（E校　教頭）

・一九四一年に学校設立。おそらく、女性だけの花嫁学校として始まっている。当時から、中卒者以上を受け入れていたと思うので、学生の年齢層に幅があった。その傾向は、現在もある。専門課程には子育てを終えた方や五〇代の学生もいます。最初は、花嫁学校的な要素が強かったが、昭和六〇年代ぐらいから、中学の不登校生徒の受け皿として機能してきた。（F校　校長）（傍線は筆者、以下同）

以上、管理職の聞き取り調査による学校の概要から、北海道の高等専修学校の共通点として「職業に対する専門科目を学んでいること」「中学時代の不登校経験者を積極的に受け入れていること」「昼毎日登校すること」「私学であること」をあげることができる。しかし、私学であるがゆえに、個々の学校の状況は多様であるが、それでも北海道の高等専修学校においては大きく二つのタイプの高等専修学校があるということが確認できる。一つ目のタイプはA校、B校、C校のように小規模ではあるが一学年が三〇人以上の生徒が在学している全日制高校タイプの学校である。専門高校と同じような教育課程で日々の授業が行われ、技能連携制度の利用によって、高等専修学校卒業と同時に連携先の高卒資格を取得することができる。これらの学校は、制服や校則もあり、学校文化も一般的な全日制高校と変わらない。設置基準が高校に満たないだけで、全日制高校と変わらないタイプの高等専修学校である。

それに対して、二つ目のタイプはD校、E校、F校のようなきわめて小規模の学校で、職業に関する専門分野を徹底的に身につける、本来の専修学校タイプの学校である。(8) D校は技能連携制度を活用し、連携先の高校の卒業資格も取得できるが、芸能に関することを高卒後よりも少し早い段階で学び、芸能界へと夢をつないでいく学校である。E校はA校、B校と同じような教育課程だが、中学時代の不登校のみに生徒の募集を特化し、「少人数学習」を特長として経営を行っている学校である。校則などもA校、B校と比べたら緩やかである。F校は洋裁の技能を身につける専修学校で、不登校経験者に限らず、他校からの転学者、他の五校と異なり高校中退者(高校を中退して少し期間があいた者)も幅広く受け入れ、欠席・遅刻が多くてもその分、放課後や夏休み・冬休みを活用して洋裁の技能が身につくように指導している学校である。二〇一三年の調査の翌年から、高等課程在籍者はいなくなってしまったが、洋裁が直接、卒業生の就職に結びつかなくても、女性にとっては普段の家庭生活のなかで便利な技術を身につけることができた学校だった。一応、ここではD校、E校、F校をひと括りに専修学校タイプの学校としたが、個々の学校をみたら学校経営や教育内容など異なる部分がある。

次に、現在の教育や経営方針の補足として質問した、高等専修学校設立の目的については、その目的がはっきりしているのはB校、C校、D校の三校のみである。E校に関しては、高等専修学校設立理由は不明だが、現在のように不登校を受け入れるようになった理由を回答している。B校は当時の「女性の自立」を目的に編物学校として設立、C校は「専門課程の学生を確保するため」、D校は「アイドル志望の子どもに対して、デビューの可能性を拡げるため」にそれぞれ設立されている。E校は不登校を受け入れるようになった理由として「専門課程の生徒が減少したため」と受け入れ理由を述べている。B校は最初、編物学校だったが、その後、タイピスト学校、商業学校へと変遷し、少子化に伴い、一九九九年より男女共学となった。

A校、E校、F校についても古くから設立されており、回答者が設立当初から関わっているわけではないので、設立の目的は明確ではない。ただし、回答内容から、A校とE校に関しては当時、「簿記等を学ぶことができる学校」の要請が地域社会からあり、それに応える形で学校を設立したのではないかと推測できる。地域の商業高校のように卒業生を地元企業に送り出したり、全日制高校から生徒が溢れたときは、それらの生徒の受け皿となっていたのではないかと考えられる。現在は、A校もE校も中学時代の不登校生徒を積極的に受け入れながら、学校独自の利点を活かし経営を行っている。F校については、おそらく女性の社会的な自立だけではなく、花嫁学校的要素も含めて、広く女性のために設立された学校であると思われるが、洋裁の専修学校や生徒数に関しては、全国的に激減しており、不登校や多様な生徒を受け入れたとしても生徒数の維持が困難になってきている。

以上のように、全日制高校タイプと専修学校タイプと二つのタイプの高等専修学校があり、さらに専修学校タイプの学校については、個々の学校で設置目的や学校経営が異なる多様な実態が確認できたが、それらの高等専修学校が地域の全日制高校に対してどのような関係にあるのか、次に検討していきたい。

二　高等専修学校の地域による位置づけ

まずは、それぞれの高等専修学校が地域でどのように認識されているのか。管理職からみた地域における学校の位置づけはどうかの質問に対する回答を次に示す。一条校の高校ではない高等専修学校は、地域の人々からどのようにみられているのだろうか。

【質問】　地域からみられている学校の位置づけは？

・高校としてみられている。地域の子どもに選ばれる学校となった。（A校　校長）

・後期中等教育の中での高等学校と同等の教育内容を行っている学校として、中学校や地域の方々に説明してきたので、地域の人たちは（私立の）商業高校として本校を捉えてくれている。高校へ進学できない子どもの受け皿的な学校として捉えられている面もあるが、そのような側面を大事にしていきたい。かっては行き場がなかった不登校生徒の進学先として、公にアピールしてきた。本州（北海道以外）の高等専修学校は、地域の方々から、「高等学校」とはみられていないことを聞いている。（全国の交流のなかで）地域の方々に認知されるように文部科学省が専修学校をアピールしてほしいと言っていた。（B校　顧問）

・名前からして高校というよりは、専門学校と捉えられている。中学校訪問をしているが、周囲の知名度は低い。中学校の進路担当者が変わるとよくわからなくなる。どんな学校か、疑心暗鬼で訪問（体験入学）に来ているようだ。近隣の中学校の進路の手引きには、うちの学校のことが紹介されている。（C校　教頭）

・専門学校として、そのなかで高校の勉強もしている学校。中学の担任の要望として、高校としての対応を要求するときがある（たとえば、入学の手続きなどで）。不登校もいる学校としてもみられている。（D校　事務局長）

・近年では、不登校生徒を中心に扱ってきたことから、出席日数の関係で内申点が低くなってしまう生徒の受け皿として認識が高まっている。高校へ進学できない場合の受け皿としては認識されていない（受け入れていない）。広告（新聞）に出し、不登校に関して、電話での相談がある。不登校で困ると、うちに電話が来る。

あと、少人数教育を行っているところという認識。素行不良は少ない（そのような相談は年に一件程度）。大学入学資格制度の認知不足から、卒業後、高等学校卒業と同等に扱われる点について、保護者から説明を求められることが多い。（E校　教頭）

・もしかしたら知らない人がいっぱいいるかもしれません。通信制の先生から、勉強が嫌いで技術を身につける方がよい子もいて、なにか、協力してくれないかという話が、去年からある。そのような子は、勉強よりもうちに来て技術を身につけさせたほうがよいのかもしれませんね。技術は早ければ早いほどいいんですよね。一時、生徒が多くいたときは、そのまま専門課程に行き、五年間。そうするとかなりの技術が身につくんですよね。理事長が一応、中学校訪問をしたりしている。そのなかで、担任の紹介で生徒が入学してくる。しっかりパンフレットを見てくださる先生とそうでない先生がいる。通信のサテライト校に通う子のなかにも、手に職をつけさせたほうが向いている子がいるのではないか。（F校　校長）

A校、B校は先の管理職の聞き取りからまとめた学校概要と同じく地域の人々からも、高校としてみられている。C校、D校、F校は専門学校（専修学校）としてみられる傾向が強いと管理職も認識している。C校に関しては先の学校概要からは全日制高校タイプであるが、学校名に「専門学校」の名前がつくためにそのように地域の人から認識されていると管理職は述べていた。それ以外は、学校概要からの「全日制高校タイプ」と「専修学校タイプ」の分類と地域からの位置づけもほぼ一致している。（傍線部の）B校の「高校へ進学できない子どもの受け皿的な学校として捉えられている」というコメントがある半面、A校のように受け皿ではなく、選ばれる学校になったことを強調するところもある。C校、F校のように地域の人々からの知名度の低さを指摘する学校もある。この部分を改善していくと生徒数の維持につながっていくと思われる。

三　地域における全日制高校との関係

以上のような管理職のコメントを参考にしながら、高等専修学校が実在する学区において、公立の全日制高校の倍率がどのようになっているのかを確認していく。また、公立全日制高校以外にも私立高校や定時制高校の数などを整理し、その地域における高等専修学校の役割を検討する。ただし、C校とD校のある学区は、多数の全日制高校が存在し、定時制高校や通信制高校その関連施設も多く存在するので、ここでは検討しない。そのほかのA校、B校、E校、F校のある学区にはどのくらいの全日制高校があって、二〇一九年度の入学者選抜の倍率がどの程度なのか、北海道教育委員会のホームページのデータを使い[9]、整理していきたい。その地域にある私立高校、私立通信制高校のキャンパス校、定時制高校の数も記しておく（表3－1～4）。

A校、B校、E校、F校は、それぞれ北海道内の人口ランキングで上位一〇位以内の地域にある。A校の学区については、普通科も専門学科・総合学科も倍率がある学校（学科）は二つしかない。また、極端に定員を割っている高校は、A校のあるA市ではなくその周辺にある高校である。さらに、近年、私立通信制高校の地域キャンパス校が開校され、おそらくA校がなくなっても行き場のなくなる中学生はいないだろうと推察されるような状況である。それでも、A校にある一定数の入学生が存在しているということは、先の管理職の回答にもあったように、行き場のない中学生のたんに受け皿としての学校ではなく、いくつかの選択肢のなかから中学生がA校を選んで入学していると考えられる。

B校の学区について、定員割れをしている普通科の高校はB市周辺の高校である。市内の学校は、倍率がある学校が多い。専門学科・総合学科の学校も市内にあり、一つの学科以外は倍率がある。つまり、B校については、市内の公立高校の滑り止めとしてある一定数の生徒が入学していることになる。また、自らの中学の成績や入試

表3–1　公立高校の倍率（A校のある学区）

公立高校普通科	公立高校専門学科・総合学科		その他
a 高校1.0	i 高校	k 高校	私立高校1 校 定時制高校1校 私立通信制高校の地域キャンパス校1校
b 高校1.0	①科1.2	①科0.4	
c 高校1.0	②科1.0	②科0.2	
d 高校0.3	③科0.8	l 校0.4	
e 高校0.5	j 高校		
f 高校0.4	①科1.0		
g 高校0.6	②科1.1		
h 高校0.5	③科0.7		

北海道教育委員会ホームページを参考に筆者作成

表3–2　公立高校の倍率（B校のある学区）

公立高校普通科	公立高校専門学科・総合学科		その他
a 高校1.3	i 高校	j 高校	国立高等専門学校1校 私立高校3校 定時制高校2校 私立通信制高校の地域キャンパス校1校
b 高校1.1	①科 1.2	①科 0.9	
c 高校1.1	②科 1.2	②科 1.1	
d 高校1.0	③科 1.4	③科 1.1	
e 高校0.5	④科 1.3		
f 高校0.6	⑤科 0.9		
g 高校0.7	⑥科 1.0		
h 高校0.3			

同上

の予想点から、最初からB市の公立高校を受けず、B校一本で受験している生徒もいると思われる。B市周辺の定員割れをしている高校との選択で市内のB校を選択しているようである。B市周辺の高校は全部、普通科の高校であり、普通科ではなく専門学科の高校に近い教育課程をもつB校を選択している。同時に、B市在住の生徒が多いことから、距離的な要因で自宅に近いB校を選んでいるとも解釈できる。

　E校のある学区について、普通科で定員を大きく割っている高校は、E市周辺の高校である。この学区に関

表3–3　公立高校の倍率（E校のある学区）

公立高校普通科	公立高校専門学科・総合学科		その他
a 高校0.8	i 高校	l 高校	国立高等専門学校１校 私立高校校１校 定時制高校２校 私立通信制高校の地域キャンパス校１校
b 高校1.3	①科 0.8	①科 1.2	
c 高校0.6	②科 0.8	②科 1.1	
d 高校1.1	③科 1.4	③科 0.9	
e 高校0.6	④科 1.0	④科 0.8	
f 高校0.3	⑤科 0.7	m 高校0.7	
g 高校0.4	j 高校1.4		
※h 高校1.4	k 高校0.6		

同上
※h高校は理数科である。

表3–4　公立高校の倍率（F校のある学区）

公立高校普通科	公立高校専門学科・総合学科		その他
a 高校1.3	m 高校	p 高校	私立高校校４校 定時制高校１校 私立通信制高校の地域キャンパス校２校
b 高校1.2	①科 1.1	①科 1.2	
c 高校1.5	②科 1.3	②科 1.2	
d 高校0.9	③科 1.0	③科 1.3	
e 高校0.6	④科 1.3	④科 1.3	
f 高校0.7	⑤科 1.5	q 高校0.8	
g 高校1.3	n 高校	r 高校1.0	
h 高校0.5	①科 0.6	s 高校1.2	
i 高校 0.5	②科 0.6		
j 高校1.0	o 高校		
k 高校0.5	①科 0.6		
l 高校 0.7	②科 0.6		

同上

しては、専門学科・総合学科においても定員割れをしている学科が目立つので、E校の経営方針である「不登校に特化した少人数の指導」が、E市で学校を経営するには適しており、A校やB校のような生徒数を集めることは難しい状況である。

F校のある学区について、ここもF市内の高校は倍率があり、その周辺の高校は定員割れをしている状況である。F市内の公立高校の多くは倍率があるので、そこから漏れる生徒もいるが、私立高校四校、私立通信制高校の地域キャンパス校二校と私立高校が多く、公立に入れなかった生徒の受け皿となっているために、F校は生徒が集まりにくくなったのだと考えられる。F校の管理職は、とくに私立通信制高校の地域キャンパス校二校が近年登場したことが生徒が集まりにくくなった原因であると述べている。

四　全日制高校に対する補完のあり方について

全日制高校に入れなかった者のセーフティネット（受け皿）、イコール補完的な役割として高等専修学校が存立していると予測していたが、ただたんに補完としての存在だけではないことがわかった。A校、B校、C校は教育課程においても全日制高校の専門学科と類似し、制服の着用や校則もあり学校文化も全日制高校と変わらない。そのなかでも、A校、B校は地域においても「私立の全日制高校」と認識されており、中学の教員や保護者も「高校」という意識で子どもを進学させている。つまり、A校、B校、C校については全日制高校の補完というよりも全日制高校の代替として機能しているといえる。その地域の序列化された高校ランクのなかでは、下位のほうに位置づけられているが、定員をオーバーしている公立高校の受け皿として、その市の周辺の定員割れをしている全日制高校（主に普通科）または私立高校との選択で高等専修学校に進学している。一九九〇年頃の第二次ベビーブーム世代が高校に進学する頃は、公立・私立の全日制高校から溢れてしまった生徒の受け皿として、全日制高校の補完的な役割として機能していたとの管理職のコメントもあるが、少子化が進行している現在は、全日制高校の補完的な役割というよりも疑似全日制高校[10]として、その地域の序列化された高校ランクのなかに組込まれて機能しているといえる。A校に関しては、生徒から選択されるようになったという管理職のコメントもあるように、中学時代の不登校生徒を引き受けつつも、しかしながら、なかには複数ある後期中等教育機関から選んでA校に進学している生徒も存在している。A校、B校に関しては、その学校がある市内の全日制高校の定員数を増やせば、入学者はほぼ見込めないような状況になるであろう。そのように考えると、いままでは、市内の高校配置計画[11]によって、収まりきれなかった一定数の中学生をA校、B校が担って学校が存続してきたと考えられる。

D校、E校、F校は職業に関する専門科目に重点をおく専修学校タイプの学校と括ったが、内実は学校によって異なっていた。D校のような夢追い型の高等専修学校については、不登校や他校からの転学者などを積極的に受け入れ、高卒も取得できるという「高卒資格」としての全日制高校の補完として機能している。しかし、教育の中身に関しては、通常の高校教育のなかでは扱わない芸能に関する専門科目（実習も含む）を学び磨いていくという点で、たんなる補完だけではなく、そこの学校でしか学ぶことのできない独自の教育を実践しているといえる。E校については商業の専門科目が学べる学校で、中学校は不登校だったがゆえに中学の成績が思わしくなく、その結果、ランクが低くて市内の公立高校に入学することが難しかった生徒を対象としている。「少人数学習」を特長としているので、通常の学級規模ではなく少人数を好む不登校生が入学してくる。この学校も全日制高校に入れなかった不登校生の補完として機能している。ただし、少人数で制服はなく、校則も緩やかなので、全日制高校とは異なる独自の学習空間を形成しているとも考えられる。F校は不登校や素行不良、または学力不足によって全日制高校に入ることのできなかった生徒や高校中退者の受け皿で、まさに全日制高校の補完としての役割があった。学習が苦手な生徒に対してもそれだけに縛りつけておくのではなく、洋裁の技能を身につけさせることによって生徒の社会的な自立へとつなげていったり、自己肯定感を高めていく役割があった。現在はそのような技術の必要性がなくなり、洋裁分野の生徒数も激減し、さらに少子化と私立通信制高校の地域キャンパス校の影響で高等課程に生徒が集まらなくなってしまった。「勉強よりも手に職を身につけたほうが、その子の長所を伸ばせるのに」と言った管理職の言葉に現在の後期中等教育の教育課程のあり方を再考する一つのヒントがあるのかもしれない。

五　管理職が考える高等専修学校の展望

以上のように、地域においてのその学校の位置づけ、経営方針、その学区の公立全日制高校の倍率、私立高校の数や定員数によって高等専修学校が存続できるか（できないか）が左右されている。F校に生徒が集まらない理由の一つに、私立通信制高校の地域キャンパス校の存在を指摘していたが、そのような学校や関連施設が増えるなか、さらに生徒数の減少傾向がみられるなか、はたしてこの高等専修学校は存続できるのであろうか。自校の経営をはじめとして、高等専修学校全体の方向性を管理職はどのように考えているのだろうか。高等専修学校の将来展望を検討していきたい。その前に、高校とは異なる高等専修学校の特色を捉えるために、管理職が考えている後期中等教育における高等専修学校の役割について質問をしてみた。結果は、次の通りである。

【質問】後期中等教育における高等専修学校の役割とは何だと思いますか？

・社会に出る前の社会常識、モラル、そういう最低限のマナーを覚えてほしい。社会に出て馬鹿にされないような学力をつけさせてあげる。時間がかかる子が多いと思う。でも、がんばらせないとね。社会に出たときに、あきらめないで努力していこうとする姿勢をきちんと教えたい。最近、進学も増えてきているので、学園全体で（専門課程の二年もプラスして）その子を育てようとする姿勢がある。高等課程で不十分なら専門課程で補おうとしている。決して三年間では十分でない。昔のやんちゃな子は生きていけるが、いまの子はか弱いからね。（A校　校長）

・特別支援教育。一条校[12]では取り組めないもの、取り組みにくい分野に取り組んでいく。（B校　顧問）

・一条校では対応しきれない多様な生徒の受け皿。これが、高等専修学校の位置づけ。自分もそう思う。一条校に進学できる生徒にも積極的に選んでもらえるような学校になりたい。地位の向上のため一条校化が必要。（C校　教頭）

・専門課程も、高等課程も。キャリア教育の重視。卒業しても継続的なキャリア教育。やりたい夢、方向性を見据えて入ってきているので、仕事に目を向け、それを実現させていく役割。キャリア教育というのは一方的に押しつけられるものではなく、自分で開花させていくことも含めてキャリア教育だと考えています。ですから、本校で培った職業観が自身の発展に寄与する場合もありますし、また卒業後も就職先を紹介したり、場合によっては不足部分を補うための授業を行う卒業後のサポートも、キャリア教育の一部だと捉えています。うちの学園の総理事長は、「職業人教育を通しての社会貢献」を理念としている。（D校　事務局長）

・専修学校全般は職業人の養成ということになっていますから、即戦力として職業人を養成し、社会に貢献できる人材を育成していくというのが社会からみての大義名分になりますよね。現実はそうではない。不登校を扱っているのもあるんですが、なかなか社会的素養というのが身につかないのが事実ですから、彼らなりの特徴を活かし伸ばしてあげながら社会にあわせていけるのか、それは本当に、教員の資質に関わってくると思う。公立学校の普通科で就職するよりは、専修学校がずっとよいと思う。普通科出て即戦力として使えることはないですから、手に職をつけて就労したほうがいいと思う。（E校　教頭）

・うちの学校だったら、高校を落ちてくる子どもの受け入れ先。（F校　校長）

A校、E校は「社会的素養の育成」で、その他にA校は姉妹校の専門学校も含めて五年間でゆっくりと人材を育成することができることに役割を見出している。B校、C校、F校は「一条校で対応しきれない多様な生徒の受け皿」と述べ、同時にC校は一条校への地位向上を強く望んでいる。B校については特別支援教育の分野を高等専修学校の役割と考えている。ここでは、特別支援学校や学級としてではなく、そのボーダーラインの生徒を積極的に受け入れていくという意味で解釈してよい。D校は「キャリア教育、仕事に目を向け、それを実現させていく役割」をあげている。後期中等教育における高等専修学校の役割と言っても回答に窮するだろうと思われたが、学校の管理職として明快な回答をもっていた。

次に自校や高等専修学校の展望に関わって二つの質問をしてみた。

【質問】　今後、高等専修学校が存続し発展していくためになにが必要か？

・少子化だし、公立でやらないことをやっていくしかない。医療事務、医療関係の資格を取らせるとか、特別支援教育、そういう専門の先生を雇うが、出口（就職）が大変だろうな。発展とはいかないが維持するにはそれしかない。東京のとある学校なんかそのような研究発表をしている。（A校　校長）

・やはり、一条校化とそれに伴う助成金アップ。（B校　顧問）

・知名度を高めていくこと。高等専修学校の横のつながりをもつことが必要である。北海道の高等専修学校間でも情報交換が必要。東京や関東圏では、技能連携校同士での勉強会がある。北海道では学校の数が少ないので（学校間の距離もあるので）交流は、なかなか難しい。（C校　教頭）

・学費が高い（年間一〇〇万円）ことの理解をどのようにしていくかだと思います。子どもの夢を叶えていくために、保護者から理解していただく。子どもの気持ちと親の気持ちをどうすりあわせていくのかが、課題だと思います。夢みたいな場所へ進ませるという決断のところです。中学校の先生の理解とお勧めが重要。親や大人にどのように理解をいただくかが課題。（D校　事務局長）

・有能な職業人を育成していくことが一つのポイント。職業人として活躍していく卒業生を増やしていくことが、専修学校の役割を細く長く出していくことなのかなぁと思います。そのためには、地域とのつながり、就職活動のつながりを多方面にお願いしていくとか。発展というと生徒数も少ないですし、余力もないですから難しいと思われますが、生徒のよさや特性を見つけて伸ばしてやることが結果的によい方向に向かうのではないかなぁと思うんですよね。なので、教員の資質を向上させながら、その特性を見極めていくことが必要なのかなぁと。やはり、学校の先生の話よりも、口コミが一番だと思うんですよね、あそこに行けば伸びていける学校なんだよというのがあればよいのでは。（E校　教頭）

・発展は無理なのでは。今の現状を維持できればいいと思う。生徒も少ないので、若い女性には子どもを産んでもらうしかないですね。今は、多方面に学校があってつぶし合いのようになっている。全道の服飾の学校は以前、三六校あった。しかし、今は、学校とつくのが、札幌、釧路、帯広、函館ぐらいしかない。今は、一〇〇〇円もしないで洋服が買える時代ですので、自らつくるということはあまりない。（F校　校長）

これは、学校ごとに意見が異なる。A校は「公立でやらないことをやる」ということで、具体的に医療事務や医療関係の資格、特別支援教育の実施をあげている。しかし、そのような職種の就職指導の難しさも予想しており、発展とまではいかない現状をいかに維持するかが課題のようだ。B校は「一条校化とそれに伴う助成金アップ」と述べている。高等専修学校が一条校の高校と制度的に対等となり私立高校なみの助成金を得ることができれば発展が望まれると考えている。C校は「知名度アップ、高等専修学校の横のつながり」をあげている。学校の知名度が上がれば、人口の多いC校のある地域では学校の発展や存続が可能であると考えているようだ。高等専修学校の全国的な研修会は年に一、二度開催されているが、頻繁に行われているわけではない。そのような機会を全国レベル・全道レベルで開催することによって高等専修学校の教育がよりよくなっていくと考えているようである。D校は「高い学費に対して、保護者に理解を得ること」をあげている。D校のような夢追い型の高等専修学校は、学費が高い分、保護者の理解が必須となる。それだけの学費を調達できることが前提条件であるが、次の段階として、たとえ夢が実現しなくても、子どもが夢へ向かって努力していくことに保護者が価値を見出せるかどうかだと考えられる。E校は「専修学校の特徴である職業人の育成」「その人材を地域の企業へとつなげていくこと」「生徒の良さや長所を伸ばすこと」など専修学校の特徴を活かしながら地道な教育活動を取り上げている。ここも発展は難しいまでも、地道な教育活動が現状維持につながっていくと考えている。F校は洋裁分野の専修学校の全国的・全道的な衰退状況から明るい展望を描くことはできず「現状維持が精一杯」と述べている。

最後に、高等専修学校は、学力的に下位に位置する全日制高校だけではなく、非主流の後期中等教育機関（通信制高校・定時制高校）と競合することになるが、それらの学校と比較して、高等専修学校の利点をどのように捉えているのだろうか。とくに私立通信制高校と関連施設が増えるなかで、それらの学校と関連施設との違いや特徴をどのように捉えているのか質問をしてみた。

【質問】　通信制高校や定時制高校との競合についてどのように考えているか。とくに、私立通信制高校やその関連施設が増えるなかで、高等専修学校の存在意義はなにか？

・通信制は高卒の資格のみを取らせる学校。通信制や定時制は、社会に必要とされる協調性やコミュニケーション能力などの学習をする場が不足していると思います。高等専修学校は、学力面で劣る生徒、精神面（メンタル）で弱い生徒を受け入れ、集団生活のなかで「生きる力」の育成を行い、社会性を少しでも養う学校づくりをしています。また、多種にわたる技能資格取得が自信と向学心や学力アップにもつながって、将来有為な社会人の育成に努めている意義は大きいと思います。（A校　校長）

・広域通信制高校は、そんなに浸透していかないのではないか。私立通信制高校のサテライト校がB市にできるので、[13]うちも今後、そこに生徒を奪われる可能性がある。ここ四、五年は要注意。しかし、そのような学校は、行ってもやめる生徒が多い（本人のみの努力で卒業することになるので）。東京都の高等専修学校も一時は生徒をとられたが、やはり専修学校へ生徒が戻ってくるようになった。生徒の面倒見のよい学校へ生徒は戻ってきている。今後も、専修学校は、面倒見のよい学校、生徒を大切にする学校を維持すればよいと思う。（B校　顧問）

・通信制は、週一とか、月一とか魅力的ですが、高等専修学校は、基本、毎日通学するところなので、集団生活でしか身につかない社会性を身につけていくことができる。（C校　教頭）

・うちの場合は、インターネットが普及しても、実際に、学校に来ないとできない。行かなければ勉強できない。好きなもののために学校へ来る。業界の方から応援していただいている学校である。卒業しても最後まで面倒をみる方針である。（D校　事務局長）

・全日制でちゃんと通うことがポイント。休みがちであったとしても通うということがポイント。通って生活リズムを整えて、職を身につけて、技術を身につけていくことが一番の強み。サポート校では、単位、卒業資格しかない。その後の将来像、自分の像が描ききれないのではないか。専修学校は描きながら進めていくことが可能なのでは。うちは少人数でより添いながら、自分の像を描いていけるのでは。（E校　教頭）

・学習を支援するサポート校は、いじめにあったりして学校へ行くことができなくなった生徒の受け入れ先として有意義で必要な学校とは思うが、そのなかには学習が苦手な生徒や手仕事を必要としている生徒もいると思う。高等専修学校はその役割が大きいと思う。通信制の生徒は働きながらですし、競合するとは思っていません。（F校　校長）

A校、C校は「集団のなかでの社会性」を取り上げている。A校については「学力面で劣る生徒、メンタル的に弱い生徒を受け入れ、そのような生徒を集団生活のなかで生きる力を育成し、社会性を養う学校である」と自校で受け入れている生徒層の特徴を捉えつつ、集団生活のなかで社会性を育成するという登校日数の少ない通信制高校との違いを明確に述べている。B校は高等専修学校の「面倒見のよさ」をあげている。ただし、私立通信制高校や関連施設でも「面倒見のよさ」を特長にしている学校や関連施設もあると思われるので、高等専修学校のみの特徴とはいえないかもしれない。C校とE校については毎日、通学することがポイントであると述べ、さらにE校については通学することによって生活リズムを整え、知識や技術を身につけさせることが高等専修学校の強みであるという。

この点は、D校も指摘していて、学校に来ないと身につかないものを高等専修学校の教育で重要視していることがわかる。F校は通信制高校やサポート校の利点を十分に認めつつも、勉強が苦手な生徒に、通学することによって技術を身につけることが高等専修学校の役割と述べている。技術や技能を身につけることに重点をおいた高等専修学校の教育によって伸びていく生徒がいるということもアピールしている。

六　北海道における高等専修学校の将来の行方

全日制高校に対する役割の分析や管理職のコメントを参考に、今後の北海道における高等専修学校の将来図を予測し高等専修学校の今後の課題について述べる。全日制高校タイプの高等専修学校と専修学校タイプの高等専修学校とそれぞれ分けて論じていきたいが、専修学校のタイプについては（D校、E校、F校）、個々の学校で実態が異なるので、それぞれ個別に述べていきたい。

まずは、全日制高校タイプのA校、B校、C校に関しては、今後、さらに生徒激減期を迎え、発展よりも存続すらも困難なように感じられるが、その学区における全日制高校の枠に収まらなかった生徒によって、ある一定数の入学者を見込むことは可能であるだろう。しかし、高校の統廃合や定員減がどのタイミングでどの程度進んでいくのかによって、期待できる入学者数は変わってくる。それと同時に、登校日数がきわめて柔軟で、かつ手厚い指導を行っている私立通信制高校とその関連施設に、不登校生徒が流れていく可能性がある。さらに、入学に関わる費用の負担によって、それが障壁となり、公立の定時制高校か、通信制高校を選択する生徒もいるだろう。また、全日制高校タイプよりも夜間定時制高校（四年間）がその生徒の生活スタイルにふさわしい場合もある。そのようなことを考慮すれば、今以上に生徒数が目減りしていく可能性が高い。発達障害の生徒を引き受けるだけではなく、本格的な特別支援教育やA校の管理職の言っていた医療事務の資格取得を目指すなど、全日制高校では行わないことに取り組んで生徒数を確保していくことになるだろう。

次に、専修学校タイプの高等専修学校であるが、D校の夢追い型の学校は、全日制高校の充足状況や定時制・私立通信制高校の存在に影響を受けることが少なく、芸能関係の道を志す生徒や保護者にいかに学校の存在をアピールできるかにかかっている。大学進学の実績や就職実績と同じように、芸能界デビューの実績を残していけるかが生徒募集の要となってくる。ただし、北海道の場合は、東京や大阪などの大都市とは異なり、多くの生徒を確保することは困難であろうが、今後、都市部を中心に同じタイプの学校が増えていく可能性があるかもしれない。

E校の不登校に特化した学校は、D校よりは周辺の高校充足率の影響を受けつつも、「少人数学習」を継続することによって、小規模ながらも生徒数は維持できると考える。あとは、この学校の管理職が述べていたように、生徒の個性をしっかりと伸ばし商業の知識や技能を身につけ地元企業への就職率がアップできれば、普通科の高校との選択でE校を選択してくる生徒も地道に増えてくるかもしれない。

F校の服飾分野の学校は、調査の翌年から高等課程に生徒がいなくなり、専門課程の学生募集も困難ななか、学校自体は生涯学習機関に移行することによって、学校の存続は可能であるだろう。「通信制の先生から、勉強が嫌いで技術を身につけるほうがよい子もいて、何か、協力してくれないかという話が、去年からある」という管理職からのコメントをヒントに、私立通信制高校と連携を組んで、洋裁実技の授業（講座）などを協力していくという道もあるが、F校単独で高等課程の生徒を受け入れ卒業させるスタイルを復活させていくことは難しい状況にあるといえよう。

以上の高等専修学校の未来予想図を踏まえて、生徒激減期を迎え、このような私立高校以外の私立学校の存続における課題を述べる。第一の課題は、管理職の聞き取り調査のなかでもたびたび聞かれた、一条校化にも関わるが高等専修学校に対する助成金の向上と学校の知名度をどのようにあげていくかということである。高等専修学校に在学する生徒に対しては私立高校同様に、家庭の所得状況に応じて就学支援金や奨学給付金の対象となり、都道府県の奨学金も活用することができるが、「学校」に対する助成金は私立高校から比べると圧倒的に低く、私立高校よりも経営は厳しい現状にある。高等専修学校を一条校（私立全日制高校）へ格上げすることによって、助成金アップを専修学校関係者は望んでいるが、少子化のなかで、一条校を増やす方向には進んでいかないであろう。やはりマイナーな学校種なので、知名度の向上を全国高等専修学校協会が中心となり、高等専修学校の横のつながりを強固にして進めていくべきである。それと同時に、各都道府県からの助成金向上に向けて、専修学校の一条校化[14]とは別に、働きかけていくしかないと考える。また行政への働きかけだけではなく、学区内の中学校教員への認知度をあげていくことが欠かせない。北海道の中学において、進路先を決定する際、中学の担任（あるいは進路指導主事）の影響力は強い傾向にある。B校において、出身中学を確認すると市内の中学校から均一的に進学しているわけではなく、特定の中学校からの進学者が多い。B校に理解のある中学校教員がいるとその中学校からの進学者数が増える傾向がある。よって、行政への働きかけ以上に地元中学教員への広報活動とともに高等専修学校卒業後の進路実績が重要となってくる。

第二の課題は、どのような生徒を受け入れどう育てていくかという目標を明確にもつことである。生徒拡大期に全日制高校から溢れた生徒を受け入れていた時期は、とくにそのような明確な生徒像をもっていたわけではない。しかし、現在は定員割れをしている公立高校を狙えば全入の状態にあるなかで、あえて自校（高等専修学校）を選択して入学する生徒層の把握と、そのような生徒をどのように育てたいのかという明確なビジョンをもって三年間地道に指導していくことが次の生徒募集につながっていくと考えられる。A校は「学力面で劣る生徒、メンタル的に弱い生徒を受け入れ、そのような生徒を集団生活のなかで生きる力を育成し、社会性を養う学校である」と自校で受け入れたい生徒層（受け入れている生徒層）の特徴を明確に捉えていた。このような受け入れたい（実際に受け入れている）生徒層の特徴を踏まえて、卒業後の進路へとつなげていける三年間の指導計画が必要であろう。

第三の課題は、中学時代の不登校生徒の就学指導のあり方である。学校ごとに多様な高等専修学校であるが、「中学時代の不登校生徒を積極的に受け入れている」という共通点をもっている。実際、中学に通うことのできなかった生徒が、高等専修学校へ進学後、登校を継続し卒業していく事例は多数存在している。しかし、なぜ高等専修学校進学後に登校することができるのか、高等専修学校の管理職や教員も十分に分析できているというわけではない[15]。生徒によって登校できている理由は個々で異なるとは思うが、進学後に登校することができている要因をしっかりと分析しておく必要がある。中学時代の不登校生徒を受け入れた場合、基本、昼に毎日通学する高等専修学校に、問題なく登校し進級・卒業できるタイプの生徒がいるが、なかには登校できないタイプの生徒も存在し、進級・卒業を迎えることができない生徒もいる。登校できるタイプとできないタイプのそれぞれの特徴をしっかりと分析し、できないタイプの生徒のケアを学校でどうしていくかを検討すべきであろう。学校独自で対応が厳しいなら、少なくても技能連携先の通信制高校や他の通信制高校（その関連施設）へとつなげていくパターンをしっかりと確立していかなければならない。

おわりに

北海道における高等専修学校の管理職への聞き取り調査をもとに、北海道の高等専修学校の多様性を確認することができた。「職業に関する専門科目を学んでいる」「中学時代の不登校生徒を積極的に受け入れている」「昼毎日登校すること」「私学であること」の共通点はあるものの教育の実態は多様である。それでも大きく二つのタイプに大別すると、一学年三〇人以上の生徒が在籍し、学校文化も全日制高校と変わらない全日制高校タイプと、きわめて小規模で職業に関する専門科目を徹底的に身につけている専修学校タイプの高等専修学校があった。とくに専修学校タイプの高等専修学校は、設置目的や経営方針もまったく異なり、よって個々の学校の教育の実態はそれぞれ異なっていた。高等専修学校が実在する公立高校の入試の倍率や私立高校、定時制高校の数からの分析によると、A校に関しては学区内の公立高校も倍率がある高校は少なく、全日制高校から溢れた生徒がA校に流れてきているだけではなく、複数選択肢があるなかで生徒に選ばれてある程度の生徒数が入学してきていた。B校のある学区では、市内の公立高校はほとんどで倍率があり、周辺の高校（普通科）は定員割れをしている状態である。つまり、B校は市内の公立高校から溢れた生徒の受け皿であり、生徒たちは周辺の全日制高校（普通科）や私立高校との選択によって、B校に進学を決めている。E校のある学区についても、市内の公立高校の倍率はほとんどなく、不登校体験者のなかで、少人数学習を好む生徒が入学し、学校が運営されている。F校は服飾（洋裁）分野の全国・全道的な衰退とともに生徒数が減少し、市内の公立高校は倍率があるものの、公立に入れなかった生徒は四つの私立高校と二つの私立通信制高校の地域キャンパス校へ進学し、F校には生徒が集まらなくなってしまった。とくに近年登場した二つの私立通信制高校の地域キャンパス校の影響が考えられる。

以上のことを踏まえて、地域の全日制高校に対する高等専修学校の役割を検討すると、全日制高校タイプの高等専修学校は、地域の高校ランクで学力的に下位に位置づけられているが、全日制高校の補完ではなく全日制高校の代替のような疑似全日制高校として存在していた。D校については「高卒資格」のみの全日制高校の補完であり、教育の中身はむしろ全日制高校では学ぶことのできない分野を扱っていた。E校については不登校で中学の成績が振るわない生徒が来ることから、全日制高校の補完的な役割はあるものの、少人数学習や校則が緩やかな点など、全日制高校にはない独自の学習空間を提供している。F校については現在は高等課程の生徒はいなくなってしまったが、全日制高校に入学できなかった生徒の受け入れ先（補完的な役割）を担いつつも、普通教科の座学に縛ることなく、手作業の実習を通して勉強が苦手な（好きでない）生徒に技術を身につけさせることで自己肯定感を高め、社会的自立へとつなげていく学校であった。

管理職が考える北海道の高等専修学校の将来を踏まえて取り組むべきこととは、「公立でやらないことをやる」「一条校とそれに伴う助成金の向上」「知名度アップと高等専修学校同士の横のつながり」「高い学費への保護者の理解」「専修学校の特徴である職業人の育成」などをあげていた。また、競合する私立通信制高校との違いについて、「集団のなかで社会性を磨けるところ」「毎日通学しながらそれによって知識や技能を身につけていくところ」を管理職は指摘していた。

最後に、北海道の高等専修学校の将来図として、高校配置計画の隙間を縫って、今後も疑似全日制高校タイプの高等専修学校は、ある一定数の生徒を確保できるが、公立高校の統廃合や定員減のタイミングによって入学人数が左右され不透明な部分がある。私立通信制高校やその関連施設の存在や、学費があまりかからない公立定時制高校や通信制高校へと進学を選択する生徒もいるので、何か独自の取り組みがなければ、今後も生徒数は減少していくことが予測される。夢追い型の専修学校タイプは、周辺の全日制高校の影響はあまり受けないので、そこでの教育をいかにアピールできるかが存続のカギとなり、小規模な専修学校タイプの学校も、地道に努力していき地元企業への就職率などの実績があがれば、定員割れをしている公立高校（普通科）を選択していた生徒が高等専修学校へ入学する可能性を秘めている。

後期中等教育のセーフティネットといわれる定時制高校、通信制高校、高等専修学校には全日制高校では受け止めきれない生徒を受け止めるという全日制高校の補完の役割があり、高等専修学校は私学であるがゆえに、多様な教育によって多様な補完のありようがあるのではないかという仮説のもと検討を進めてきた。しかし、北海道の高等専修学校の場合、全日制高校から漏れた生徒の補完という側面はあるものの、そのような役割は生徒減少期を迎えた現在は薄れており、全日制高校タイプの高等専修学校は、地域の全日制高校のような役割（疑似全日制高校）をはたし、専修学校タイプの高等専修学校はきわめて小規模で、全日制高校では得られない独特な教育を提供していた。たんに漏れた生徒の穴埋めだけではないこのような高校以外の学校も含めて、少数派ではあるものの後期中等教育の多様性の確保という観点から、北海道の教育を構想していく必要があるだろう。

注

（1）「北海道立高等学校の通学区域について」北海道教育委員会ホームページ（https://www.dokyoi.pref.hokkaido.lg.jp/hk/kki/akd/HokkaidoAtarasiikoukou040.html）（筆者最終閲覧日：二〇二一年六月二〇日）。これによると、北海道立高等学校の全日制課程普通科については、一九の通学区域（いわゆる「学区」）があり、保護者の住所により就学できる高校が定められている。
（2）「学校教育法」第一二四条に記載
（3）香川めい・児玉英靖・相澤真一『〈高卒当然社会〉の戦後史』新曜社、二〇一四年
（4）一般財団法人職業教育・キャリア教育財団の編集。全国の専修学校の概要が掲載されている。
（5）前掲書（4）には、専修学校の学校名と設置されている課程（専門課程・高等課程・一般課程）や学科名が記されている。
（6）「学校教育法」第一条に規定されている学校（幼稚園、小学校、中学校、義務教育学校、高等学校、中等教育学校、特別支援学校、大学および高等専門学校）と専修学校との格差改善を求め、全国専修学校各種学校連合会が中心となって、専修学校を学校教育法第一条に追加規定しようとする動きのこと。
（7）聞き取り調査の内容に関しては、すべて調査時点のものである。
（8）大村恵「技能連携制度の研究（その一）――愛知県の実態を中心に」『愛知教育大学研究報告（教育科学編）』四一、一九九二年、八三頁参照。大村は、技能連携をする愛知県の高等専修学校のうち、生徒の生活スタイルが全日制高校の生徒と変わらない〝疑似〟全日制高校と、専修学校のカリキュラムをなるべくそのままにし、必要最低の通信制教育を履修する〝高卒資格も取れる高等専修学校〟とに分類している。本章で行った北海道の分類は、「全日制高校タイプの学校」が〝疑似〟全日制高校といえるが、「専修学校タイプの学校」は〝高卒資格も取れる高等専修学校〟と似ているが、E校とF校は、技能連携をしていないので高卒は取得することができないという違いがある。
（9）「平成三〇年出願変更」北海道教育委員会ホームページ（http://www.dokyoi.pref.hokkaido.lg.jp/hk/kki/h30syutuganhenkou.htm）（筆者最終閲覧日：二〇一九年一一月一六日）
（10）前掲書（8）を参照のこと。
（11）「公立高等学校配置計画案」（令和二年度〜令和四年度）北海道教員委員会ホームページ（http://www.dokyoi.pref.hokkaido.lg.jp/hk/kki/akd/haichikeikakuan2-4.pdf）（筆者最終閲覧日：二〇一九年一一月一六日）。それによると、北海道の公立高校配置計画案は、「中卒者数の増減に適切に対応し、教育水準の維持向上などを図る観点から、地域の実情、私立高校の配置状

況等を考慮しながら定員の調整や学校の再編整備等を行うとともに、都市部において複数の高校が配置されている場合、望ましい規模の学校についても、地域の実情などに応じて再編整備を行う」と基本的な考え方が示されている。
(12) ここでは、一条校の高校を指す。
(13) 二〇一三年の八月の調査時。翌年二〇一四年四月より、B市にも私立通信制高校のキャンパス校が開校している。
(14) 前掲(6)と同じ。
(15) 筆者が高等専修学校で担任経験が長い教員を対象にインタビュー調査（二〇一四年）を行った結果、なぜ中学時代の不登校経験者が自校入学後に登校できるようになるのか、明快な答えをもっている教員はいなかった。

第4章

高等専修学校の変遷

――ある一つの学校の事例を中心に

B校の校舎前にて記念撮影

出典：『学校法人 B学園 B校 創立五十周年記念誌』学園創立50周年記念事業実行委員会、2003年

はじめに

本章の目的は、ある高等専修学校を一つの事例として、その時々の地域の教育ニーズに対して、どのように学校が応えてきたのかを整理しながら、地域の後期中等教育における高等専修学校の役割の変化を明らかにすることである。

現在、少子化と地方自治体の財政難のため、高校の再編整備が行われているが、一方では私立通信制高校の増加（それと関連する教育機関の登場）、多部制や単位制など、新しいタイプの定時制高校の設置によって、不登校経験者や学力不振の生徒、発達障害を抱えた生徒などの後期中等教育における進学先も多様化している。それにもかかわらず、現在も後期中等教育に高等専修学校が実在しているのはなぜか。また、第３章でも示したように全日制高校と変わらない疑似全日制高校タイプの学校として存在している学校があるのはなぜだろうか。

この疑問を解く参考となるのが、内田（二〇一四）のサポート校の研究である。内田は、サポート校数が増加している都道府県において、サポート校の供給を導き出す構造的背景を発見し、学校／教育機関のある地域と教育ニーズとの関係を考える視点を与えてくれた。ただし、学校が実在している理由を明らかにしていくには、都道府県単位よりもさらにミクロな地域の視点で事例校を絞り、年代を追った詳細な検討を行う必要があるだろう。そこで、本章では北海道内で六〇年以上の歴史をもつ、疑似全日制高校の高等専修学校（Ｂ校）を一つの事例として取り上げ、検討を行っていきたい。

事例としてＢ校を取り上げるのは、三つの理由がある。第一の理由は、高等専修学校（その前身は各種学校）が、私立高校と比較して学校への財政的な支援が少ないなかで、六〇年以上にもわたってＢ市に実在し続けているからである。よって、Ｂ校がＢ市の地域性や後期中等教育の状況と関連性が強いことが考えられ、地域の教育ニーズと学校との関わりを探るのに最適な事例であると考えたからだ。

第二の理由は、もともと女性の自立を目的として、技能教育を行っていたB校が、変遷を重ね、現在も疑似全日制高校として実在しているからである。最近、設立された高等専修学校のなかには、全日制高校を意識して、それと似せるような形でスタートした疑似全日制高校タイプの学校もあるだろう。しかし、B校は高校とはまったく性質の異なる技能教育を行う各種学校であった。そこから疑似全日制高校へと変遷し、最終的には私立高校ではなく高等専修学校として運営しているので、「疑似全日制高校」として実在している背景を検討することができるからである。

第三の理由は、不登校生徒や発達障害を抱えた生徒の受け入れ経緯を学校関係者から確認することができるからである。最近、設立された高等専修学校は、不登校や発達障害の生徒を中心に受け入れ、主流の全日制高校に対して、オルタナティブな教育機関として運営している学校もある。しかし、設立が古い高等専修学校は、そのような設立目的で設置されたわけではないのだが、現在では高い割合で不登校や発達障害の生徒を受け入れており、それが高等専修学校全体の特徴となっている。受け入れのきっかけとして、全日制高校では受け入れることが困難な生徒を高等専修学校が経営のために受け入れたのが始まりなのか。それとも学校間の序列化のなかで、そのような生徒が、学校ランクの下位に位置する高等専修学校へ入学するようになっていったのか。または地域社会から受け入れの要請があったのか。B校の検討からそれらを明らかにすることができると考えたからだ。

本章を検討していくデータの収集としては、二〇一五（平成二七）年八月に筆者が行った、B校の経営者（理事長）とB校に長く勤務している教員（現在は学校の顧問を務める）からの聞き取り調査を中心に整理をする。その教員に対しては、聞き取り調査のあとも調査結果の確認や追加の質問などを繰り返し行った。さらに、B校の『学校要覧』『教育計画』『創立五十周年記念誌』『学校新聞』なども参考に、六〇年以上の学校の歴史的な変遷を捉えつつ、本章では地域の教育ニーズと学校との関連性を分析していきたい。

一　B市の概略と中学生の進学先

B市は、人口一七万を有し、北海道で四番目に人口が多い都市である。B市には港もあり、空港も近く、陸・海・空と道内外各地へのアクセス網が充実していることから、北海道における物流の重要な拠点となっている。また、それらの利点を活かしながら、B市には大きな工業団地があり、そこで、紙・パルプ工業をはじめ非鉄金属、石油精製、化学、自動車など多種多様な企業が立地している(1)。

B市には中学校が一六校あり、中学生の進学先としては国立の工業高等専門学校一校（五年制）、公立高校五校、公立定時制高校二校（ともに全日制に併設。普通科と工業科）、私立高校二校、私立の高等専修学校一校（B校）、私立の通信制高校のサテライト校が一校ある。近隣の市町村（同一学区内）には公立高校四校、私立高校一校があり、B市から通学している生徒もいる。また、少数ではあるが学区外の高校へ進学する生徒も存在している。

二　B校の概要

学校設立者のM氏（女性）は、一九二二年生まれ。九三歳(2)になる現在も現役で、校長兼理事長(3)を務める。戦前、東京の各種学校で、タイプの職業教育を受け、東京の一流企業に就職。その後、疎開のために北海道に来て、道立高校の技芸講師として勤務する。その高校の分校を校舎として道の許可を得、一九五二年に、編物服装学園を設立。翌年、一九五三年一〇月には学校の発展を願って、B市へ移転の設置を申請し、同市における女性の社会的な自立を目的に編物専門学校（専門学校といっても正しくは個人立の各種学校）を設立した。M氏が東京で受けてきた職業教育の影響が設立の背景にはある。

一九五七年に、和文タイプ科も設置。一九六四年タイピスト専修学園と校名を変更する。一九七〇年に道立のG高校と技能連携制度を結び、それまでに二年制の課程を三年制にし、それと同時に商業の専門科目を学ぶ学校となる。これ以降、B校入学生は、同時にG高校入学生となり、高卒資格も取得できるようになった。一九七三年に学校法人となる。一九七九年に専修学校に認可される。一九八五年には三年制の高等専修学校に大学入学資格付与指定校制度が認められるようになったが、B校も同年九月に大学入学資格付与指定校として指定を受けている。

G高校との技能連携に関しては、しばらくの間、通信制課程（定時制課程）が四年以上の履修年限が必要だったため、B校を三年で卒業しても、一年間、G高校の卒業資格を取得することができなかった。学校教育法の一部改正により、通信制高校や定時制高校の履修年限が三年以上となり、一九八九年四月から三年制の高等専修学校卒業と同時に連携先の高校も卒業となり、それに伴ってB校を卒業と同時にG高校卒業という仕組みが整えられていく。

女子の教育にこだわっていたM氏であるが、一九九九年四月より男女共学とし、男子生徒も入学するようになる。B校は商業実務の学校であるが、二〇〇四年六月より介護福祉教育も実施。一年生が、一年間の学習で「訪問介護員養成研修三級課程[4]（ホームヘルパー三級）」を取得することができるようになった。B校の勤務が長いT氏の記憶によると、二〇数年くらい前から不登校生徒の受け入れを実施していると述べている[5]。

まずは、一九五三年にB校が設立してから疑似全日制高校への変遷過程を整理していく。

三　街角の教室から疑似全日制高校への変遷過程

（一）編物学校時代の学校の様子（和文タイプ科の併設も含めて）　一九五三〜一九六三年

一九八三年一一月に発行された『B校学校新聞』には、学校創立三〇周年の特集が組まれ、そのなかでM氏は、開校当時のことを次のように振り返っている。

> 昭和二八年戦後の荒廃から復興への過渡期でございました。（中略）私の編物教室も洋裁と並び若い女性から奥様まで非常に関心が高まっていて教室は大盛況でございました。

つまり、学校開設当初の編物学校時代は、M氏も語っているように、学校とは明らかに異なる「教室」であり、自分や家族のため、あるいは内職の商品にするための編物をつくり出す技能を身につけるところであった。したがって、編物の技能修得に特化した技能教育の場であり、昼の三〜四時間、週三回程度の内容だった。当然、そのほかの教養科目の教授はなく、幅広い年齢層の女性を対象としたものだったとM氏は述べている。修業期限に関しては、「とくに定めていなかったかもしれない」とM氏の記憶も曖昧であった。

その後、M氏は一九五七年に、和文タイプ・英文タイプの学科も増設。その背景には戦前の東京で、M氏がタイピスト技能士として活躍し、今後、女性に対してタイプ技能の修得が必要な時代が来ると考えていたからである。しかし、編物学校とは反対に、学科設置当初は都市部とは異なりB市での関心が薄かったとM氏の記載がある（『B校学校新聞』一九八二年一月）。当時、B市には「企業数も少なく、その頃の女子事務員は職場で花と呼ばれた時代、仕事らしいものはなかった。掃除、お茶くみが主な仕事」（『B校学校新聞』一九八二年一月）と、タイプに対する関心の低い原因を分析してる。タイプ学科増設後は、九〜一五時まで編物を指導し、一五〜一七時までタイプを指導していたという。履修者は毎日通っていた。修業期限に関しては、「とくに定めていなかったかもしれない」と、ここでもM氏の記憶は曖昧であった。タイプ学科が増設されても「教室」の域は越えることはなく、編物か、タイプの技能修得に特化したカリキュラムであった。編物には従来通り、幅広い年齢層の女性が通い、

編物専門学校時代
出典：『B高商新聞』第18号、1983年11月21日

編物学校時代の発表会
出典：同上

和文タイプ授業風景
出典：『創立五十周年記念誌』学園創立50周年記念事業実行委員会、2003年

表4−1　北海道の中学卒業生数、高校進学者数、高校進学率

	中学卒業生（名）	高校進学者数（名）	高校進学率（%）
1960年（昭和35年）	97,402	55,734	57.2
1961年	88,655	54,319	61.3
1962年	115,447	73,416	63.6
1963年	131,871	83,591	63.4
1964年	138,214	90,508	65.5
1965年	142,074	94,234	66.3
1966年	130,396	86,764	66.5
1968年	116,171	81,301	69.9
1969年	104,941	75,301	71.8
1970年	97,920	73,060	74.6

「学校基本調査」を参考に筆者が作成

タイプには一般の社会人に混じって学校帰りの高校生の姿もみられるようになっていった。

（二）タイピスト専修学園時代の学校の様子
一九六四〜一九六九年

設置当初は、Ｂ市では関心の低かったタイプの学科であったが、一九六三年に、Ｂ市に港が開港し、多くの企業がＢ市に進出してくると、「タイプのできる女性」の需要が急激に増してきた。最初は人気がなかったタイプの学科であったが、Ｍ氏の一歩先を見通した経営センスが活かされた結果となる。タイプライター養成の需要の高まりを機会に、Ｍ氏は一九六四年に編物専門学校から、タイピスト専修学園と校名を改め、校名通りタイプの学校となった。

この頃は、午前コースと午後コースの二部制になっていた。午前コース（朝から一五時まで）は、二年制課程。高校進学熱の高まりと戦後のベビーブームで、高校が不足していた頃である。高校進学を希望したにもかかわらず、入学できなかった子どもの存在に気がつき、経営のために、Ｍ氏は中卒者の女子を、午前コースで引き受けるようになる（当時の北海道の中学卒業生数・高校進学者数・高校進学率については表4－1参照)。

タイピスト専修学園当時の卒業生の文章を読むと(『B校学校新聞』一九八三年一一月)、一学年七〇名程度の二クラス。学校祭、学校祭後のファイヤーストームなどの学校行事の実施も確認できる。各学習教科のほかに茶道・華道等の作法指導も行っていたようだ。もちろん、各種の検定試験があったことも確認できる。また、同じ新聞には、この当時の教員の文章もある。それによると、体育の授業も行っていたようで、学校にはグランドがなく、近くにある公立高校のグランドを借りて体育の授業が行われていたようである。別の卒業生のコメントによると、一九六七年の卒業生は、三二名。先ほどの卒業生と学年が異なるためか、生徒数は少ないものの、修学旅行へ行った思い出が記されており(『学校法人B学園　B校　創立五十周年記念誌』二〇〇三年一〇月)、午前コースの課程は、二年制課程ではあるが、タイプの技能修得に特化した教育課程ではなく、普通教科も幅広く学び、

旧校舎外観
出典：『学校法人　B学園　B校　創立五十周年記念誌』学園創立50周年記念事業実行委員会、2003年

1969年頃の職員室
出典：同上

作法指導もあり、中卒の女子に対して高校に近い教育をしていたようである。学校行事も実施していたことが確認でき、当時、高校に入学することができなかった、B市やその周辺の女子の進学先となっていたことがわかる。

一方、午後のコースには、実践力となるタイプの技能を身につけようと、一般の履修生に混じって、市内の高校から通学してくる生徒が目立つようになった。午後コースは、さらに一五～一七時コースと一七～一九時コースとがあり、履修生は一年間、毎日通い、タイプの技術習得に励んでいた。午後コースは、あくまでもタイプの技能修得に特化したカリキュラムであり、その技能を身につけ企業に就職する他校の高校生も存在していた。

校長のM氏は、「当初は二年課程でしたが、それでも多くの就職先がありました」（B校学園創立六〇周年記念対談『B民報』二〇一二年一〇月一八日）と述べている。しかし、当時の教員は、「何しろタイピスト専修学園として卒業生を出すのですから、その買手市場を探すのに、毎日街歩きです。電話帳で調べておいて訪ねたり、目で見つけて飛び込んだり、現在も全員就職させる事は大変ですが、その当時は学園を知ってもらう事が大変でした」（『B校学校新聞』一九八三年一一月）と学校の存在を地元企業に知ってもらうために苦労していたことが確認できる。

（三）商業学校の成立

一九六〇代中盤、高校進学率の向上から、B市でも高校の定員枠からはみ出してしまう子どもが存在していた。それに目をつけたM氏は、タイピスト専修学園でも、午前のコースで中卒の女子を受け入れていくようになった。そのようなときに、技能連携制度が各種学校まで拡大されていったのである。それまで通信制高校や定時制高校に在籍し、働いている生徒の負担を減らそうと企業内での訓練を高校の単位として認めていくためにできた技能連携制度（一九六一年より）が、一九六七年には企業内の学校から各種学校の教育訓練施設にも拡大されていった。この拡大の意図は、第1章、第2章でも触れたように、戦後のベビーブーム世代による高校生拡大期の対応策といわれている。当時、M氏は中卒で自校に入学してくる生徒たちに、何とか高卒資格を取らせたいと考えていたが、当時の学園規模の資金面から判断すると、各種学校から高校への格上げは到底不可能な状態であり、高校との技能連携制度を結ぶことが、自校の生徒に高卒資格を取らせる確実な方法であると考える。通信制高校か、定時制高校と技能連携を結べば、自校で行っている技能教育を高校の単位として認めてもらうことができ、普通教科については連携先の高校にレポートを提出し、単位認定試験を受け単位を認定してもらえば、B校の卒業だけではなく高卒資格も取得できる。M氏は、高校と技能連携を結ぶには、当時、文部大臣による「指定技能教育施設」の認可を取得する必要があった。M氏は、この指定技能教育施設の認可を得るために、当時、H市にあった各種学校の校長とともに、文部省や道内出身の国会議員の元に何度も足を運んでいる。「(技能教育施設の)申請書も何度も何度も書いて、技能教育施設として認めてもらうのが、本当に大変でした」とM氏は、当時の苦労を振り返る。

その努力がようやく実り、一九七〇年に技能教育施設の認可を取得することに成功し、G高校の通信制課程と技能連携制度を結ぶことになった。これにあわせてB校は二年制課程から三年制課程に変更し、商業の専門科目を学ぶ学校となっていった。B校と同じく、当時、道内にあった四つの各種学校(すべて商業科)が、この年にG高校と技能連携を結んでいる。

(四)技能連携制度の変遷と本格的な疑似全日制高校化

一九七〇年より、G高校との技能連携制度がスタートし、商業の専門科目はB校での学習が高校での単位として認められるようになり、商業科目以外の普通科目に関してはG高校への課題レポート提出、単位認定試験によって、G高校卒の資格が得られるようになった。

しかし、レポート科目の多さにより生徒や教員の負担は重く、B校に一九七四年から勤務しているT氏は、G

高校へのレポート作成の負担軽減を求めて、道教育委員会へ交渉のために足を運んでいる。その要望が認められたかどうかは定かではないが、突如、一九八〇年に、道教育委員会から通知があり、普通教科の数学と英語の二教科が協力校（G高校は、全道各地に公立高校の協力校をもっている）の講師が、B校で授業を実施することで、レポートの提出がなくても単位として認められることになった。これと同時に、G高校では突如、定時制課程が登場し、G高校の通信制課程から定時制課程への技能連携へと変更されていった。これは、非常に複雑な仕組みで、G高校の協力校（定時制高校）の講師による授業実施（数学、英語）とG高校へのレポートと単位認定試験、この二つの方法によって、商業以外の普通教科の単位を認めていくという定通併修が取り入れられるようになったのである。G高校の協力校講師による数学、英語を定時制科目と呼び、G高校へのレポート提出によって単位が認められるその他の普通科目を併修科目（通信制科目）と呼ぶ。

それでも、生徒と教員のレポートにおける負担感は残っていて、T氏は、より多くの併修科目（通信制科目）が定時制科目へと切り替えてもらうように、道教育委員会との交渉を継続的に行っていった。その結果、さらに、一九九六年より理科、体育も協力校講師の授業実施ということで、レポートを提出しなくても高校の単位として認められるようになっていった（図４-１）。

この同じG高校のなかでも通信制課程から定時制課程への連携先変更によって、生徒や教員の負担軽減のほかにも二つのメットがあったとT氏は述べる。一つは行政側のメリット。これはそんなに公にはされていないが、当時、G高校の通信制課程と技能連携していた高等専修学校の生徒は、道内で約一五〇〇名在籍していたと考えられる[6]。これをすべて、通信制高校在籍から定時制高校在籍へと切り替えることによって、通信制高校進学者から定時制高校進学者へと切り替わり、北海道における高校進学率（全日制・定時制のみ）を数字的に上げることにつながっていった。そのことを見越して当時の道教育委員会の担当者が、G高校に突如、定時制課程をつくり、そちらへの技能連携へと切り替えていったのではないかと述べてる。そして、もう一つは高等専修学校側にもメ

図4–1　G高校との技能連携制度の変遷

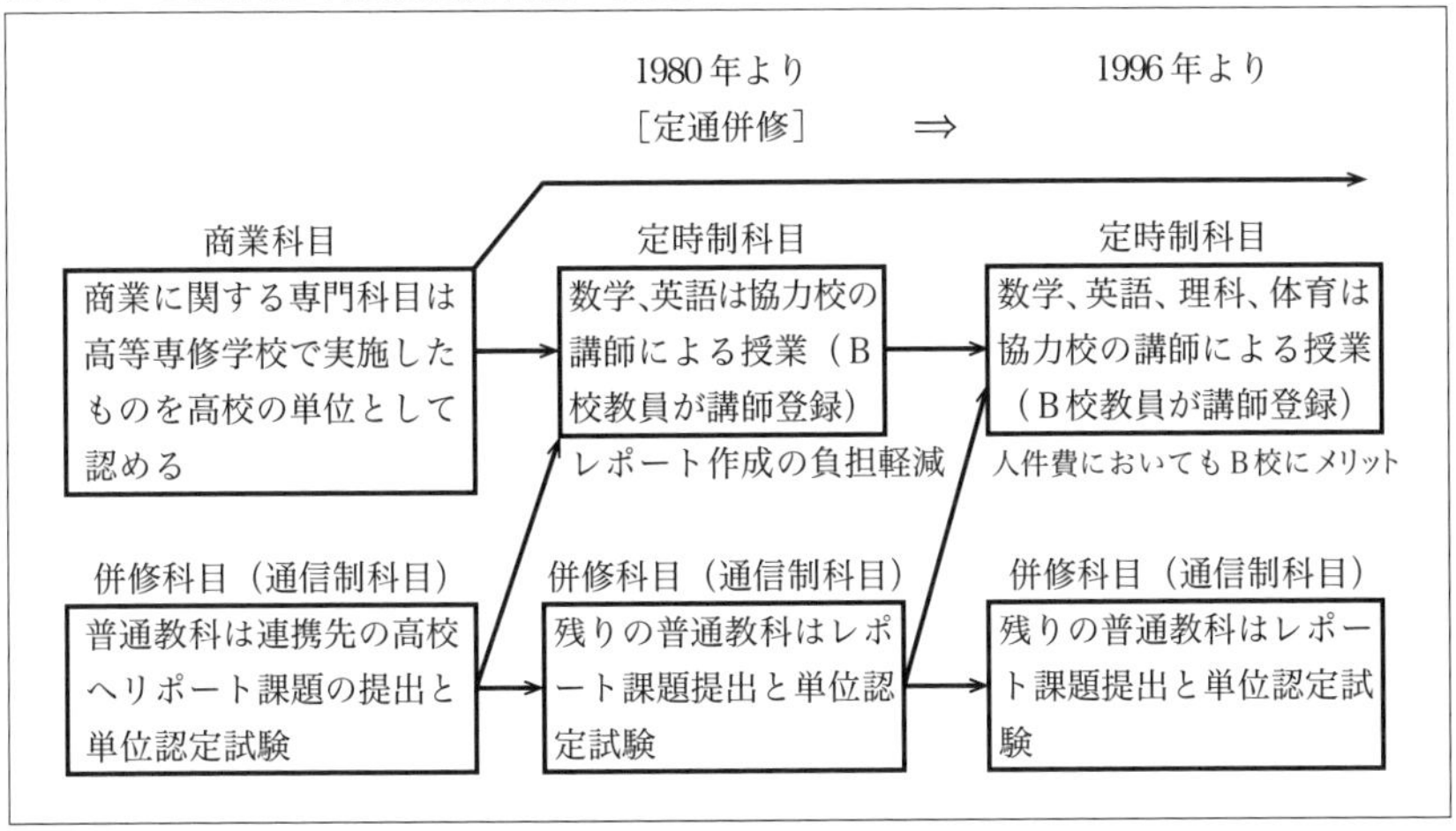

筆者作成

リットがある。それは、定時制科目となった数学、理科、英語、体育に関しては、協力校の講師が指導することになっているが、実際には、B校の専任教員（非常勤も含めて）が担当し、それらの教員は、同時に、協力校の非常勤講師という身分で道教育委員会にも登録することになった。それによって、公立高校の講師料が支給されるようになり、私立学校が大半である高等専修学校の人件費が軽減されるというメリットが生まれた。

残りの普通教科（国語、社会、書道、家庭科）に関しても、定時制科目への切り替えを道教育委員会に要望したが、それでは高校との差異がなくなる（高校との差をつけておきたいという道教委の意向から）との理由から、それ以上の定時制科目への振り替えは認められることがなかった。

また、技能連携制度は、レポート提出の負担以外にも高卒資格取得の時期に課題を抱えていた。通信制課程や定時制課程は、四年以上の履修年限となっていたために、生徒は三年でB校を卒業しても一年間、正規の高校卒の資格を手にすることができなかった。そのような中途半端な状況で、B校卒業後に進路の不利はなかったのだろうか。G高校との技能連携制度がスタートしてから七年後、一九七七年に、B校はB

1974年学校祭

旧公立高校のグラウンドを借りての体育大会

市およびその周辺の企業を対象にアンケート調査を実施している。その結果によると、七五％の企業が「高卒扱い」として、B校卒業生を採用しており、「高卒扱いとして扱えない」と回答した企業が一六・七％、協議中の企業が八・三％あることがわかった（『B校学校新聞』一九七七年一二月）。つまり、B校卒業だけでは正規の高校卒ではなく、それを取得するまでに一年あるので、高校卒として扱うことができないと考える企業が存在しているものの、技能連携制度を結んでから七年のうちに多くの地元企業から、「高卒」として扱ってもらっていたことが確認できる。「一年後、高卒が取れる見込みとして、当時、企業は高卒として採用してくれるようになった」とT氏は振り返る。高卒取得が一年後ということで、採用の合否に不利な状況はあったかもしれないが、おおむね就職に関しては、この時点で高卒との間の不利はかなり狭まりつつあったと思われる。

　一方、進学希望者に関しては、B校を卒業しても、G高校の卒業資格を取得見込みでないので、大

1976年校舎落成式

1976年体育大会

出典：4枚とも『学校法人 B学園 B校 創立五十周年記念誌』学園創立50周年記念事業実行委員会、2003年

学・短大の受験資格を得ることができなかった。一九七〇年代に進学希望者の存在は確認できないが、希望者がいたとしても一年間受験を待たなくてはならない状況であった。この高卒資格の取得をB校卒業と同じ三年に短縮できないかどうかも、T氏は先のリポート負担の軽減と同じく、道教育委員会と交渉を行っていた。そのような状況下で、一九八五年に基準を満たした三年制の高等専修学校に大学入学資格が付与されることになった。B校も大学入学資格付与指定校となり、G高校の卒業を待たずに大学・短大への受験ができるようになっていった。この大学入学資格付与指定校制度を活用して、一九八八年三月に卒業している生徒のなかには、四名短大進学をはたしている（『B校学校新聞』一九八八年三月六日）。そして、一九八九年四月から定時制高校、通信制高校の履修年限が三年以上となり、B校の三年卒業と同時に、G高校卒業資格も取得できる、現在の仕組みが整えられた。この四年から三年への高卒資格取得の短縮は、T氏の要望が直

接的に反映されたのではなく、通信制課程、定時制課程の履修年限の変更（学校教育法の一部改正）によるものであり、それによって、技能連携制度も変更されていったと考えられる。高卒資格が三年で取得できるようになり、B校にとっては大学入学資格付与指定校制度はあまり意味をなさなくなっていくが、この時点で制度面では、疑似全日制高校が完成したとみてよい。

M氏とT氏は、一九七〇年のG高校との技能連携制度成立以来、その仕組みが改善されていくように、道教育委員会と交渉し、実現できるように努力してきたと当時を振り返っている。そして、T氏が補足するには、「（自分が勤務以来）理事長（M氏）は、高校の教員免許を持った教員を採用するように努力してきた」という。高等専修学校の教員は、必ずしも高校の教員資格をもっていなくてもよい。(7) また、レポートのある併修科目（通信制科目）については、それを提出しG高校の単位認定試験をクリアすれば、高等学校の単位として認定されるわけだが、M氏はそのような安易な方法を避け、併修科目（通信制科目）もレポート作成以外に通常の授業をしっかり行い、高校と同じ時間割を組み、高校と同じ教育を受けさせることにこだわってきたという。M氏は自校の生徒に高校と同じ教育を受けさせようと努力してきたのだ。

このように技能連携制度の改善だけではなく、教育課程（カリキュラム）や卒業後の進路など、より高校に近づいたB校であるが、学校文化の面でも高校との差異はほとんどみられない。たとえば、制服に関してはタイピスト専修学園時代からすでに存在し、そのデザインの変更も『創立五十周年記念誌』の写真で確認することができる。校則や学校行事なども同じくタイピスト専修学園時代から存在していた。技能連携制度成立後は、生徒会の組織が存在し、入学式、卒業式、中学生の体験入学、体育大会、球技大会、学校祭、修学旅行、宿泊研修、就職セミナー、保護者との懇談会などがB校新聞から確認できる。むしろ、ジャガイモの作付け、ジャガイモ掘りなどの勤労体験学習、卒業を控えた三年生を対象にしたテーブルマナー研修など、高校よりも学校行事が多く設定されている。

補足として、学校施設面の改善も疑似全日制高校を形成する上で大きな影響を与えている。B校は一九七三年に学校法人格を取得し、一九七六年、公立高校の跡地を買収し、そこへ移転。その後も校舎の改築、増築を行い、一九八三年には現在の校舎とほぼ同じ形態となる。狭いながらもグランド用地を買収した。図書室、理科実験室などは設置されていないが、小規模ながらも一応、「学校」としての形態を保っており、一九七六年の移転により、より高校らしい施設へ変容していったといえる。一九八五年ぐらいになると、地元の教育局の担当者がB校を訪れた際に、「B校は、高校にしたほうがいいのでは」とのコメントを残していったことをT氏は記憶している。つまり、この時点で教育の内容、資格のある教員の採用、学校行事、学校設備など、高校との差異がほとんどみられないようになっていたと考えられる。

（五）高校化（一条校化）への動き

以上のような技能連携制度や学校施設面の改善が、B校を高校らしい学校へと変容させていった。M氏も高校教育にこだわり、それを意識して学校を経営してきたので、B校そのものを高等専修学校から私立高校へと格上げする動きはなかったのだろうか。T氏の記憶によると、一九八〇年に、B校を私立高校に格上げする期成会が、地元企業の役員などをメンバーにつくられたことがあったという。だが、その期成会が具体的にどのように動いていたのかは、T氏自身も当時、それに関わっていなかったので、活動の詳細はわからない。専修学校と比べると、私立高校のほうが、学校に対する財政的な助成も手厚く[8]、知名度も高い。一九八〇年中盤ぐらいから、高校と変わらない状態となっていたB校にとっては、校長のM氏をはじめとして、多くの職員が「高校化（一条校化）」の実現を願っていたと思われるが、T氏によると、そのぐらいの時期から、北海道で（全日制の）私立高校を増やさない方向で進んでいたので、一条校化の実現は難しい状況になっていたそうだ。そんな状況にもかかわらず、B校と同じように、タイピストの各種学校からスタートしたH市の商業実務系の高等専修学校は、全校生徒が一〇〇〇人規模の大規模校であったことと、高校化への具体的な動きを実践したことで、私立高校の認可がおり、一九九七年から私立高校として経営されている。

H市の高等専修学校が私立高校になった直後、M氏は「どうやって（H市の学校が）一条校（私立高校）になることができたのだろうか？」と頻繁にT氏に投げかけ、高校（一条校）になるための具体的な方策を探っていたという。現に、市内の中学教員からは、B校を（私立）高校にしてほしいとの要望もあった。私立高校の設置認可の申請は、知事に必要書類を提出し、それに基づいて設置許可が審議されるのだか、都道府県の私立学校審議会の意見を聞いて判断される場合が多い(9)。そうなると、B市に実在する私立高校の意見が、設置認可の判断に影響を与えることが予測される。しかし現実的には、B市にある二つの私立高校のうち、一つの私立高校は、M氏やT氏も非常勤講師としてその高校に勤務していたこともあり、B校の私立高校への昇格に関して肯定的であったが、もう一つの私立高校は、おそらく自校の生徒数確保の観点からB校の私立高校化について反対の姿勢を示していたという。このようにB校の私立高校化へは市内の私立高校から同意が得られない状況ではあったが、将来的な私立高校への設置を見据えて、二〇〇〇年以降も学校施設面において高校の設置基準を満たせるように交渉を行っていた。それは、設置基準を満たすグランド用地を購入することである。T氏はグランド用地のことについて、市に相談し、B市で多くの土地を所有している大企業を紹介された。その後、その企業とグランド用地の買収について交渉を行っていったが、学校からの通いやすさと購入金額などの条件がなかなか満たされず、高校の設置基準を満たすグランド用地の購入については実現に至らなかった。

このように、疑似全日制高校化したB校であるが、市内の私立高校からの高校化への同意を得ることが難しかったのと、高校設置基準を満たすための施設面（グランド等の購入）の課題が私立高校になる大きな壁となり、現在のように技能連携制度を活用して高卒資格を取得させる現状、つまり高等専修学校であり続けることを学校が選択せざるを得なかったといえる。

四　不登校生徒や発達障害を抱えている生徒の受け入れ過程

次に、不登校や発達障害の生徒の受け入れ経緯を確認していきたい。これについても、T氏が事の経緯を詳細に知っていたので、T氏からの聞き取りとその文章によって整理していく。中学時代の不登校生徒を受け入れるようになったのは、二〇数年前にさかのぼる。一九九〇年頃からのスタートであった。家庭環境や一時的な心の迷いから不登校に陥り、進路を見出せないでいる中学生に手を差し伸べたいとの思いから取り組み始めた。[10] 二〇数年前は、市内の中学生の数ももっとも多い時期で、全日制高校へ進学できない子どもが存在し、当然、中学時代の不登校生徒は、全日制高校進学者枠から外れてしまう。T氏によると、中学校の教員から、B校に不登校生徒の相談を受けたことが、不登校生徒を受け入れるそもそものきっかけだったという。そのことをきっかけに、不登校生徒の進学問題についてT氏は関心をもち始め、B市が運営している適応指導教室を訪問し、入学後に学校生活を継続することが可能な生徒には積極的に入学を勧めるようになった。[11] その当時のことを振り返るT氏のコメントによると、

最初、適応指導教室に行ったときに、二人の生徒に「うちの体験入学[12]に来ないか」と誘ってみた。そのなかの一人の生徒が当日、体験入学に来て本校へ入学した。なんとその子は、三年間、休まずに学校に通ったんですよ（T氏）。

当時は、少数ではあるが不登校生徒を受け入れ、問題なく登校できるようになった実績を残すようになっていた。やがて、一〇年後（二〇〇〇年）ぐらいになると少子化の流れが押し寄せるようになり、不登校生徒の成功事例の実績をもとに、生徒数確保のため、不登校生徒の受け入れを市内や周辺の中学校にアピールするようになっていったという。「別に、不登校生徒の受け入れに関しては、もちろん、道内や全国の高等専修学校の方針として打ち出したわけでもなく、他校の事例を参考にして取り組んだわけでもない。あくまでも、B校独自の取り組み（経営ともかかわって）だったのだが、気がつけば全国の高等専修学校が同じように不登校生徒を受け入れる状況になっていた。私立高校の多くは、有名大学への進学や部活動の実績などをウリに生徒募集を行っていたので、高等専修学校が割って入っていけたのは、不登校の受け入れだったんでしょうね」とT氏は分析する。

一九九〇年頃から、中学校教員の要望により試験的に中学時代の不登校生徒を受け入れるようになったB校であるが、現在、B市では小中学校の不登校生徒が急増している。B市における小中学校の不登校生徒の状況は、二〇一七年の小学校不登校生徒数は四九名で市内の小学生全体の〇・三七％、中学校の不登校生徒数は一六〇名で市内の中学生全体の三・四％、二〇一八年の小学校不登校生徒数は八二名で〇・九％、中学校不登校生徒数は一八三名で四・〇％、二〇一九年の小学校不登校生徒数は一一七名で一・三％、中学校不登校生徒数は二四八名で五・五％だった[13]。不登校生徒の増加は、B市だけではなく、全国的・全道的傾向であるが[14]、全国の二〇一九年の小学生の不登校生徒の割合は〇・八％、中学生の不登校生徒の割合は三・九％[15]と比較してもB市の小中学校における不登校生徒の割合が高いことが確認できる。B市だからこそ中学時代の不登校生徒を積極的に受け入れることによって、ある一定数の入学生が見込まれているのであろう。

それに対して、発達障害を抱えた生徒の受け入れ経緯については、中学校からの相談ではなく、実績のほうが先であった。T氏の文章を引用すると十数年程前から不登校生徒の状況に少しずつ変化がみられるようになってきた。一九九九年から男女共学になったこともあり、心因性や家庭環境の影響ばかりではなく、極端に学習能力に差があったり、人間関係の改善がまったくみられない、奇異な行動や粗暴な振る舞いがある等々、面接や個人調査書等からは知り得ない生徒たちの深刻さに気づくことが多くなり、戦いの日々が繰り返されるようになった。同時期に本校では「ホームヘルパー講座」として介護福祉学習を導入しており、困難な指導環境のなかで試行錯誤していたことが垣間見られる。当時、同学習の理解を高めるため車椅子バスケットボールを取り入れていたが、このなかで印象に残る出来事があった。B市の福祉関係者が授業見学に訪れた際、関係者の一人が「発達障害に近い生徒が結構いるね」と筆者（T氏）の耳元で囁いたのだ。頭では理解していたつもりながら、少なからずショックを受けたことを記憶している。[16]

不登校生徒として受け入れてきた生徒のなかで、あるいは、それ以外にもB校に通学していた生徒のなかで、専門的な知識をもった人からみれば、発達障害に近い生徒が存在していたのである。つまり、地域の高校と比較すると、不登校生徒や学力的にも厳しい生徒も受け入れていた結果、そのなかで、知らず知らずのうちに、発達障害を抱えていた生徒を引き受けていたということになる。このような状況は現在も継続されているが、B校は発達障害を抱えている生徒に対して、特別扱いをしているわけではない。学習指導に関しては、それを苦手とする生徒がそのほかにも多く存在しているので、普通教科に関しては、中学校の復習や基礎基本の定着に重点をおいている。商業の専門科目に関しても、基本的な内容を徹底的に復習したり、検定取得にチャレンジしたりと、発達障害を抱えた生徒であっても取り組みやすいように工夫されている。さらに、テストの点数がなかなか取れない生徒に対しては、補習などの救済措置を実施している。そのようなB校の指導のなかで、発達障害の生徒に対して特別メニューで対応することもなく、ほかの生徒と一緒に集団で学習することを基本的なスタンスとして、発達障害のある生徒やそのボーダーにある生徒も、可能な範囲で受け入れているという形である。したがって、集団での学習が困難である状況の生徒や、特別な支援を必要とする生徒に関しては、受け入れることが難しい状況にある。

特別支援の専門家にとっては、B校のような発達障害を抱えた生徒の受け入れ体制について、疑問を感じるかもしれない。生徒の特性が活かせるように、他の生徒と別メニューの教育を受けさせたほうがその特性を伸ばすことができるのかもしれない。T氏もこの点については、迷いがあって、以前はB校で「特別支援教育」を学校の柱となるように検討していた時期があったという。しかし、「親も子も普通の生徒でいたくてここに来ているのでは」というB校のことをよく知っている中学教員（特別支援教育を担当している教員）からのアドバイスを聞き、経営方針の変更を思いとどまっている。この「普通の生徒でいたい。普通の高校生でいたい（特別支援学校や高等養護学校の生徒ではなく）」という子どもや保護者の願いは重要であり、高等専修学校のような正規の高校ではない学校の、後期中等教育における役割の一つなのかもしれない。

五　地域の後期中等教育における役割の変化

最後に、地域の時代の流れのなかで、B校における役割がどのように変化してきたのか、整理していきたい。一九六四年のタイピスト専修学園時代から、昼コースで中卒の女子を受け入れていたので、B校が後期中等教育として位置づけられたのは、その頃からと考えてよい。一九二一年生まれの理事長M氏（九三歳）の記憶は、非常に曖昧になっており、タイピスト専修学園時代の生徒の詳細を聞き取るのは困難であった。しかし、M氏がはっきりと答えたのは、「（当時、高校に入学しなかった生徒を受け入れていたとはいえ）優秀な子どもも多かった」と述べている。この一九六〇年代の中盤ぐらいは、北海道の高校進学率も六六％とそんなには高くはなく、高校受験に失敗した生徒や、様々な理由で高校進学をしなかった子どものなかにも、技術の修得に優れた子どもがいたのではないかと予想される。なかには、普通科の高校進学よりも、真新しいタイプの技能修得に魅力を感じ、当時、B校に入学してきた生徒も少数ではあるが存在していたと思われる。さらに、午後の部においては、他の高校の授業が終了した後に、タイプの技能を修得しに来ていた生徒も多く存在し、そのような生徒に対してタイプの技能を修得させるという役割もあった。この午後の部で、タイプの技能を修得し、実際に就職していった者もいる。

一九七〇年から、G高校との技能連携がスタートし、商業学校となった。高卒資格も取得できるようになり、この頃から、公立高校へ進学できなかった生徒（受験を失敗したり、学力的に公立への入学が難しい生徒）の一つの受け皿となっていく。「この頃から平成の初めぐらいまで（一九七〇年代から一九九〇年ぐらいまで）は、生徒も今から比べるとしっかりしていたし、大人でした」とT氏はいう。学校外で問題行動に関わっていた生徒もいたかもしれないが、それに関する情報もあまり学校に入ってくることもなく、女子校ということもあって、学校での授業が成立しなかったという記憶はT氏のなかにはなかった。T氏が勤務以来、大学卒（新卒）の男性教員が多く、先生に対する女子生徒のあこがれというか人気みたいなものが魅力となって、授業も比較的うまくいっていたのではないかとT氏は分析している。少なくとも一九九〇年頃までは、公立高校の一つの受け皿として女子の教育を担っていたが、いわゆる課題集中校に見られる授業の不成立や、小学校レベルの基礎学力が身についていない生徒もほとんど存在しなかったようだ。しかし、生徒本人の希望か、家庭の事情によって、大学や専門学校へ進学する生徒は、ごく少数に限られ、多くの生徒が卒業後、地元企業に就職していることが学校新聞からも確認できた。

そして、B校が大きく変容したのは、一九九九年の男女共学がスタートしてからである。一九九〇年には、B市で公立の商業専門高校が地域の要請によって誕生した。それまでB市では、公立高校のなかに商業科は存在していても、商業の専門高校は存在せず、そのような理由もあって商業の専門科目を学ぶことができるB校へ進学する女子生徒も存在していた。しかし、一九九〇年に公立の商業専門高校が誕生したことをきっかけに、高校卒業後は就職を目指す、比較的学力の高い女子生徒がB校には進学せずに、公立の商業専門高校へ進学するようになっていった。その頃からB校へ進学する生徒の学力が落ち込み始める。それでも一九九〇年ぐらいは、市内の中学生の数も多く、B校もその当時、最大在籍数の五六五名（一九九一年）を記録している。しかし、中学生の数がその後、減少傾向をたどり、その対策として創立以来、女子の教育にこだわっていたM氏であったが、男子の受け入れを検討し始め、一九九九年から男女共学に踏み込むことになる。B校が少子化対策の一環として男女共学に踏み切っているのだが、その頃B市には、中学を卒業しても行き場のない男子生徒がいることをT氏は、中学の教員から頻繁に聞いていた。男女共学がスタートすると、そのような男子生徒も一気に集まり、共学初年度は二〇〇名の定員を超える二一〇名が入学をした。生徒数の確保という点においては、成功した初年度であるが、生徒指導上、多くの問題を抱えることになる。T氏のコメントによると、授業の不成立や暴力事件など収拾がつかない状況となり、学校的な秩序を元に戻すために指導が通らない生徒にはやめてもらわざるを得なくなった。詳細は第5章で取り上げるが、卒業生からの聞き取りからも授業の不成立、生徒同士、教員とのトラブルが確認でき、「不良系の子ははじかれていっちゃいましたね」「多くの生徒が一年生のうちにやめて、クラスが少なくなった」「多くの生徒がやめて学校の中は静かになった」[17]と、男子生徒の受け皿となったことと、一九九〇年頃から女子生徒も含めた学力の低下もあり、一九九〇年以降は課題集中校になっていったといえる。つまり、一般の普通の生徒も入学していたが、なかには素行不良、学力不振、不登校などで公立高校への合格が難しく、他の私立高校でも受け入れがたい生徒が、この疑似全日制高校のB校に来るようになっていった。

男女共学当初の荒れほどではなかったが、二〇一〇年頃も生徒指導上、課題を抱えた生徒が存在していた。しかし、その頃からB市周辺の公立高校では定員割れの状況になっていて、今までB校に入学していた、いわゆるやんちゃな生徒がB市周辺の公立高校へと進学するようになっていった。それと同じぐらいに、不登校等の弱い立場の生徒を守るために非行傾向にある生徒に関しては入学を認めない方向へと、B校の入試選抜の基準がシフトしていった。このような生徒選抜の基準も、徐々にB市や周辺の中学校に浸透していき、現在も中学時代の不登校生徒、学力不振の生徒、発達障害を抱えている生徒など、多様な生徒を受け入れながらも、生徒指導上、落ち着いた学校へと変容を遂げていった。

おわりに――B校の課題

以上のように、設立の古い一校の高等専修学校を事例として、地域の教育ニーズとその変化に着目し学校の変遷を整理してみた。M氏は、「女性の社会的自立」を目的にB市に編物学校を設立した。学校新聞からも編物学校時代の盛況ぶりを読み取ることができ、その時代のB市での女性を対象とした職業技術教育のニーズに適っていたのだろうと考えられる。次のタイプ科の増設については地域のニーズに応えたというよりは、B市においてタイプのできる女性を養成したいというM氏の思いが先行した形であった。運よくもその直後に、B市で港が開港し、その関連で企業も増えタイプのできる女性の需要が生まれ始めた。そのような状況から、タイプ専門のタイピスト専修学園となる。一九六〇年代中盤以降、高校への進学熱が高まるなかで、高校へ進学を希望してもその枠に収まり切らない子どもの存在（B校では女子生徒）にM氏が気がつき、午前の部でそのような生徒を引き受けるようになっていった。やがて、タイプの技能だけを身につける午後のコースでの生徒の受け入れがなくなり、幅広い年齢層の女性を対象とする学校から、高校の枠に収まらなかった中卒女子生徒の受け皿へと学校が転換していった。これも地域の教育ニーズをくみ取った結果の学校経営における大きな転換だったといえる。その後、

G高校との技能連携制度を結ぶと同時に二年制から三年制への転換、技能連携制度の変遷、校舎などのハード面の移転・改築によって一九八〇年中盤には、疑似全日制高校へと変容を遂げていった。その変容については、高校進学を望んでいたにもかかわらず、そこから漏れてしまった中卒の女子生徒たちに、できるだけ高校に近い教育を日常の学校生活で提供しようとしたM氏やT氏をはじめとする学校側の取り組みの成果の現れである。

一九九〇年ぐらいからの中学の不登校生徒の受け入れに関しては、中学教員からの受け入れの相談がそもそものきっかけであった。当時、B市内や周辺の全日制高校のなかでは、不登校生徒のような中学でのランクが低い生徒を受け入れてくれる全日制高校は皆無であった。中学校では不登校であっても全日制タイプの学校へ進学し、高校卒業後は社会的に自立をしたいと願う生徒や保護者のニーズを受け止めて、B校は不登校生徒を受け入れるようになった。発達障害を抱えた生徒の受け入れについては、地域からの要請ではなく、不登校生徒や学力不振の生徒を受け入れた結果、なかには発達障害を抱えた生徒が存在していたということだった。そのような状況から「特別支援教育」を学校の柱として取り組むことを検討していた時期もあったが、B校をよく知っている中学教員の「普通の高校生でいたくてB校に進学しているのでは」というアドバイスにより、そのことを思いとどまっている。発達障害（その疑いのある生徒）に対して「特別扱いしない」で指導することが、おのずと地域の保護者や生徒のニーズに適っていたのであろう。

設立当初から「女性の社会的自立」にこだわりをもっていたM氏であったが、学校の存続のためと、B市において全日制高校に入学が厳しい男子生徒の受け皿として、男子生徒の受け入れを行うようになった。行き場のない男子生徒の受け皿という地域の要請と生徒数を確保したいという学校側の要望とが一致した形で、男子生徒の受け入れが進められた。その結果、学校としては生徒指導の課題を抱えることになるが、B市における全日制高校から漏れてしまった男子生徒に対して後期中等教育の機会を与えてきたといえる。

さらに、地域の後期中等教育機関における役割の変化については、公立高校あるいは私立も含めた全日制高校の受け皿（補完的な役割）であったことは、タイピスト専修学園（一九六四年）から現在においても一貫しているといえよう。ただし、受け皿とかセーフティネットと一言で表現しても、時代や周辺の高校の影響を受けて、その補完のありようが変容してきたといえる。道内の高校への進学率が六六％だったタイピスト専修学園時代には優秀な生徒も多かった。受け皿といってもなかには、普通科の高校進学を選択せずにタイプが学べるB校を選択した生徒もいた可能性がある。商業学校になった一九七〇年代から一九九〇年代までは、私立の商業学校として公立高校へ進学できなかった女子生徒の受け皿となっていく。卒業生は地元企業に就職する生徒がほとんどで、地域の商業高校のような役割があった。しかし一九九〇年、B市において公立高校の商業単独の専門高校が誕生すると、その影響を受けてB校の生徒の学力が落ち込み始める。一九九九年から少子化対策の一環として、行き場のない男子生徒を受け入れた結果、生徒数の確保には成功したものの、授業の不成立や校内での暴力事件など、一気に生徒指導上、課題の集中する学校へと変容していく。近年ではB市近隣の公立高校において定員割れの状態となり、それまでB校に進学していた「やんちゃな」生徒も、近隣の公立高校へ進学するようになる。それと同時に、B校では不登校生徒など弱い立場の生徒を守るため、入学選抜の基準を変えたことで静かな学校となっていった。現在は中学校の不登校生徒や学力不振の生徒など、何かしらの困難を抱えた生徒の全日制タイプの受け皿として機能している。

本章では、学校の設立の古いある一つの高等専修学校の歴史を描き出すことによって、地域の教育ニーズとその変化、それに対して学校がどのように対応してきたのかを明らかにすることを試みた。学校創設のM氏の記憶が、いつの時代の記憶なのかが曖昧になっており、編物学校やタイピスト専修学園時代を証言する人材を探すのも困難だったため、古い時代は十分に描いているとは言いがたい。また、一九七〇年以降、商業学校時代においても、その時代の卒業生からの聞き取りを詳細に行えば地域におけるB校の位置づけがもっと明らかになったかもしれない。そのような課題を残しつつも一校の高等専修学校の歴史を整理することで、文献では示すことができなかった疑似全日制高校へのプロセス、不登校生徒の受け入れ経緯などを明らかにすることができた。今後、B校はどのような道を歩んでいくのだろうか。B校の課題について、最後に触れておきたい。一つ目の課題は、発達障害を抱えた生徒の受け入れ体制や専門家の配置である。二〇〇七年から「特別支援教育」が学校教育に位置づけられているので、軽度な発達障害を抱えた生徒の義務教育後の進学先として、B校が選択される機会が今以上に増えてくるであろう。しかし現在のようなスタイルで多くの発達障害を抱えた生徒を受け入れていたら、課題集中校とは違った意味で、授業の成立が難しくなり、教員の指導が行き届かなくなる。障害の程度が重い場合は、その生徒に対して十分な教育を行うことができない。別メニューでの特別支援教育の実施は現時点では予定していないようだが、それでも発達障害を抱えた生徒の受け入れを継続していくのであれば生徒の状況やそれにあった適切な指導を検討していく意味でも専門的な知識のある教員の配置が必要だと思われる。

二つ目の課題は、一つ目の課題や不登校生徒の受け入れとも関連性があるが、中途退学者／転籍者[18]（転学者）の存在である。その時代によって中退率やその理由も異なるが、現在でもB校にとって中退者／転籍者（転学者）の存在は大きな課題である。中退の理由は様々であるが、ここでは不登校生徒に特化して述べていく。中学時代の不登校生徒の場合、進学という環境の変化を利用して登校できるようになった不登校の成功事例もあるが、再び友人とのトラブルで登校できなくなるケース、トラブルがなくても心因性の病気で登校できなくなったり家庭環境の影響で登校できなくなるケースもある。B校では公立のG高校と技能連携を行っている関係から、進級・卒業に関わって公立高校の出席時数の基準に従うことになる。特別な事情がある場合は救済措置もあるが、様々な理由から登校できていない生徒が時数不足で進級・卒業が怪しくなり、通信制高校への転籍（転学）や進路変更（中退）をしている実態からも、登校できていない生徒に対する学校としての柔軟な対応を検討していく必要があるのではないだろうか。

三つ目の課題は、実態は高校、しかし制度的には専修学校という制度と実態のギャップを今後どのようにプラスに活かしていくかということである。制度と実態のギャップによって、地域や生徒と保護者から求められる高校としてのB校と、それを維持していくための人材の確保、それに伴う人件費、その他の設備費などのやりくりの課題を抱えている。一方、専修学校であったからこそ地域の教育ニーズを拾い上げ柔軟に対応することができたという利点もあった。B校の私立高校化が現状では困難な状態にあるなら、B市により密着しながら地域の教育ニーズをキャッチし、それに対応することによって地域から信頼される学校づくりを目指すべきである。

注

(1) 「北海道B市基本計画」経済産業省ホームページ (https://www.meti.go.jp/) より
(2) 聞き取り調査を実施した二〇一五年八月時点での年齢
(3) 聞き取り調査を行った時点での役職
(4) 現在は、障害者居宅介護従事者基礎研修課程となる。
(5) 聞き取り調査を実施した二〇一五年八月時点での年数
(6) これはインタビュー調査結果、聞き取った数値であるが、第2章**表2-1**「技能連携を行っているG高校の一般生、連携生、技能教育施設数の推移」をみると一九八〇年前後は三〇〇〇名前後の生徒がG高校の連携生徒になっている。T氏の記憶以上に実際は多くの生徒が在籍していたと考えられる。
(7) 専修学校設置基準の第四一、第四二には教員資格が定められており、専修学校の教員は教員免許がなかったり、大卒者でなくても教員として勤務することができる。
(8) 都道府県によっても学校に対する補助金額は異なるが、私立高校と比較すると私立高等専修学校への補助金額はきわめて低い。詳しくは補論二一九~二二〇頁参照
(9) 私立学校法第八条の二項より
(10) T氏が二〇一五年に作成したB市情緒障害教育研究会資料より
(11) 同前
(12) 生徒募集の一環で多くの学校が実施している、中学生を対象としたオープンスクール

（13）B市の小学校・中学校の不登校生徒数は、『B市の令和二年度（令和元年度対象）教育委員会点検・評価報告書』より不登校生徒の割合は、『B市統計書令和元年度版（二〇一九年度版）』に掲載されているB市の小学校・中学校在籍生徒数を母数として算出した数値

（14）全国の不登校生徒の動向は、「令和元年度 児童生徒の問題行動・不登校等生徒指導上の諸課題に関する調査結果について」文部科学省ホームページ（https://www.mext.go.jp/content/20201015-mext_jidou02-100002753_01.pdf）（筆者最終閲覧日：二〇二一年七月一八日）、北海道の不登校生徒の動向は、「令和元年度児童生徒の問題行動・不登校等生徒指導上の諸課題に関する調査（北海道）」北海道教育委員会ホームページ（http://www.s-shido.hokkaido-c.ed.jp/chosa_mondaikodo/03_R01futoukousyoucyuu.pdf）（筆者最終閲覧日二〇二一年七月一八日）

（15）同前

（16）前掲（10）と同じ

（17）筆者が実施した高等専修学校の卒業生のインタビュー調査より。詳しくは第5章参照

（18）B校が技能連携をしているのは、G高校の定時制課程なので、B校を退学し、G高校の通信制課程へ移る場合は転学ではなく転籍という表現になる。

第5章 高等専修学校における教育の意義

——卒業生からの聞き取り調査を中心に

修学旅行で校長先生と
出典：『G高等学校「周年記念誌」通信制課程70周年・単位制課程30周年・技能連携教育50周年』G高等学校周年記念事業協賛会、2019年

はじめに

本章の目的は、高等専修学校に通学する生徒と教育の実態について、卒業生からの聞き取り調査を中心に明らかにし、卒業生にとっての高等専修学校における教育の意義を検討することである。それを踏まえ、今後の高等専修学校における課題を提示していきたい。

最初に、生徒の実態を明らかにするために、高等専修学校への「入学動機」に着目する。中学から入学に至るまでの経緯を整理することによって、高等専修学校に入学している生徒の実態をより正確に把握することができる。それと同時に、非主流の後期中等教育機関の学校研究では十分に触れてこなかった、中学生の進路選択についての検討を行うことも可能である。高等専修学校への入学者については、それが実在する学区の公立全日制高校の倍率や私立高校、定時制高校などの存在によって影響を受けている点、定員割れを起こしていてる周辺の公立高校普通科よりも職業に関する専門科目が学べる高等専修学校を選択している点を第３章では明らかにしてきた。さらに、実際に入学した卒業生の声を聞くことによって、高等専修学校の管理職の見解や公立高校の倍率だけでは読み取れなかった生徒側の教育ニーズを明らかにすることが可能となるであろう。

次に、教育の実態を明らかにするために、卒業生から見た「日常の教育の実態と評価」に着目する。非主流の後期中等教育機関の学校研究においては、学校適応についてのプロセスに主眼がおかれたため、学校の授業を中心とする教育活動の実態や卒業生がそれをどのように捉え評価しているのかが十分に描かれることはなかった。高等専修学校のカリキュラムの検討では、三年制の高等専修学校において、専門高校と同じように普通教科と職業に関する専門科目を学び、そのなかでも専門科目は専門高校よりも多めに設定されていた（山田 二〇一三b）。そのようなカリキュラム上の特性はあるものの、学力不振や集団での学びが苦手な生徒が存在するなかで、どのような教育が行われているのだろうか。近年、不登校や発達障害を抱えた生徒の受け皿として、生徒数が増えている私立通信制高校においては、授業の内容に関してその質的な課題が指摘されている（神崎・土岐・手島 二〇一七：一一四―一二〇）。同じ、非主流の高等専修学校において、実際、どのような教育が行われているのか、授業を中心に学校行事も含め教育活動全般について卒業生の視点から実態を捉え評価していきたい。

さらに、高等専修学校での教育が卒業後の進路形成にどのような関連性があるのかにも触れていきたい。高等専修学校は、中学校で一度学校的な枠のなかからはみ出した者を再び学校的な枠のなかに取り込み、次の進路へとつなげている学校である。卒業後の進路と高等専修学校の教育との関連性を整理することにより、卒業生による高等専修学校での教育の意味づけが明らかになるだろう。

本章で参考にするのが、植上一希の専門学校教育における内在的な評価の視点である。植上は、専門学校教育の研究において、外在的な評価ではなく、専門学校教員や卒業生からのインタビュー調査をもとにした内在的な視点から、専門学校教育を描こうとした[1]。本章では、その手法を参考に、高等専修学校の卒業生を対象とした聞き取り調査を中心に、高等専修学校における生徒と教育の実態を捉え、卒業生の視点から教育の評価を行う。最後に、卒業生にとっての高等専修学校における教育の意義を検討し、今後の高等専修学校の課題を述べていきたい。

一　調査から確認できる高等専修学校に通学している生徒の実態

（一）不登校経験者や特別な配慮を必要とされる生徒の実態（全国調査・北海道調査より）

卒業生調査の概要を述べる前に、高等専修学校の特色である不登校生徒や発達障害の生徒がどの程度在籍しているのか、全国調査や北海道調査において確認していきたい。

「平成三〇年度『高等専修学校の実態に関するアンケート調査』報告書」[2]（全国高等専修学校協会の会員校に依頼したアンケート調査の結果）の数値を示す。この調査のなかには、一〜二年の大学入学資格が付与されていない学校も若干含まれている可能性はあるものの、多くは大学入学資格が認められている三年制の高等専修学校であり、そこに在籍している生徒の実態をつかむためにも参考となる数値である。その調査結果によると、二〇一八年度に中学時代の不登校生徒の在籍している割合が二一・二％だった（二〇一六年度二二・四％、二〇一七年度二一・六％）。筆者が、二〇一三年の夏に実施した北海道における三年制の高等専修学校の調査（管理職への聞き取り調査）では、A校で一六・七％、B校で二〇％、C校で三九％、D校で一九％、E校では一〇〇％（一六名の小規模校）となっており、学校によっては開きがあるものの三年制の高等専修学校では、高い割合で中学時代の不登校経験者を受け入れている。

さらに、同じ調査では発達障害のある生徒が八・九％、支援・特別措置生徒（特別な支援を必要とする生徒）が七・四％、身体障害のある生徒が二・三％存在し、あわせて一八・六％の生徒が学習面や学校生活面においてなんらかの配慮が必要な生徒が在籍しているということになる（二〇一八年度調査）。ちなみに、二〇一六年度は発達障害のある生徒が七・六％、支援・特別措置生徒が五・三％、身体障害のある生徒が一・七％、二〇一七年度は発達障害のある生徒が九・一％、支援・特別措置生徒が六・二％、身体障害のある生徒が二・六％となっている。筆者が実施した北海道調査では、発達障害や特別な支援を必要とする生徒の割合までは聞き取っていないが、発達障害のある生徒の存在について指摘する管理職は多かった。

（二）高等専修学校に通学している生徒の家庭環境（全国調査・北海道調査より）

生徒の実態と一緒に、高等専修学校に通学している生徒の家庭状況はどうなっているのか。筆者が二〇一三年の七月から八月にかけて管理職を対象として実施した北海道調査によると、ある一定の在籍数（一〇〇名以上）のある学校については、一人親世帯が三五％から五〇％であった。就学支援金の加算対象となる世帯が五〇％から六〇％であり、そのなかで二倍の加算対象となる世帯は三〇％から四〇％であった。全国的な家庭状況についても、先の「平成三〇年度『高等専修学校の実態に関するアンケート調査』報告書」(3)を使用して確認すると、一人親世帯、もしくは両親がいない生徒は三〇・四％、生活保護世帯は二二・三％。就学支援金の加算対象となる世帯は六〇・九％、そのうち二倍以上の加算対象となる世帯は三五・六％であった。北海道の高等専修学校に通学する家庭は、全国的な調査よりも一人親世帯が高い学校も存在しているが、就学支援金の加算対象となる世帯の割合は全国とほぼ同じくらいである。

二　聞き取り調査の概要

次に、本章の主要データとなる卒業生聞き取り調査の概要を述べる。二〇ｘｙ年三月、二〇ｘｙ年八〜九月にかけて、北海道にある商業系の高等専修学校（Ｂ校）の卒業生一三名（男性五名、女性八名）、同じく北海道にある工業系の高等専修学校（Ｃ校）の卒業生二名（男性二名）、合計一五名を対象に、それぞれの学校の一室において、一人当たり三〇分から一時間程度の聞き取り調査を行った。

商業系の卒業生一三名は、Ｂ校に勤務する教員から紹介してもらった。卒業生の年齢に一〇歳以上の幅がある。

工業系の高等専修学校は、管理職に依頼し紹介してもらった卒業生で、調査時点で姉妹校の専門学校に在籍していた。「中学時代の様子」「高等専修学校への進学動機」「高等専修学校での授業」「学校生活全般のこと」「卒業時の進路選択」「卒業後の進路形成と教育との関連性」などの項目にそって、聞き取り調査を行った。

商業実務の学校をＢ校、工業系の高等専修学校をＣ校と記す。また、Ｂ校と技能連携をしている高校をＧ高校とした。卒業生ＡさんからＭさんまでがＢ校出身、卒業生Ｎさん、ＯさんがＣ校出身者である。

三　卒業生のプロフィール(4)

表５－１は、卒業生からの聞き取りをもとにした一五名の卒業生プロフィールである。

高等専修学校には、不登校経験者や発達障害の生徒だけではなく「中学の勉強が苦手、勉強がわからない」「中学時代は勉強に興味はもてなかった」という共通点はあるものの、生徒の特徴は一言ではまとめきれない多様なタイプの生徒を引き受けていることがわかる。Ｂ校の卒業生の一三名中四名が公立全日制高校の滑り止めとして高等専修学校を受験し入学しているので、この地域では私立高校と同じような役割を担っていると考えられる。ちなみに、高等専修学校の管理職は、「中学時代、順調な学校生活を送っている生徒は少数派で、学校での楽しさを見出すことがなく、自分に自信がもてず、自らを否定的に受け止めている生徒が多い」と自校の生徒を捉えていたが(5)、個々の卒業生の短いプロフィールからも同じような状況が確認できる。

四　高等専修学校への進学動機

では、そのような生徒たちがなにをきっかけに高等専修学校へ進学することになったのか。進路選択において、卒業生たちは、中学を卒業してから進む「高校」という意識で進路選択をしている点が、卒業生のコメントからもわかる。卒業生に「いつぐらいから、なにをきっかけに進学先を決めたのか」を質問したら、次のような回答を得ることができた。また、併願していた学校についても付け加えておく。

【質問】いつぐらいから、どのような動機で進学先を選びましたか？

〈Aさん〉

実は、私、B校と同じ市内の高校に一度入学し、そこでも部活をやっていた。最初頑張っていたんですが、部活で挫折してしまって、学校にも行かなくなってしまい、引きこもりのようになっていた。親が高校ぐらいは出ておかないと言って、必死になって他の高校を探し、隣の町にある学校とここの学校（B校）を私に勧めてきた。それで、翌年、B校を受けました。親は私がこのまま引きこもりになってしまうのではないかとかなり心配していました。（過年度生。中学から私立高校へ進学。中退して翌年、B校を専願で受験）

〈Bさん〉

うちは、母子家庭なんで、公立行ってほしいと親から言われて、公立受けたんですが、勉強があまり好きではないときで、個人的には楽なB校ってイメージがあったので。名前さえ書ければ入れるっていう女子校時代の（うわさ）があったので、そんなに勉強大変じゃないだろうと思っていたんですね。そっちのほうに

（続き）

Hさん（男性）Ｂ校 中学の進路選択で、高校卒業後のことも見据えて、公立高校へは行かず、Ｂ校一本で受験し、入学。中学生のときは、あまり物事に積極的になれなかったようだが、Ｂ校では生徒会の役員を務めるなど積極的になっていったと自己を振り返っている。在学中は、何をやっても楽しく充実した学校生活を過ごす。卒業後に就いた、運輸会社の仕事を現在も継続中だが、現在は、転職を検討している。
Ｉさん（女性）Ｂ校 高校卒業後は、介護職に就きたいという希望から、介護の勉強ができるＢ校へ進学。Ｂ校在学中は、全てが楽しく、中学から比べると「天国だった」と振り返る。とくに、親しみやすい教員との関わりに居心地の良さを感じていたようだ。卒業後は、希望通り、介護施設（ヘルパー）へ就職。勤務先は変わったが、現在も介護の仕事を継続している。
Ｊさん（女性）Ｂ校 小学校時代からいじめを受け、中学校も学校には登校していたが、保健室や相談室で毎日を過ごす（保健室登校）。同じ中学から来る子が少ないという理由で、友人と一緒にＢ校の体験入学に参加。商業系の資格や介護の資格が取れることと、同じ中学から来る子が少ないという理由で、Ｂ校に入学。Ｂ校在学中は、仲のよい友人もでき、クラスメイトと一緒に教室で授業を受けることができた。卒業後は、介護職（ヘルパー）に就く。現在も続いている。
Ｋさん（女性）Ｂ校 小学５年生から中学２年生まで、週２回程度、近くの特別支援学級に通っていた（通級生徒)。小学校高学年からいじめにあい、中学２年生まで続いた。その間、よく相談室に避難していた。中学３年の担任が、Ｂ校の先生と知り合いで、Ｋさんにあっているとｂ校進学を勧めてくれた。Ｂ校在籍中は、仲のよい友人もでき、いじめを受けることなく充実した学校生活を過ごす。卒業後は、地元の水産加工の工場に就職するものの、職場でのいじめに耐えられず、離職。
Ｌさん（男性）Ｂ校 中学時代は、一部の生徒からいじめを受けていたが、学校には通っていた。しかし、中学では楽しい思い出はなかった。中学１年から、自身の学力に見合った学校ということでＢ校進学を考えていた。おばさんがＢ校の卒業生だったのをきっかけにＢ校のことを知る。Ｂ校在籍中は、いじめにあうこともなく楽しい学校生活を送る。卒業後は、コンクリート会社に就職。品質管理を担当している。
Ｍさん（女性）Ｂ校 中学の頃は、クラスの一部から、陰湿ないじめを受け、それでも我慢して登校していたが、耐えきれず親に当たった時期もあった。中学３年の秋、Ｂ校の体験入学に参加。その雰囲気がよかったのと、いとこがＢ校に在学していたこともあって、Ｂ校への進学を考えはじめる。Ｂ校在学中は、趣味の合う友人もできて、充実した学校生活を送る。卒業後は、大手の自動車工場に就職し、自動車の部品を製造している。
Ｎさん（男性）Ｃ校 姉妹校の専門学校２年生。自動二輪を勉強している（このコースは、高等課程と同じ校舎内にある)。２つ上の兄が、Ｃ校に通っていたので同じくＣ校を受験、入学。１年間は、兄と同じ学校に通っていた。中学のときは、勉強がわからなくなり成績も思わしくなかったが、Ｂ校のていねいな授業によって、勉強も少しずつ自信がもてるようになった。在学中は、行事の実行委員としてクラスの中心的な存在として活躍。姉妹校への体験授業の参加や、校舎も同じということで自動二輪の専門学校の先輩の影響もあり、卒業後はそこへの進学を決めている。
Ｏさん（男性）Ｃ校 姉妹校の専門学校１年生。自動二輪を勉強している。中学時代、クラス内の人間関係が原因で不登校に。その後、学校にはほとんど通っていなくて、勉強もしていなかった。自動車に興味があり、それが学べるということで、Ｃ校を受験、入学。中学時代の人間関係がまっさらにリセットされたおかげで、Ｏさんは、３年間、無欠席で通い続けることができた。体験授業をきっかけに、今のところに進学先を決めた。現在、専門学校では、自分の好きな内容が学べ、人間関係も問題なく、充実した日々を過ごしている。

表5-1　卒業生のプロフィール

Aさん（女性）B校 中学時代は吹奏楽の練習に没頭し、高校進学後も吹奏楽部で活動。熱心に活動していたが、高校1年の途中から部活で挫折してしまい、高校も登校しなくなった。高校ぐらいは卒業してほしいという親の思いが強く、親から市内にあるB校を勧められ、受験し入学。クラスの生徒は、Aさんよりも1つ年下だが、とくに問題もなく受け入れてくれた。3年間電卓同好会に入って、電卓10段の資格を取得した。現在は介護用品販売の仕事をしている。
Bさん（女性）B校 小学5年生のとき、家庭の事情でB市に引っ越してきたあたりから、勉強がわからなくなり、それをきっかけに、授業に対して関心が薄れていく。中学時代も、毎日、昼ぐらいから登校したり、よく保健室に行って授業をさぼっていた。中学時代は、「勉強が面倒くさい」と思っていた時期だったので、高校も楽に卒業できるといううわさがあったB校を受験、入学。入学後は、商業の専門科目が面白く、中学から比べると勉強も頑張り、商業系の資格もよく取っていたという。現在は、営業事務の仕事をしている。
Cさん（男性）B校 中2ぐらいから、数学、英語がまったくわからなくなり、勉強が面白くなくなる。公立高校と中学の担任から勧められB校を受験。公立は落ちて、B校へ入学。中学のとき、勉強はわからなかったが、入学後に始めた商業の専門科目に興味をもち勉強の楽しさを見出す。もともとゲームが好きだったのと、パソコンの授業の影響で、札幌の専門学校への進学を決めた。現在は、家電販売の仕事をしている。
Dさん（男性）B校 中学時代は、勉強ができなくて合格できそうな高校は、市内の私立高校とB校（高等専修学校）しかなかった。自宅から近いという理由で、B校を専願で受験。親戚には、B校出身者がいる。B校時代は、アルバイトを熱心に頑張っていたという。B校時代から、付き合っていた卒業生Eさんと結婚。現在は、パチンコ店に勤務している。
Eさん（女性）B校 卒業生Dさんの妻。中学時代は、とくに理由はないが、怠け癖がついて、遅刻や欠席が多かったという。体験入学参加をきっかけに、公立高校とB校を受験。公立高校が駄目だったのでB校に進学。B校は、毎日通い皆勤賞をもらうことができた。商業系の科目が性に合っていたようで、在学中は、検定取得にも頑張っていた。在学中は、就職が決まらず、卒業してから母親の知り合いの紹介で、夜の仕事のアルバイトを2年半ほどやっていた。出産を機に仕事もやめ、現在は専業主婦。
Fさん（男性）B校 中学のときから明るく友人が多いが、勉強ができないタイプの子だった。中学の先生からの勧めとパソコンが好きだったので、それが学べるという理由でB校に推薦入学。B校入学後も明るい性格で友人が多く、生徒会役員などもやっていてB校で充実した生活を送る。在学中、仲のよい生徒と進路の方向性が一致し、同じ情報系の専門学校へ進学。家庭の経済的な事情で専門学校を1年でやめる。その後、電話工事関係の仕事に勤務。B校在学中から仲よく付き合っていた卒業生Gさんと結婚。現在は、工場で働いている。
Gさん（女性）B校 卒業生Fさんの妻。中学時代は勉強ができなかった。パソコンが好きだったので、公立高校とB校を受験。公立が駄目だったので、B校へ進学。在学中は、校内では上位の成績で、仲のよいグループの仲間と一緒に勉強したり、点数を競ったりしていた。書道部を創設し、全国大会にも出場している。生徒会の役員もやり、学校行事にも積極的に参加していたという。在学中から保育士を目指し、卒業後は短大へ進学。その後、幼稚園、保育所で約7年間勤務する。現在は、専業主婦。

流れたいなあっていう意識がまだあって。公立受験ギリギリになって（公立）受けるのやめたいって先生に言ったんですけど、「他の子の迷惑になるから、受けるだけ受けてくれ」って言われたので、適当に受けた記憶があります。ここ（B校）なら勉強も頑張らなくてもいいかなぁってノリで受けた。ただ、当初の女子校のままだったら受けなかったと思います。「共学」になったから受けた。中学でも女の先輩から目をつけられていて言われることが多く、よく男の人から守られて生きてきたタイプなので、中学の時から「女の先輩怖い」っていうイメージしかないので。実際、B校に入って、上の年代の方は女子校だったので、多々ありましたけど、それでも自分たちの学年は共学だからと思って受けましたね。（公立の専門高校と併願）

〈Cさん〉

公立高校（普通科）とここを受けたんですね。公立高校に関しては、姉が通っていたので受けようと思ったが、自分の成績からすると二ランクぐらい上だったんで。B校に関しては、中学の担任がB校の先生と知り合いで、ここだったら大丈夫じゃないかと紹介してくれたから。僕の学力でも大丈夫と言われたので。公立は案の定落ちまして、受かったここに来たって感じです。（公立高校の普通科が第一希望）

〈Dさん〉

勉強しなさすぎて受けれる高校がなかったから。（担任から）入れる所が、市内の私立高校か、B校かってなって、じゃあ近いほうのB校にした。公立は受けずに専願で。（B校の専願）

〈Eさん〉

中三のときに、コンピューター教室（中学生の体験入学）をここでやっていてそれに参加したのがきっかけ。夏休み明けにあったと思う。中学の先生に申し込んで参加した。公立高校も受けたのですが、駄目だったのでこちらへ。（公立高校が第一希望）

〈Fさん〉

公立の○○校（専門高校）に行けますよ、と言われていたが、その頃からパソコンが主流になっていて興味があったし、パソコンは家でも興味があってやっていて好きだったから、B校に入ればそれができるかなと。中学校の先生から、中三の三者面談のときに、B校のことを教えてもらい、それまでは学校自体も知らなかったけど、（先生から）推薦で入れると言われ、勉強しなくても入れるというのもあった。公立○○校では、パソコンのことはあまりやらないからB校に行くことにしました。（B校へ推薦で入学）

〈Gさん〉

中三の進路相談のとき（秋ぐらいに）B校受験を決めた。勉強が苦手だったので、行ける高校が限られていた。パソコンは中学のときからやっていたので、それが学べるということで、担任の勧めで。（公立高校が第一希望）

〈Hさん〉

えー、中三の一二月頃。それまでは、二校の公立高校のどちらかで担任と話をしていた。そこへ行ったら大学とかになるんだろうし、学力も（中学時代）おいていかれていたんで、B校なら専門的な教科も学べるんでここに決めましたね。この学校があること自体、まったく知らなかったです。友人の親からこの学校を教えてもらった（その子もここに進学している）。親から親同士話をして、そこから知った。それで体験入学にも来て決めた。（B校へ推薦で入学）

〈Iさん〉

もともと中学のときから高校を卒業したら介護の仕事に就きたいと思っていて、担任の先生からここを勧められた。体験入学にも来て、雰囲気よかったし。勉強ができなくてランクも低かったから、定時制高校も受けていた。兄も定時に通っていたし。B校も定時も合格して、中学の先生や親からどっちに行くのと言われて、体験入学の雰囲気もよかったし、入学後、担任になった先生ともそのときに話していたし、介護の資格が取れるので、B校に決めた。親は、お金のかからない定時に行ってほしかったんだけど、兄からお金を借りて、奨学金も借りてここに来た。奨学金は今、返しているけどね。（定時制高校と併願）

〈Jさん〉

小学校からいじめにあい、中学校も保健室登校。同じ学校から来る子が少ないという理由で、友人と一緒にB校の体験入学に参加。商業系の資格や介護の資格が取れることと、同じ中学から来る子が少ないという理由で、B校を受験入学。（B校へ特別推薦で入学）[6]

〈Kさん〉

（通級生徒）[7]小学校からいじめを受け、中学校も別室登校をしていた日もある。中学の担任より、B校はKさんに合っていると言われ、推薦で受験。もし、合格できなかったら定時制高校への進学を考えていた。（B校へ推薦で入学）

〈Lさん〉

中学一年から、自身の学力に見合った学校ということでB校進学を考えていた。おばさんがB校の卒業生だったのをきっかけに学校のことを知る。（B校へ特別推薦で入学）

〈Mさん〉

中学三年の秋、B校の体験入学に参加。その雰囲気がよかったのと、いとこが在学していたこともあってB校への進学を考え始める。最初の頃は、市内の私立高校の受験も考えていたが、いじめていた子が同じ私立高校へ行くことを知り、それを避けるために、B校を受験、進学。（B校の専願）

〈Nさん〉

中三の一二月ぐらいにC校に決めた。二歳上の兄もC校に通っていたので、ここに決めました。入学したときは、三年生にいた。（C校の専願）

〈Oさん〉

もともと自動車が好きで、不登校でも進学できる学校がないかと、相談したらこの学校があると。中学校の先輩も何人かこっちに来ているって言うんで。まあ、勉強もあんまりしなくても入れるっていうか。基本的なことと文章（作文）と面接で入れるっていうことだったんで、カウンセラーのところに行って出席日数を取ってC校に来ました。中学の三年の後半ぐらいから（C校を考えていた）。話を聞いて、一、二回体験学習に来てみた。ここ一本で受験。（C校の専願）

以上の卒業生のコメントを踏まえて、入学動機を観点別に整理していきたい。

【学力的な理由】

まずは、学力的な理由（中学の勉強ができない）でB校、C校への進学を決めた卒業生が多い（Cさん、Dさん、Gさん、Hさん、Iさん、Kさん、Lさん）。その代表的な事例がDさんである。中学校には真面目に通っていたDさんだったが、市内の全日制の高校でDさんの学力で合格できるところが限定されていた。さらに、自宅から近いという理由でB校を選択したようだ。Dさんの理由と似ているのが卒業生Lさんである。「自身の学力に見合ったところ」という観点からB校を選んでいるが、単純にそれだけではなく、B校の卒業生だったおばさんの影響で、自分の進路選択のなかにB校を入れることになったと思われる。卒業生Cさんも、Cさんの学力で合格できる所を担任から勧められ公立高校と併願でB校を受験している。卒業生Gさんも、当時の学力では入れる所があまりなかったと言っているが、あくまでも公立高校の併願で受験をしている。卒業生Iさんも、「勉強ができなくてランクが低かった」とのコメントがみられるが、Iさんは将来、高校卒業後、介護職への就職を希望しており、その資格が取れるB校を選択している。卒業生Kさんも、中学の担任から「B校はKさんに合っているから」と勧められ、受験に至っている。しかしKさんは、単純に勉強ができないということだけではなく、学習面に対して特別な配慮が必要な生徒という観点から、そのような生徒を引き受け、なんとか卒業まで導いてくれるという予測のもと中学の担任がB校を勧めたのだと考えられる。

なかには、自分自身の学力を踏まえて、入試や入学後の勉強のやさしさから進学先を決めている卒業生も少数ながら存在していた（Bさん、Oさん）。Bさんは、小学校の高学年から転校をきっかけに授業についていくことができなくなり、その流れで、中学の授業も面白さを感じることが少なく授業をさぼりがちだった。中学時代、勉強に対して興味関心がもてなかったBさんは、「楽して進級できて、楽して卒業できる」ということを理由にB校を選択している。さらに、中学時代から女子の先輩が苦手だったが、自分たちの学年から男女共学になることが選択の決め手になっている。Bさんのように、共学や男女の構成比率によって進学先を選択する生徒もいるようだ。一方Oさんは、中学の不登校生徒であり、中学の授業にもほとんど参加していないので勉強に対してコンプレックスを抱いていたが、そんな自分であってもC校なら入試の問題もやさしく、自分を受け入れてくれるかもしれないと期待し、進路先として選択しているのがわかる。BさんとOさんはまったくタイプの異なる卒業生であるが、勉強に興味関心がもてなかったBさんにとっても中学の内容を十分に勉強をしていなかったOさんにとっても、入試や入学後の勉強のやさしさが進学先を選択する一つのポイントとして共通している点がわかった。

さらに地元の中学生（保護者・中学の教員）から、公立高校の滑り止め的な私立高校と類似するような位置づけがなされていることがわかる（Bさん、Cさん、Eさん、Gさん、Iさん）。とくにB校に関してはその傾向が強い。全日制高校の滑り止めが四名（Bさん、Cさん、Eさん、Gさん）いるが、Bさんは楽して卒業できるB校への進学を第一希望に考え公立高校受験を断念しようとしたが、中学の先生からの説得もあり、しぶしぶ公立高校を受験している。Cさん、Eさん、Gさんは、あくまでも公立高校が第一志望であった。Iさんは定時制高校と併願しているが、高等専修学校が不合格だったら定時制高校への進学を考えていたので、逆に定時制高校が滑り止め的な役割となっている。

中学時代「勉強ができなかった、苦手だった」「勉強に興味がもてなかった」という卒業生がほとんどで、学力的な理由を背景に高等専修学校へ進学している点はある程度予想できていたが、中学の成績と入試の予想点によって学力のランクごとに進学先が振り分けられている中学の進路指導の実態が確認できる。しかし、学力的な理由だけでは進学動機の説明において不十分な点もあるので、別の観点からも選択理由を述べていきたい。

【専門教科への魅力】

専修学校は、職業に関連した分野の専門科目が学べるのが大きな特色の一つだが、そのような専門科目やそれに関連して自分の卒業後の進路（就職）のことも踏まえて、高等専修学校への進学を選んでいる卒業生は多かった（Eさん、Fさん、Gさん、Hさん、Iさん、Jさん、Oさん）。

Fさん、Hさんは勉強が苦手とはいえ、他の高校に進学できる、ある程度の選択の幅をもっていたようである。それでもFさんは、パソコンが学べるということを大きな理由に公立の専門高校（工業）への進路は選択しなかった。Hさんは、公立高校へ進学したら、卒業後は大学・専門学校への進学ルートへ何となく乗りそうだったことを避け、卒業後は就職を希望しているため専門教科が学べるB校への進学を選んでいる。卒業生のIさんは高校卒業後の就職先の職種（介護）も、中学から決まっていて、それに関連することが学べるからという理由で、兄から入学金のお金を借りてまでB校への進学を選択している。Oさんは、自分が不登校のため進路の選択肢も限定されている状況のなかで、不登校でかつ好きな自動車のことも学べるという観点からC校を進学先として選んでいる。Jさんは、「商業系の資格や介護の資格が取れること」を理由にB校を選んでいるが、同じ中学からの進学者が少ないということも大きな選択理由の一つになっている。

では、Jさんのように、いじめから避難するような形での進路選択があったのだろうか。

【いじめからの避難】

小学校・中学校で、いじめや人間関係のこじれから不登校になったり、学校生活が苦痛でたまらなかった生徒たちのなかでは、その原因となっている生徒や同じ中学の生徒があまり進学してこない高等専修学校へ進学してくる状況が確認できる（Jさん、Kさん、Mさん）。Kさんは、いじめをしていた生徒を避ける行為としてB校へ進学したわけではないのだが、結果、進学後いじめをしていた生徒から離れることができ、学校生活を楽しんでいる。また上記の進学動機のなかでは語られていなかったが、中学時代、人間関係のこじれからほとんど学校へ登校していないOさんは、進学後「人間関係が真っ新にリセットされて、毎日、登校することができた」と言っていた。これらは、中学の不登校生徒が進学後に登校が継続している要因として、学校が変わったことによる人間関係の変化をあげていた伊藤（二〇〇九）の見解と共通する内容が確認できた。ここでは進学による人間関係の変化を期待して、同じ中学の仲間があまり進学しない高等専修学校を選択している卒業生の進学動機を読み取ることができる。小中学校での固定化された人間関係や自分自身に対する仲間からのイメージを転換し、新たな環境でスタートを切ろうとする卒業生の意識が現れているといえるだろう。

【家族や親戚のリピーター】

家族や親戚が、高等専修学校の卒業生で、その影響を受けて入学を決めた卒業生もいた（Lさん、Mさん、Nさん）。高等専修学校の教員でも自校の生徒の選択理由に、「兄や姉のリピーター」と答える教員もいる。筆者の勤務している経験からも正式な数値は出していないまでも、親、兄姉、親戚のリピーターが目立つ傾向にあると感じている。他校（高校など）の状況がわからないので、それとの比較は到底できないが、高等専修学校への入学者には家族・親戚のリピーターが一定数存在していた。

【過年度生の高卒取得目的】

一名のみだが、最初進学した高校で挫折を経験し高校を中退し、再チャレンジの場として高等専修学校を選択したケースもある（Aさん）。すべての卒業生が高卒資格を取ろうと進学しているわけだが、Aさんのように中学卒業後、最初の進学先で挫折してしまい高校に登校できなくなってしまった生徒にとっては、順調に高校生活を送ることができた生徒と比較して、「高卒資格取得」の意味がより重要となってくる。B校が過年度生や高校中退者を積極的に引き受けていたわけではないが、「高校だけは何とか出てほしい」という親の思いがなければ、AさんはB校に入学することもなかっただろう。定時制や通信制だけではなく全日制高校においても、過年度生の受け入れは行っていると思うが、Aさんの親が、なぜ他校への入学を勧めずにB校の入学を勧めたのか、その部分を突っ込んで聞き取る必要があったかもしれない。

以上、進学動機を「学力的な理由」「専門教科への魅力」「いじめからの避難」「家族・親戚のリピーター」「過年度生の高卒取得目的」のパターンに分け整理した。そのなかでも、いじめからの避難や人間関係を新たにリセットするために非主流の教育機関を選択し進学している点は、今回の卒業生調査から得られた新たな知見である。このような進学動機によって、地方の公立高校では定員割れしている高校もあるなかで、少数ではあるが高等専修学校が中学生の進学先として選択されていることがわかった。

それでは次に、これらの卒業生たちにとって、母校（高等専修学校）の教育はどのようなものだったのか。卒業生調査をもとに検討していきたい。

五　母校の教育の実態

（一）卒業生の通学していた学校の教育課程（カリキュラム）・取得可能な資格

卒業生調査の結果を述べる前に、卒業生の通学していた学校のカリキュラムや取得可能な資格について簡単に説明していきたい。商業実務のＢ校に関しては、商業の専門高校と同じようなカリキュラムである。商業の専門科目は技能連携科目として、専修学校でもあり技能教育施設でもあるＢ校での授業や評価が、そのまま技能連携しているＧ高校の単位として認定される。数学、理科、英語、体育の四教科が定時制科目であり、Ｇ高校の協力校の講師がＢ校で授業や評価を行い（実際は、Ｂ校の専任教師や非常勤講師が、協力校の非常勤講師も兼ねる形で実施）、Ｇ高校の単位として認めてもらう。それ以外の国語、社会、家庭科、書道については、併修科目（通信制科目）と呼び、Ｂ校で授業が行われ、定期的にＧ高校へレポートを提出し中間試験・期末試験を受け、Ｇ高校の単位として認定される。商業系（簿記、電卓）や情報系（パソコン、ワープロ）、介護資格（障害者居宅介護従事者基礎研修課程）に力を入れ、授業時間や放課後を中心として検定の指導や練習が行われている。

工業系のＣ校は、工業の専門高校と同じようなカリキュラムである。工業の専門科目は技能連携科目として、専修学校でもあり技能教育施設でもあるＣ校での授業や評価が、そのまま技能連携している高校の単位として認定される。その他の普通教科はすべて、技能連携をしている高校へのレポート提出・単位認定試験によって単位が認定される。さらに、選択教科によって、「情報技術」「環境・バイオ」「電気」「自動車」の四つのコースに分かれ、それぞれのコースに関連する資格を取得することができる。たとえば、「情報技術」はパソコン系の検定、「環境・バイオ」は初級バイオ技術者、環境社会検定試験（ｅｃｏ検定）、「電気」は第二種電気工事士、「自動車」

は危険物取扱（丙種・乙四類）等の資格が取得できる。

（二）高等専修学校の教育――卒業生インタビューより

高等専修学校での授業（教育）について聞き取る前に、そもそも卒業生は入学する前の中学校段階において、授業や勉強に対してどのような思いを抱いていたのか。また、自身の成績をどのように捉えていたのか確認しておきたい。

【質問】中学の勉強はどうでしたか？

〈Aさん〉だめでした。あまり勉強はしてなかった。

〈Bさん〉わからなかった。小五の秋に、別の所から引っ越してきた。授業の差、進み具合が全然違っていた。算数とか教科書も違っていて、勉強がわからなくなった。そのときから、少しずつ挫折が始まって、その差を縮められなくなっていった。基礎の基礎ができていないのですから、中学の応用もできなくなり、とくに数学。

〈Cさん〉全然駄目です。数学は、応用ひどいしゃないですか。中一ぐらいはちょっとはがんばっていたんですけど、英語、数学がわからなくなった時点からもう勉強をしなくなりましたね。国語は文章を読めるのでそれなりに点数は取れていましたけど。

〈Dさん〉駄目でしたね。勉強は全然でした。

〈Eさん〉中学のときは、できていなかった。下のほうだったと思います。

〈Fさん〉勉強は嫌いだが、学校は好きだった。小学のときから、勉強については親から言われていたが、一生懸命頑張ってもなかなか成績には結びつかず、勉強をやるのが、面倒、億劫になっていた時期でした。

〈Gさん〉苦手で得意ではなかったですね。

〈Hさん〉中学のときは、おいていかれたらそのまんまって感じが多かったです。まあ、勉強もちょっと苦手だったんで……。英語が駄目で、もう一年生のときにおいていかれはじめて。実技教科はできましたが。

〈Iさん〉勉強は全然駄目。いじめとかあったからやる気もなく、ほぼ寝ていたね。ノートとかは書いていたけど、成績は悪かった。

〈Nさん〉勉強はもう駄目でしたね。よくわからなかったです。小学校はそこそこできたほうですけど、中学校ではわからなかったです。

〈Oさん〉全然していなかった。カウンセラーの先生の所に行き、話をして帰ってきていた。そこに（カウンセラーの先生の所に）、朝九時から昼過ぎって感じですね。テストも受けていないし、勉強はまったくやっていなかった。

中学の勉強のことを質問してみると、中学のとき（あるいはそれ以前から）に勉強が苦手になり、全然ダメです、と答える卒業生が大半であった。それによって、中学の授業についていけない様子が確認できる。勉強がわからなくなって勉強しなくなったと答える卒業生もいる（Bさん、Cさん）。成績も振るわなかったと言っている卒業生もいる（Eさん、Iさん）。つまり、中学校での学習内容がわからなくなり、学習意欲も減退し、それによってますます勉強しなくなるという負のスパイラルにはまり込んでいる状態にあったようだ。Oさんは、中学時代は不登校の生徒で、学校へ登校しカウンセラーと話すことはあったが、勉強はまったくやっていなかったと述べている。このようにインタビュー調査に回答した卒業生は、中学の授業についていけず、勉強に対して苦手意識をもち、成績もクラスのなかで低い位置にいると認識していた。そのような卒業生たちが高等専修学校進学後、そこでの授業に対してどのような感想を抱いたのだろうか。授業は楽しかったかどうか、シンプルな質問をしてみた。

（【質問】授業は楽しかったですか？）


〈Aさん〉普通。とくに印象はない。

〈Bさん〉（商業の専門科目は）好きで検定も上目指してとっていた。中学の勉強がわからず理解していない私にとっては、どちらかというと商業系やパソコンの授業が好きだった。パソコンの授業に関しては、不真面目な男子も席についている感じで。ネットで遊んでいたのかもしれないけど出席率はすごいよかったと思う。寝てないとか。

〈Cさん〉わかるから面白いっていうのがあったんでしょうね。数学とか英語とか、中学のときにわからないから授業に出ても楽しくなかったんですけど。簿記とかは自分が理解できて解けるから楽しいっていう。

〈Dさん〉それなりに受けていました。簿記は覚えるのが大変でした。今でも無理です。

〈Eさん〉そうですね。楽しかったです。簿記とか秘書検定の勉強が性に合っていたんですね。なので、授業は楽しかったです。

〈Fさん〉楽しかったほうです。聞くときは聞いて、聞かないときは聞かない、人に迷惑をかけない程度にやっていた。パソコンの授業は楽しかったです。知らないこともわかることがあったし、自分なりの発見があったり、パソコンの授業のある日は楽しみでした。

〈Gさん〉好きでしたね。あのときは、クラスとか学年で一〇位以内に入ると名前が出るんですよ。あれが楽しかった。テスト結果の紙がもらえるのですが、一〇位以内に入ると名前がそれに載るんですよ。私、よく〇位以内に入っていたんで。よく仲良しの四人の友達と（今の自分の旦那もいるんですが）テスト大会っていうことで勉強会をしたり、点数競ったりしていて、B校時代の勉強は本当に楽しかったです。私は、中学のときから数学は得意で、商業系の科目は、電卓、簿記、数字が多いじゃないですか。数字が好きなので、それが楽しかったというのか、電卓を打つのも楽しいし、簿記の家計簿を書くのも好きなので。いまだに、計算するのが好きです。

〈Hさん〉楽しかったです。もう楽しいとしか言いようがない。A先生とか、B先生とか。パソコンがもともと好きだったので、パソコンの授業は楽しかったし、簿記も最初は、はてな（?）でしたけど、数学が好きなせいもあってか、計算してこれあっているというのが楽しかったですね。

〈Iさん〉B校でもよく寝ていたけど、楽しかったよ。中学から比べたら授業もちゃんと受けていたほうだと思う。先生とからむのがとりあえず面白かった。検定の勉強があるから。普通教科よりも介護とかパソコンの授業が楽しかった。

〈Jさん〉楽しかった。商業系が好き。パソコンとか役立っている。

〈Kさん〉ビジネスとか。電卓とか楽しかった。パソコンの授業は難しかったが、打つのは楽しかった。

〈Lさん〉電卓はあまり。パソコンはまあまあできた。（商業の専門科目は）そんなに好きじゃない。普通教科がもっとあったらよかった。

〈Mさん〉授業内容がわかりやすく、テストとかもやりやすかったです。

〈Nさん〉中学校は全然駄目でしたけど、高校に入ってから結構わかりやすい説明で、それなりにできていたほうです。C校では、専門科目で自動車をやっていたんですが、今、専門学校ではバイクを専門に勉強していて、そこでの勉強が活かされています。父さんが、自動車の仕事をやっていて、ちょっとはわかっていたのかなって感じですね。自動車をやってみようという興味は中学のときになかった。とにかく、兄がいるからここに来たという感じで、ただ単に入るための流れでしたね。

〈Oさん〉　一年生の頃は、実技がなくてちょっと残念でしたけど、二、三年生で実技をやって普段やらないことだったので楽しくて。普段やらないことをやるんで。実物に触って。

中学校では、勉強が苦手で、授業のなかで、おいていかれているような状態だったが、高等専修学校では、とくに普通教科以外の専門科目に興味関心をもって取り組み始めていること、検定取得と一緒に専門教科に取り組んでいること、普通教科に関してもゆっくりとしたペースで中学の復習をメインに進めることによって苦手な勉強にも興味をもち始めていること、以上の三点が特徴的なこととして確認できる。中学の復習のような授業の進め方が、はたして高校の単位取得として認められるかどうかの批難はあるだろうが、少なくとも中学時代に勉強が苦手だった、授業はつまならかった、勉強に興味がもてなかったと感じている生徒にとって学ぶことの楽しさを見出している点に注目すべきである。専門教科の魅力に関しては、高等専修学校の授業に限ったことではなく専門高校の授業でもすでに指摘されていることであり(8)、新たな発見ではないかもしれないが中学校との授業に対する比較によって専門教科の面白さがいっそう、引き立っているような気がする。さらにGさんのように自分の努力の成果が順位となって現れ、それが次の努力へとつながっていったよき循環パターンの事例もあった。

次に、授業以外の教育活動として学校行事があげられる。高校と同じような学校行事が存在していたようだが、卒業生たちは学校行事をどのように捉えていたのか。

【質問】　学校行事はどうでしたか？

〈Aさん〉　学校祭や修学旅行がそれなりに楽しかった。
〈Bさん〉　芋掘りは楽しかったです。その後のジンギスカンと。今でもみんなでやりたいなぁ。家族でも何でもいいですけど。レクをやってからの焼き肉みたいな。そしてちょっと遠方に行くじゃないですか。それもよくって。この学校、あんまり部活が活発じゃなかったから、そういう行事はよかった。

〈Cさん〉学校の行事は、正直なところあまり面白くなかったですね。学祭とか体育祭とかあったけど、学祭なら学校内だけでやったりしていたんで、外部の人が入らないからうちわだけで楽しんでいたって感じだったんで、ちょっとつまんないかなあって。グラウンドも小さくってなにもできないですしね。

〈Dさん〉基本的に参加していました。

〈Eさん〉楽しかった。たとえば、高校生になってもこんなことをするんだ、芋掘りとか。逆にほかの学校でやっていた、プールやマラソンとかがなかったり。

〈Fさん〉売店とかもこの学校ないんで、そんなとき（学校祭）にみんなでなにかつくったりするのは楽しかったですね。

〈Gさん〉三年のときに私、（生徒会）役員をやっていたんで、学校祭とか、ほかの高校のように一般の方が来れたらよかったし、（ここは）休日開催ができなかったのが残念でした。そこの部分はほかの高校のようにやりたかったけど。

〈Hさん〉中学よりもB校のほうが参加率は高いですね。中学のときは、ボランティアとか参加した記憶はないですね。B校では、ボランティアとか、できるやつは参加していた。行事はとにかく楽しかった。とくに学校祭。クラスが一致団結していた。中学で同じ子がB校ですごく（よいほうに）変わった。やっぱり変わるんだなあって。好きだからあの子たちもやるようになったのかも。

〈Iさん〉超楽しかった。もう一回やりたい。学校祭、修学旅行、宿泊研修、体育大会、球技大会。なんか楽しかった。みんなでワイワイやっているのも楽しいし、先生方とのからみも楽しかった。

〈Nさん〉まぁ、やっていたほうです。三年生で代表的にやっていたほうですね。実行委員をやっていましたね。一年生のときにやる人がいなかったので自分がやって、三年続けて自分がやりましたね。体育祭の準備とか、文化祭の準備とか。専門学校とは別に（姉妹校の専門学校は一緒ではなく、高等専修学校単独で行っていた）。

〈Oさん〉　行事は全然楽しく過ごせましたね。

行事に関しては、学級の仲間と一緒に取り組むことばかりであるが、ほとんどの卒業生が行事に関してよい思い出をもっていることがわかる。中学時代の不登校生徒や集団での学びが苦手な生徒に関しても、高等専修学校においては友人もでき、充実した学校生活を送っていたことが推察される。ここの回答には記されていないが、「学校をやめたいと思ったことがあるか？」という質問に対して、「学校をやめたいと思っていた」と回答したのは、Oさんだけである。Oさんは、授業中のうるささや幼い言動をするクラスメイトに我慢できずに、学校をやめたいと真剣に考えていたこともあったようだ。しかし、授業を離れて学校行事になると、やんちゃな生徒も取り組んでいたということで、「行事は全然楽しく過ごせましたね」とコメントしている。他の卒業生も、母校の学校行事は基本的に楽しく参加していたようで、日々の授業と同レベルで教育的な価値があったと思われる。ただし、Cさんのように「行事の規模が小さくて、自校だけでつまらなかった」、Gさんも「ほかの高校のように一般の方にも学校祭を公開したかった」と閉じられた内輪だけの行事に対して残念に思うコメントがみられた。また、Cさんの「グランドが小さくてなにもできない」という教育施設面の課題を述べているが、高等学校から比べると設置基準の緩い、専修学校のマイナス面が指摘されているといえる。

【質問】　とくに学校時代、頑張っていたことは何ですか？

〈Aさん〉　電卓同好会。電卓検定一〇段をもっている。なんとなくやっていたが、そのとき、もっと頑張っていれば全国大会へもう少しで行けたかもしれない。顧問の先生も熱心にやってくれた。

〈Bさん〉検定の取得。検定にもお金かかるので、母との約束で落ちないように努力していた。いきなり上の級を受けるという無謀なことはしないで、自信をつけてから着実に一個ずつ受けていた。

〈Cさん〉資格はやっぱり取れる機会が多いんで、頑張って取っていましたね。おかげで、履歴書に書けないくらい書けましたんで。

〈Dさん〉ボランティア部に入っていろいろやっていた。バドミントン部もやっていた。

〈Eさん〉簿記検定かな。

〈Fさん〉三年生のときに、(生徒会)役員をやっていた。かみさん(妻)もやっていたんだけど、花壇の整備のことを(学校に)提案したら採用してくれて、そういう意味では実現したので力を入れていたんだろうな。

〈Gさん〉とくに頑張っていたのは部活ですね。二年も三年も全国大会へ行きましたし。大阪とか。合宿もやっている。町内会館で泊まったり、夜中まで書いていたし。○○先生がそういうのに力を入れていたんですね。(生徒会)役員として、花壇の草刈りをしてみんなで花壇をつくったりしていた。それがまだ残っているんだって言って、今日来たとき(聞き取り調査で来校)にみんなで喜んでいたんですけど。

〈Hさん〉授業だと簿記。電卓の大会にも二、三年生で出ていた。結果は残せなかったけど。専門科目も結構がんばっていた。

〈Nさん〉ないですけど、まあ、全部をそれなりにできるようにやっていた。

〈Oさん〉勉強も並だったんで休まずに来ることが一番です。一年、二年の頃、出席日数とかでアウトになって何人か退学していたんで、絶対に休まないと。一回も休まずに来ていたのは、俺を含め二、三人しかいなかったんで。

これに関しても、部活動や検定勉強を卒業生は取り上げており、小規模ながらも専門高校と同じような教育活動を行っていることがわかる。Aさんが、部活の挫折からどのようなきっかけで不登校になったのか、その詳細は聞き取ってはいないが、前の高校で吹奏楽部に所属して活動していたエネルギーをB校では、電卓同好会へ向けることで、Aさんの登校継続へとつながっていったのではないかと思われる。中学時代の不登校生徒だったOさんは、進学後、授業の欠席が多く進級が難しくなり学校をやめてしまった仲間もいることから、Oさん自身、学校を休まないことをモットーに努力していたようである。

では、高等専修学校において、これらの教育活動を支えている教員は、卒業生にとってどのように映っていたのだろうか。

【質問】　先生はどうでしたか？

〈Bさん〉普通にみんな仲良くやっていた。最初の頃はちょっと荒れていたけど、徐々に先生の粘りがきいてか、仲良くやっていた。仲の良い先生と生徒だったと思います。どっちかっていうと生徒が先生をなめていた時代なんで。尊敬というよりは、友達感覚。生徒が先生を呼び捨てにしたりして。

〈Eさん〉簿記の先生とは検定でお世話になったし、それ以外にも、その先生にはボランティア部の先生としてお世話になり、感謝していますね。

〈Fさん〉すごくいい先生ばかりでした。○○先生が担任で、いろいろと気にかけてくれたりして。

〈Gさん〉私が入ったときは、年が近い先生が多かったんですよ。それこそ○○先生もそうですし、○○先生とか、新卒の先生が多かったので、やっぱり、年が近いからか、先生というよりも友達みたいなところがあったのか、逆に私にとってはそれがよかったかも。先生らしくないというか。

〈Hさん〉第一印象は、こんな教え方でいいの？と正直思っていましたね。けど、わかりやすさといったら中学よりずっとわかりやすかったし、わからなかったら戻って教えてくれたし。先生の接し方が中学と比べるとよかった。生徒が敬語とか使ってなくていいのかな？と思ったときもあったけど、そうなるのは話しやすいからだと思う。

〈Iさん〉超いい。みんな優しいし、話をちゃんと聞いてくれるし。いろいろ教えてくれる。親密。近い。プライベートでも、意外となんかあったときに関わってくれる。相談しやすい。

〈Kさん〉よくしゃべっていた。職員室でも入り浸っていた。ため口でしゃべって、呼び捨てにしていたし、「先生」はつけていなかったし、コミュニケーションはとっていた。話していて楽しかったし、悩みごととかよく聞いてくれた。

先生に関しては、よい印象を残している生徒が多い。Bさん、Gさん、Hさん、Iさん、Kさんのコメントにもあるように、新卒の若い教師が多く、従来の教師と生徒という固い関係よりは、友人や兄、姉のような関係であり、教師・生徒間の距離も近く、生徒にとっては教師とのやり取りが登校する一つの楽しみになっており、居心地のよい空間をつくっていた。そのような教員との親密でサポーティブな関係[9]が、高等専修学校に在学していた卒業生の三年間を支えていたようである。

以上のように、高等専修学校の教育は、普段の授業は専門教科の時数がやや多く普通教科に関しては中学の復習をベースとし、規模は小さくても行事や部活も行われており全日制の専門高校と同じような教育が展開されていた。入学前（中学校）から勉強が苦手で、学ぶことの楽しさを感じることのなかった卒業生たちが、職業に関する専門科目を中心とした高等専修学校の授業によって意欲を示している点は注目すべきである。また、行事や部活動などでは、当然、学級や学校の仲間との関わりがあり中学時代の不登校生徒やいじめを受けていた生徒にとって、人間関係を学び仲間をつくる機会になっていた。また、高等専修学校の教員は比較的、若い教員が多く生徒との距離も近いためか、学校に定着しやすい雰囲気をつくることができていたと考えられる。

では、このような高等専修学校での教育が、卒業生の進路形成にどのように関わってくるのか。次節で検討していきたい。

六　卒業後の進路形成と教育との関連性

(一) 卒業生が通学していた高等専修学校の進路状況

卒業後の進路形成と教育との関連性を検討する前に、B校とC校における近年の進路状況について確認しておきたい。

B校の卒業後の進路については、とある年度の卒業生五二名のうち、大学進学者一名、専門学校進学者一三名、その他の進学者(職業訓練校)一名、就職一九名、未決定者(卒業まで)一八名だった(卒業までに進路が決まらなかった者、アルバイトを選択した者など)。その翌年度の卒業生四六名のうち、大学進学一名、専門学校進学五名、その他の進学(職業訓練校)二名、就職三二名、未決定者(卒業まで)六名だった。B校からの進学率は、地域の雇用情勢にも影響を受けているが、進学率は低く多くの卒業生は就職をしている。就職に関しては、地元志向が強く、B市および自宅から通勤可能圏内に就職する者がほとんどである。卒業まで進路が決まらない生徒も何名か存在しているが、卒業後、三カ月以内には一〇〇%地元で働いている状況である。

C校の卒業生の進路状況については、とある年度の卒業生三二名のうち進学者二〇名で、その七割は姉妹校の専門学校に進学している。就職が七名、未決定者（卒業まで）が五名だった。その翌年度の卒業生二六名のうち、進学者は一九名、就職が三名、未決定者（卒業まで）が四名だった。C校は、B校よりも小規模であるが七割程度の生徒が進学していて、そのおもな進学先が姉妹校の専門学校というのが進路の大きな特徴となっている。

（二）卒業後の進路と教育との関連性

まずは、卒業後の進路とそれがどのように決められていったのだろうか。進路決定に向けての在学中の経緯を簡単に聞き取ったのが次の内容である。傍線部は卒業後の進学・就職先である。

【質問】卒業後の進路についてどのようにして決めましたか？

〈Aさん〉学校に来た求人を見て。在学中、ヘルパーの二級を取っていたので、それを活かせるヘルパーの仕事を選んだ。介護施設へ就職

〈Bさん〉学校に張り出した求人の中から受けました。会社に事務として就職

〈Cさん〉卒業後は、専門学校で、プログラマーの勉強を二年間やった。高校の授業でSMの授業をやっているときに、オセロゲームをつくろうというのがあったんですね。それをつくっているのがすごく楽しくて、もともとゲームが好きだったので、ゲームプログラマーになりたいなあということで、学校探していたら、札幌にプログラマー養成の学校があるっていう形になって、選んだ感じです。相談してAO入試で受けた。札幌の情報系の専門学校へ進学

〈Dさん〉学校に来ている求人から。飲食店に就職

〈Eさん〉卒業後、母の知り合いの人づてに、夜のお仕事をしました。パート。二年半ぐらいですね。希望の職種がなく、進路未決定で卒業を迎える。

〈Fさん〉パソコンのスキルを磨いていこうと専門学校進学を考える。仲のよい友人と話したら友人と志望校が同じで、一緒に体験入学に参加、受験。書類選考だけだった。しかし、家庭の経済的な事情で、一年で専門学校をやめてしまった。札幌の情報系の専門学校へ進学

〈Gさん〉高二の時から、保育士になりたかったので、大学、短大へ進学しようと考えていて、担任の先生に相談している。担任の先生の勧めで隣の町の短大を受験。試験に作文もあったので、担任から作文の指導を受けていた。三年になってから、B校の成績証明書では、短大に行けないと言われ、G高校（技能連携先の高校）の成績証明書を出してもらった。実は、他の短大にも受験したけど、B校（高等専修学校）のことが当時、短大側に理解してもらえず、駄目でした（不合格だった）。隣の町にある短期大学（保育科）へ進学（現在はその短大はなくなってしまった）

〈Hさん〉卒業後、姉の紹介で今の所（運輸会社の仕分け作業）に就く。卒業した年の六月か七月頃に。在学中は、自分の希望する事務の仕事がなかったので、進路未決定で卒業

〈Iさん〉母親の知人の紹介で就職。介護職（ヘルパー）へ就職

〈Jさん〉在学中、学校に来ていた求人のなかから、担任の先生が勧めてくれた。介護職（ヘルパー）へ就職

〈Kさん〉在学中、学校に来ていた求人のなかから、担任の先生が勧めてくれた。水産加工会社へ就職

〈Lさん〉在学中、学校に来ていた求人のなかから、担任の先生が勧めてくれた。コンクリート製造会社へ就職

〈Mさん〉在学中、学校に来ていた求人のなかから、担任の先生が勧めてくれた。大会社で、父も同じ所へ勤めていたので。自動車会社（製造）へ就職

〈Nさん〉高三の後半ぐらいから。ここのバイクに進もうと考えた。ちょくちょくそのこと（バイク）を見た

らその関係の仕事に就きたい。専門学校の体験入学の影響もあってやってみたいと。ここは、C校と専門学校のバイクが同じ校舎にあり、おいてあるバイクを見て先輩と話す機会もあった。先輩からの誘いもあった。

姉妹校の専門学校（自動二輪）に進学

〈Oさん〉今は専門学校で二輪、バイクの勉強をしている。最初は、自動車に行きたかったんだけど、そのうるさいやつらが自動車に行くって言っていたんで、自動車に行くのは嫌だった。今の専門学校一年でバイクにいるのはここ（C校）から俺だけなんで、人数も六人しかいないんで、やりやすい環境です。高二のときに、専門学校の体験入学で自動車と二輪に行き、C校でやっていることが活かせていいなぁと思った。ほかの所に新たに行くのもなんでしたし、高卒でどっか働くというのもあれなんで。体験（入学）から進学が固まっていた。

姉妹校の専門学校（自動二輪）に進学

卒業後、就職を選択した卒業生は、学校に来た求人や家族の紹介で就職先を決めていることがわかる。進学者は、比較的早い段階から体験入学などに参加し進学先を決めている。B校の進学組は多くはないが、Cさんは B校での授業をきっかけに情報系の専門学校進学を考えるようになった。短大進学のGさんは、学校の授業とは別に進学に関する作文の勉強をしていたことがわかる。専門学校があるC校のNさん、Oさんは、もともとバイクに興味があったのと、体験入学、そして高等専修学校と同じ校舎内に専門学校の自動二輪コースがあったことから、そのコースに進学を決めている。

では、具体的に高等専修学校で学んだことが進路先でどのように活かされているのだろうか。

【質問】そこで、高等専修学校で学んだことが活かせましたか？　活かせたとしたらどのようなことですか？


〈Aさん〉すぐ仕事をやめてしまったので、何とも言えない。

〈Bさん〉秘書学で習った電話の出方。パソコン入力。当時ワープロもあったんで、基本、自分そういう関係はこなせるよといった感じだったし。仕入れの時の電卓。自分は早打ちだったし。

〈Cさん〉正直、今の仕事にはかなり活かせているんじゃないかな。覚えた資格、エクセルとか、ワードとか、今、パソコン売っているんで、その販売としての知識として使えますし。専門学校へ行くっていうのもここ（B校）の学校ですし。やっぱ、資格取れるのが一番いいですね。どこに行ってもエクセル、ワードは使いますし、パソコンに慣れるというのも大きいですし。

〈Dさん〉活かせていない。

〈Eさん〉活かせていない。

〈Fさん〉周りの学生よりも、一つ二つ前に進んだ状態で、（専門学校の）先生からも目を離しても大丈夫と思われているような学生だった。

〈Gさん〉短大でのパソコンの授業。得意でした。

〈Hさん〉活かせていないですね。社会常識能力ぐらいですよね。活かせているといったら。

〈Iさん〉パソコンだったり、ビジネスマナーとかで、電話対応だったり、そういう書類づくりとか。介護もやっていたし。最初の職場は、打ち込んだり書類つくったり結構パソコンを使っていた。家族に渡す文書とかをつくっていたから。

〈Jさん〉文書をつくったりするときにパソコンを使ったりしている。

〈Kさん〉 海産物をただひたすら切る作業だから、学んだことは活かすことはない。ただし、「秘書」の時間で勉強した、敬語の使い方とかは活かせていたと思う。

〈Lさん〉 パソコンのエクセルを使ったり、文書をつくったりするときに活かせている。今後、もっと経験を積んだら簿記も使うことがあるかもしれない。

〈Mさん〉 活かせていないです。

〈Nさん〉 はい。活かせている。

〈Oさん〉 全然活かせていますね。専門学校に入学して、分解、組み立てしたエンジンがC校のときにやっていたことと同じだった。そこらへんは周りに教えながら、先生をサポートしながらやっていましたね。工具の使い方もC校でやっているんで。

関連業種に就職した卒業生や進学組の卒業生にとっては、高等専修学校で学んだことが活かせていることがわかる。これらの卒業生は、進学先や就職先で一歩進んだ状況でスタートしている。Cさんは進学先の専門学校だけではなく、現在の仕事においても家電の販売で活かすことができている。関連のない職種に就職した（Dさん、Eさん、Hさん、Mさん）は、活かす場面がなく、Aさんは自分に介護はあわないと感じて短期でやめているので、なんとも言えない状態である。Gさんは短大でのパソコンの授業で活用できたり、Iさんは施設の利用者さんへの接し方というよりは利用者さんの家族やそれ以外の方とのやり取りで、ビジネスマナーやパソコンの知識を活用することがあると述べている。

このように、高等専修学校で学んだ専門教科と関連する進学先、就職先を決めた卒業生にとっては、スタート地点において、ほかの生徒よりも一歩進んだ状態にあった。またB校で学んでいるパソコンの知識に関しては、就職先でも進学先でも、あるいは個人の趣味としても幅広くその知識を活用することができることがわかった。

一方、関連していない就職先に就いた卒業生は、その専門教科で学んだ知識、技能を活かすことはなく周囲の方とまったく変わらないところからのスタートであった。さらに、高等専修学校で学んだ専門教科の分野とは異なる分野へ進学した生徒にとって、高等専修学校の教育はどのようなものだったのかについては、今回の卒業生のなかに事例はなかったが、今後、検討してみたい課題である。

七　卒業生にとっての高等専修学校教育の意義

高等専修学校の授業やそれ以外の教育活動を、卒業生がどのように捉え評価してきたのかを整理してきた。そして進路と教育の関連性を卒業生がどのように捉えてきたのかもみてきた。今までのことを踏まえ、高等専修学校の教育が卒業生に何をもたらしたのか。卒業生にとっての高等専修学校における教育の意義について述べていきたい。

まず第一に、卒業生にとって地域の学校で学力的に下位ランクの学校との認識はあるものの、朝から毎日通学する学校で学校文化も高校と同じことから、全日制の高校として卒業生たちは認識し通学していたということである。[10]卒業生たちは高校と違う学校種という認識はなく、小規模な学校でも全日制の高校という認識で学校生活を送っていた。とくにB校に関しては、商業の専門科目が学べる私立高校のような位置づけが卒業生のなかでも認識されていた。

第二に、不登校生徒や中学時代にいじめや人間関係で悩んでいた生徒にとっては、人間関係をリセットし新たな人間関係を構築することができたところであった。進学を機会に、いじめていた生徒や中学までの自分を知っている生徒と離れることによって、不登校や別室登校していた生徒が問題なく登校できていたり、中学のときに、いじめに耐えて登校していた生徒が、いじめがなくなったことによって楽しい学校生活を送っていた卒業生がいた。中学までの学校生活のなかで、学校的なものから一度撤退してしまった不登校生徒であっても、後期中等教育へ進学後は、再び全日制スタイルで毎日登校する学校っぽいところでの学校生活を求めているということになる(11)。

第三に、勉強に興味がなかった、勉強が苦手だった生徒に対して、勉強の楽しさを体験させる授業が展開されていることである。普通教科に関しては、高校の授業の中身というよりは中学の復習がメインで、ゆっくりかみ砕いて説明することにより「勉強がわかるようになった」「中学もあのように進んでくれたらよかったのに」という感想をもつ卒業生がいた。また専門教科に関しては、高等専修学校進学後からのスタートになるが、その専門教科に面白さを見出し勉強が楽しいと感じる卒業生も存在していた。また、工業系のＣ校について、実習形式の授業においては、ほかの授業では真面目に取り組まない生徒もしっかりと取り組んでいたということから、勉強嫌いな生徒にとってもなにかしら興味のもてる授業が展開されていたことがわかる。

第四に、教員と生徒との距離が近く、教員との関わりによって学校生活に面白味を感じていた卒業生がいたということである。生徒に密着した教員の姿に関しては定時制高校や課題が集中する学校において、先行研究でも指摘されている点であるが、中学時代にいじめを受けていたり、ぎくしゃくした人間関係で「学校という場所」の居心地が悪かった卒業生にとっては、親密な関係の教員の存在が予想以上に大きかったようだ。新卒の教員が多くて生徒との年齢が近かったから、このような生徒との近い距離となったのか、生徒指導の方法として意図的に近い距離が保たれているのか、教員のサポーティブな姿勢が親密な関係をつくってるのか、そのような距離感が保たれている理由は明らかではない。しかし、従来の堅い教員と生徒の規律ある関係を保つよりは、近い距離をとるほうが高等専修学校に在籍している生徒たちにとって居心地のよい空間をつくるために必要なのではないかと考えられる。

第五に、全日制高校と同じような行事を中心とした教育活動が存在し、卒業生たちはそれらの活動を通して集団における学びを体験していたことである。全校生徒一〇〇～一五〇名程度の小規模校なので行事の規模もそう大きくはなく、それに対して物足りなさを感じていた卒業生もいたが、多くの卒業生は学校行事に充実感を感じ、また、一部の卒業生のなかには部活動に生き甲斐を感じていたようである。中学時代には目立たなかった卒業生でも、生徒会の役員や行事の実行委員会を担当し生徒の中心となって活動できたことが大きな自信へとつながっていった卒業生もいた。

第六に、進路先を検討する際、高等専修学校における専門教科での学びが契機となっていた卒業生が存在していたことである。とくに、姉妹校の専門学校や同じ分野の専門学校への進学に関しては、もともと興味関心があったということもあるが、高等専修学校の専門教科の学びが進学先の学校選択に関連していた。しかし、これが就職を選択するとなると、高等専修学校の教育に興味をもったとしても就職先の職種によっては、まったく活かされないケースもあることが明らかとなった。

以上、おもに六つの点を、卒業生における高等専修学校の教育の意義として指摘しておきたい。卒業生のインタビュー調査から、高等専修学校には不登校生徒（過年度生も含めて）や軽度発達障害の生徒だけに特化することなく、怠学傾向の生徒、中学時代の学力が十分に身についていない生徒、さらに公立高校の不合格者に至るまで多様な生徒が在籍し、意図的ではないがインクルーシブな教育空間が形成されている学校ともいえる。

最後に次節で、卒業生が捉えていた自校の特徴から高等専修学校における教育の課題を探っていきたい。

八　卒業生調査における学校の課題

卒業生が各々、在籍していた頃の母校の特徴を聞いたら、次のような回答を得ることができた。

【質問】在籍していた頃、どのような学校でしたか？

〈Gさん〉楽しかったイメージしかないですね。すごい面白かった。その当時、まだ短大とかに行った人もいなかったんですが、私、頑張って勉強して保育の短大に行ったんですよ。今はなくなったけど、隣の町にあった短大です。が、そこへ行って公立高校の出身者との間でやはりギャップがありましね（普通教科における学習内容の違い）。入試の面接のときに聞かれるんですよ。たとえば、学校名が二つあるのはなぜかとか。その頃の私には、説明が大変で、進学する子たちは、そんな感じでみんな大変なんだろうなと思いました。進学する子がいなかったので、そのようなことを聞かれるというデータもまったくなかったですし。

Gさんは卒業後、短期大学への進学をはたしたが、学校種の違いによって、それを短大側に理解してもらうのに苦労した点をあげている。学校名が二つあるというのは、高等専修学校のB校と技能連携先のG高校のことを指している。Gさんが進学したのは、いまから一二、一三年前[12]になるので、その当時と比べて、現在は高等専修学校の理解も大学・短大側に浸透してきているが、高等専修学校からの学校推薦を認めていない大学・短大が存在したり、学校推薦を受け付けてくれても、Gさんのように正規の高校ではないということから大学に高等専修学校のことを理解してもらえないケースもあった。よって、大学・短期大学へ進学を希望する場合、高等専修学校という学校種が一つの壁になってしまう可能性を秘めていた。

続けて、「就職してから（あるいは進学してから）、母校において、こんな教育をしてほしかったという要望はありますか？」の質問に対して、次のような回答があった。

【質問】就職してから（あるいは進学してから）、母校において、こんな教育をしてほしかったという要望はありますか？

〈Bさん〉

・勉強というか、もっと早く知っていたら変わっただろうなと思ったのは、「秘書学」とかですかね。社会に出たらこうなんだよとか、そういうことを知っていたら、違ったかなあって。

・職業に特化していない教科はいらないかなあ。なかには、（普通教科の）補習とかしていて、少なかったけど進学した人もいました。たとえば、看護とか。そういう人は、別にクラスを分けちゃえばいいかなあって。勉強したい人もいるはずなんで、それはそれで。進学をしない人にとっては、（普通教科が）それこそさぼる時間になってしまって、本当に無意味になってしまう。非効率的かなあっと。たとえば、体育。やんちゃな子と、普通の子と、大人しい子がいると思いますが、普通の子が少なくって、体育もレベルの差があって、そのような子たち（やんちゃな子と大人しい子）が、それぞれ分かれて試合とかするといじめっぽくなって、やらないほうがいいなあと。

・職場見学もいいと思うんですけど、エクセルとか習っていてもどういうふうに使うんだろうって想像がつかないから。なので、実際にはこういう感じで使っているんだよとか、簡単でもいいんですけど、たとえば、現金計算の表をつくるとか、わかりやすい実践的なことを交えてくれたほうがいい。

〈Gさん〉

短大へ行ったときに他校生と普通教科の学習内容の違いを感じた。それが私の中でとにかくすごくあった。

〈Oさん〉

計算問題が、専門学校へ入っても結構こまかくやっていくんで、そこらへんが厳しいですね。

事務系の仕事に就職したBさんは事務の現場の状況を見据えて、より実践的な授業を展開すべきだと述べている。授業で勉強していることが実際の仕事とつながりにくいので、生徒は勉強意欲が湧かなかったり仕事をすることによって、やっと授業で教わったことの中身が実感できたりするので、授業内容は実践と結びつけて行うべきことを強調していた。また就職組と進学組あるいは能力別でクラスを分け授業を行ったほうが効率がよいことを提案している。Gさん、Oさんは、それぞれ短大、専門学校へ進学しているが、その進学先の学習において母校での勉強の不十分さ（とくに普通教科）を指摘している。これは、高等専修学校が専門高校と類似するカリキュラムなので、普通科出身の同級生と比較すると普通教科の学習内容の不十分さが指摘されても仕方がないのだが、Bさんが述べていたように、就職組と進学組を分けたり進学組の生徒に補習を実施するなどして対応していくのが望ましいと考えられる。

最後に、再び、在籍していた頃の母校の特徴を取り上げる。多くの卒業生が、学校の荒れや中途退学者の存在を指摘する回答があった。

（**【質問】**　在籍していた頃、どのような学校でしたか？）

〈Aさん〉

男子がよく暴れていた。先生を窓の所へ押しつけたり、生徒同士でよくけんかしていたり、治安が悪いっていうか……。荒れていた。授業もうるさくてひどかったですが、一、二年でたくさんやめていって、三年生の時は、授業もとても静かになりました。前の高校の時は、コースごとにクラスが分かれていて、私は部活に入っている子のクラスだったんですが、みんな静かで授業を受けていたので、最初、ここに来たときは、なに、この学校って思いました。

〈Bさん〉

確かに卒業するための努力はたいしてしなくてもいい楽な学校だったと思います。もともとが、女子校だったので、男子がいづらいというか、着替えるのも更衣室がなかったり、保健室がなかったり。最低限やっていれば卒業できた。授業中も寝ていても出席していれば単位が取れるという感じで、テストで赤点とっても、補習に出れば、再試験を受ければなんとかなったような感じなんで勉強に関しては。一年生の頃、すごい荒れていたので、すごく減りました。不良系の生徒は、はじかれちゃいましたね。校則も意外と厳しかったです。下のランクの学校のわりには、校則が厳しかったと思う。そこまで求めてどうすんのかなあと思った。駄目だって言えば、生徒は反発するので、そのへんを緩くすれば、もうちょっとうまくいったんだと思いますけどね。

〈Dさん〉

確かにひどかった。ひどいといってもごく一部ですよ。やめた人もいるけど、残っている人もいて、残っていても別になにかするわけではないんで。

〈Eさん〉

共学z年目ということもあり、男子がちょっと少なかった。一年の時四クラスあったのが、バタバタとやめて、二年生では三クラスになってしまった。そう考えると一年のときは、バタバタしていたのかなあ。騒がしい一つ上の男子の先輩とかもいたんで。

〈Fさん〉

僕たちは（男女）共学w期目の生徒で、一つ上の先輩が怖いイメージがあった。二、三年生になるにつれて、治安が悪いというか、そんなに悪かったかなあ。一部悪い人もいましたけど、僕の周りには迷惑かけるような子はいなかったし、先生も文句を言いたくなるような人もいなかったし。

〈Mさん〉

最初は結構いたほうですけど、だんだん三年生になったら生徒が半分ぐらいになっていった。なかには、問題を起こしてやめた人もいますし、あとは出席日数が足りなくてやめた人もいますし、あと、自分でやめたという人もいました。

〈Oさん〉

三年間うるさい学校だった。一年生の頃は、うるさいから何人か（先生が教室から）出したりしていたんですけど、二、三年生になってくると先生もめんどくさいのか出さなくなってきて、やりたい放題だった。授業中に水で濡らしたティッシュを黒板に投げて、先生が切れて。ガムの吐き捨ても学校内であって、うしろのほうは、ずっと携帯いじっていたりとか。実習とかはみんな真面目にやっていましたね。ちょっと騒がしいぐらいで。けんかは一年に一回はしていましたね。けんかといっても一瞬で終わるような。乱闘さわぎになることはなかったけど。

卒業生のコメントから、授業成立が困難な状況で一部の生徒だと思われるが、生徒指導上、多くの課題を抱えている状態であることが確認できる。この状況は年代や学校によっても異なると思うが、勉強が苦手という共通点はあるものの不登校生徒や発達障害の生徒だけではなく、学校生活に馴染みにくい多様なタイプの生徒を引き受けていった結果、授業成立が困難で、生徒指導上、多くの課題を抱えている学校となった。そのなかで、決して問題行動だけではないが、不登校や家庭の問題も含めて多くの生徒が学校をやめていったことも確認できる。卒業生Bさんの「不良系の生徒は、はじかれちゃいましたね」から学校的な秩序や集団での学びを成立させていくには、すべての生徒を在学させておくことが困難な状況であったことが予想できる。

この授業の不成立や生徒指導上、課題を多く抱えている点と、非行傾向のある生徒だけではなく不登校や家庭の事情などで中途退学者や通信制高校へ転学する生徒が存在している点が、一般的な高等専修学校の大きな課題であるといえる。私立の学校であるがゆえに生徒数の確保は最重要課題である。しかし、どのような生徒でも引き受けてしまうと、生徒指導上、困難な学校となってしまうという板挟みのような状態に現場の教員が立たされている現状にある。また多くの生徒が安心して学習できる環境をつくるのであれば、学校の決まりや秩序を守ることができない生徒に対しては進路変更を促すことになり、入学した生徒を全員、進級・卒業へと導きたいと願っている気持ちのなかで、教員は日々、ジレンマを抱え、生徒指導を行っている現状にあると考えられる。

九　高等専修学校の教育における今後の課題

以上の卒業生からの聞き取り調査とその内容の整理を踏まえ、最後に、今後の高等専修学校教育の課題を三点、示していきたい。

第一に、生徒にとって高校との学校種の違いにおいて起こる不利な状況の改善を目指すことである。学校に対する公的な財政支援を私立高校並みに目指さなくても在籍している生徒にとって、たとえば、進学した卒業生の語りでもあったように学校種の違いによって起こる進路活動での不利な状況を改善していく必要がある。しかし、この課題は、個々の学校だけが単独で解決できるものではないので、協会など（全国高等専修学校協会）が文科省や大学等に対して働きかけを行い、それを継続していくべきである。

第二に、ある分野に特化した専門教科を行いつつも、幅広い職業や卒業生たちの実際の生活にもっと役立つような学習内容を検討し、実践していくことである。看護師や美容師、調理師など、資格が仕事につながることも専修学校の教育の魅力である。今回の事例となった卒業生たちの母校は、看護師や調理師など資格がそのまま仕事には結びつかないまでも、ある職業分野の専門教科を学び、それに関連する分野への進学・就職に進んだ場合、スタート地点で有利に立っている状況であることが確認できた。しかし半面、今回の事例となった工業系、商業系の学校においては必ずしもそれと関連する進路に卒業生が進む状況であるとは限らない。ましてやB校は就職希望者が圧倒的に多く、事務系の職種に就く卒業生がごく限られた現状のなかで、幅広い職業や生活のなかにおいても活用できるようなカリキュラムの学習内容を検討し実践していくべきである。たとえば、B校で行っていたパソコン関係の授業については、進学・就職後の書類作成やデータの処理などにも十分活用することができ、仕事やプライベートの場面でも活用できていた。そのような内容の授業をより多く計画し実践していくべきである。

第三に、多様な生徒や進路に対応できるような柔軟な学校システムの構築である。不登校生徒だけではなく、様々な背景から全日制高校に入学できない生徒を受け入れた結果、授業の不成立をはじめ教科指導だけではなく、生徒指導上、多くの課題を抱えた学校が存在している。また、非行傾向だけではなく、欠席が多く、進級・卒業が認められなくなり、進路変更をしなくてはならない生徒がある一定数存在している。高等専修学校は、一般的には卒業生の在学していたB校やC校のように、高校並みの校則があったり授業の出席時数にある一定の基準があったりと、ほぼ全日制高校のような固いスタイルの学校である。多様な生徒を受け入れれば、当然そのような学校的な固いシステムからもれ落ちる生徒も出てくるので、そのような生徒も救えるような柔軟な学校システムの構築を検討していく必要があるだろう。現に全日制スタイルのクラスだけではなく、週一回登校コースのクラスも設けて対応している高等専修学校も近年、登場している。[13] そうすると、多様な背景をもつ生徒たちの住み分けが転入学時に自動的になされ、中退者を限りなく減らしていくことが可能となるだろう。ただし、そうなると毎日学校に通って技術を身につけ、将来の自分を描いていくという本来の専修学校教育の利点を活かすことができなくなるかもしれない。[14] これからも、生徒の教育機会の保障と専修学校教育の利点との両立は大きな課題となる。また、高等専修学校卒業後に就職だけではなく進学を希望する生徒もいるので、それぞれの進路に対応できるようなカリキュラムの設定も検討していく必要がある。

注

（1）植上一希『専門学校の教育とキャリア形成――進学・学び・卒業後』大月書店、二〇一一年、二三～二六頁参照。それによると、専門学校の多くの先行研究はなんらかの評価軸があらかじめ設定され、それをもとにして専門学校の諸点をみるという方法（外在的な評価）がとられてきた。その結果、専門学校の実態が正確に捉えられない点を植上は指摘し、できるだけ専門学校の現場のカリキュラム編成や教える側、学ぶ側の当事者の語りを踏まえて、それらをもとに、専門学校教育やキャリア形成の実態を捉えようとした（内在的な評価）。本書でもこの方法を参考に、学んでいた当事者（卒業生）の語りを中心に高等専修学校教育の実態を明らかにしようとした。

（2）「平成三〇年度『高等専修学校の実態に関するアンケート調査』報告書」全国高等専修学校ホームページ（https://www.zenkokukoutousenshugakkoukyoukai.gr.jp/hokoku_h30.pdf）（筆者最終閲覧日：二〇一九年一〇月一九日）。この調査も、文部科学省が示している「一年間三〇日以上の欠席者」を不登校の基準として調査をしている。しかし、現実的に不登校といっても、年間三〇日程度の欠席から中学三年間、ほとんど登校していない生徒も存在し、その欠席日数に大きなバラツキがある。

（3）就学支援金とは、国が高校等の月々の授業料負担を、世帯の所得に応じて段階的に軽減する制度のこと。「高等学校等就学支援金リーフレット」兵庫県教育委員会ホームページ（https://www.hyogo-c.ed.jp/~aboshit-hs/sub05_jimu/sub05_sienkin/monbu_sienkin.pdf）（筆者最終閲覧日：二〇二一年八月二五日）を参照にすると、受給資格の確認は、年収ではなく、市町村民税所得割額で行われ、その金額が三〇万四二〇〇円以上の世帯は授業料の全額を家庭が負担することになる。市町村民税所得割額が三〇万四二〇〇円未満であれば年間一一万八八〇〇円、一五万四五〇〇円未満であれば年間一七万八二〇〇円（一・五倍の加算）、五万一三〇〇円未満であれば年間二三万七六〇〇円（私立学校のみ、二倍の加算）、非課税なら年間二九万七〇〇〇円（私立学校のみ、二・五倍の加算）が、それぞれ国から授業料を軽減してもらうことができる。これに関しては、制度がスタートした二〇一〇（平成二二）年四月より私立高校の生徒と同じく私立の高等専修学校の生徒にも軽減されている。

（4）すべて調査時の状況である。

（5）二〇一三年七月三一日から八月一〇日にかけて筆者が実施した、北海道における高等専修学校の管理職調査より。

（6）B校独自の推薦入試。学校長の推薦ではなく、おもに中学の学級担任の推薦で出願する方法。

（7）中学では普通学級に所属し、とくに苦手な教科の指導については特別支援学級で指導を受けている生徒のこと。

（8）桑田恵「専門教育と学業適応──内発的動機づけと階層分化に着目して」や高木稚佳「高校生の『勉強意欲』──進路多様校の普通科と専門学科を比較して」ともに『研究所報』Vol.57、ベネッセコーポレーション、二〇一〇年。二〇〇八年に実施した都立専門高校の生徒の学習と進路に関する調査をもとに、専門学科の生徒の学習に対する意欲の高さを指摘している。

（9）非主流の後期中等教育機関の研究や教育困難校などの生徒指導において、生徒と教師の親密な関係についてはすでに指摘されている（たとえば、西村貴之「いま、定時制高校は青年にとってどんな場か」『教育』五二（二）、二〇〇二年、川井悠一朗「定時制高校における教育的役割の変容：サポーティブな高校としての新たな期待」『社会論集』二五、二〇一九年など）。高等専修学校の卒業生からもそれと共通するコメントを得ることができた。

（10）柊澤利也「オルタナティブな学校に通う不登校経験者のリアリティ──選択要因と学校への意味づけに着目して」『早稲田大学大学院教育学研究科紀要 別冊』二六（二）、二〇一九年、一二九頁。そのなかで、不登校を経験しチャレンジスクールに通う生徒は、全日制高校を〈普通〉と捉え、チャレンジスクールを〈普通っぽい／くない〉と曖昧な学校として位置づけていた点とは異なる。

（11）伊藤秀樹「不登校経験者への登校支援とその課題」『教育社会学研究』八四、二〇〇九年、二一三頁。伊藤によると、「学校に行かなければならない」という学校に対する規範的正当性への信念によるボンドは、不登校直後から結ばれていて、後期中等教育へ入学前から「学校に行かなければならない」という規範を保持しているという。

（12）調査時点までの年数を指す。

(13) 佐賀星生学園（二〇一一年度から開校）では、ウィークデイコース（週五日登校コース）と土曜日ワンデイコース（土曜日の週一日登校コース）が設けられている。
(14) 二〇一三年七月三一日から八月一〇日にかけて筆者が実施した、北海道における高等専修学校の管理職調査より、専修学校教育の利点を述べたもの。

終章

後期中等教育における高等専修学校の評価と高校教育の課題

2020年Ｂ校陸上大会（Ｂ校行事記録用の写真）

はじめに

本研究の目的は、北海道の事例を中心に日本の後期中等教育おいて、高等専修学校が実在している要因を地域の教育ニーズとの関連性から明らかにし、この学校種の評価を考察することであった。そのために、①北海道内の事例を通して、高校教育が拡大していく一九六〇年代（第一次ベビーブーム世代が高校生になる頃）から一九九〇年頃（第二次ベビーブーム世代が高校を卒業する頃）までの高等専修学校が教育機会の供給ではたしてきた役割について検討すること。②卒業生から高等専修学校への進学動機を整理し、中学校で課題を抱えた生徒の進路選択の要因を明らかにすること。③北海道の一つの高等専修学校を事例に、地域社会の教育ニーズの変化と高等専修学校の役割の変化を検討すること。④当事者（卒業生）による高等専修学校の教育活動の評価を行うこと。以上、四つの課題を設定した。それぞれの課題で明らかになったことを整理しつつ、後期中等教育における高等専修学校の評価を地域の教育ニーズとの関係から述べ、そこから明らかとなったB校のある地域の高校教育の課題を整理する。最後に、本研究の学術的な意義を述べ、後期中等教育における高等専修学校の可能性と今後の研究課題について述べる。

一　地域の教育ニーズを中心とした高等専修学校の評価

（一）一九六〇年代から一九九〇年頃までの高等専修学校が教育機会の供給ではたしてきた役割

高等専修学校の前身である各種学校は、戦後、設置基準も緩く、そのためか学校数・生徒数が拡大していった。一九六四（昭和三九）年五月、各種学校には、後期中等教育の対象者となる生徒が約三九万人在籍しており、一九六五年の定時制高校通学者数（年齢一五～一七歳に限った場合）約四一万五千人と比較しても、その数値は少なくない。[1]一九六〇年代の各種学校は、修業年数が一～二年程度の割合が高く、高校と比較しても短期の修業年数ではあるが、当時、高校へ進学することのできなかった／進学を希望しなかった生徒に職業的な知識や技術・技能を身につけさせる教育訓練施設として機能していたといえる。

それが、第一次ベビーブーム世代が高校進学を迎えた一九六〇年代の後半、高校生収容不足の対応として各種学校まで技能連携制度が拡大されていった。定時制高校や通信制高校と技能連携制度を結んだ各種学校に入学すれば、同時に生徒は高校進学者となり、各種学校で修得した単位を連携先の高校の単位として認められるようになっていった。つまり、各種学校が技能連携制度の活用によって、高校に進学しなかった青年の職業的な訓練の役割から、高校教育の補完の役割へと変化していったといえる。

その状況を北海道で長きにわたり各種学校（のちの高等専修学校）と技能連携制度を結んでいる高校の資料をもとに確認した。一九六八年にスタートしたG高校の技能連携の生徒数は、[2]一九七八年から一般生徒（通信制課程）の数よりも上回り、第二次ベビーブーム世代が高校生となる一九九〇年ぐらいまでは一般生徒（通信制課程）と同じくらいの数値の生徒が在籍していた。高校生拡大期を過ぎた一九九〇年以降は、技能連携生徒の数も減少の一途をたどることになる。ただし、この技能連携生徒数の在籍校は、すべてが各種学校（高等専修学校）ではなく、企業内学校も含まれているが、それでも一九九〇年ぐらいまでは、高校（全日制高校）の枠に収まることのできなかった生徒の受け皿として各種学校（高等専修学校）が機能していたことが明らかとなった。ただし、全日制高校に入学することのできなかった生徒、どこへも行き場のなかった生徒を受け入れていった結果、日常の学習指導や生徒指導において困難をきわめる学校が多くなってしまったことも、資料からわかる一九九〇年代までの全国的な高等専修学校の特徴であった。

では、一九九〇年代以降から、全日制高校の補完として高等専修学校がどのような役割をはたしてきたのか。高等専修学校が実在する地域の教育ニーズとの関係から事例研究をもとに探っていく。

（二）高等専修学校への進学動機――中学校で課題を抱えた生徒の進路選択のパターン

高等専修学校の卒業生のインタビュー調査の結果、学力的な理由で高等専修学校への進学を決めていることがわかる。これは、中学の偏差値（学力）による輪切りの進路指導を再確認する内容で新しい知見ではない。ただし、ただ単に「入れる学校」を選択しているだけではなく、自分の学力で入試問題がこなせるのか、あるいは進学後も学習についていけるかどうかも見通して高等専修学校へ進学している者も存在していた。

本研究では、高校卒業後（後期中等教育卒業後）、自ら就きたい職業に関する知識を学びたいために、それを学ぶことができる高等専修学校へ進学を決めた者もいた。卒業後に就きたい職業は決めていないまでも、卒業後、就職を希望する卒業生のなかには、ランクの低い普通科の高校への進学を選ばず、商業の専門科目が学べる高等専修学校を選んで進学している者もいた。さらに、卒業後の進路とは関係なく、現在の興味関心と高等専修学校での専門科目の内容が一致していて進学を決めた者もいる。いずれにせよ、高等専修学校の職業に関する専門科目に魅力を感じ、普通科の高校（全日制高校だけではなく、普通科の定時制高校も含めて）を選択せずに高等専修学校を選択していることがわかった。

さらに、小中学校からのいじめや人間関係の軋轢を回避するために、同じ中学の知り合いが進学しない（あまり進学しない）非主流の高等専修学校を選択している者もいた。高等専修学校には中学校の不登校生徒が高い割合で存在していたが、いじめや人間関係のこじれから中学校へ登校しなくなり、たとえ、それが改善されたとしても、そのまま登校できない状況が続いた生徒もいた。中学校の仲間が多く進学する高校では、中学での嫌な人間関係を引きずり再び登校できなくなってしまう（登校しても学校生活が楽しめない）と考える生徒のなかには、高校（後期中等教育機関）への進学を機会に新しく人間関係をリセットし、学校生活を頑張りたいと希望する者もいる。高等専修学校は、非主流の教育機関であるがゆえに、いじめやこじれた人間関係からの避難として進学先に選ばれていることがわかった。

ただし、進学先の決定は、どれか一つに理由が限定されることはなく、以上のことが複合して、最終的に進学先を決定していると考えられる。しかし、なぜ卒業生たちは学力的に同ランク、または私学の高等専修学校よりも学費がかからない定時制高校や通信制高校を選択しなかったのだろうか。生徒や保護者も全日制の学校に強いこだわりをもっているのだろうか。そのこだわりはどこから来るのか。第4章で、高等専修学校のB校が「特別支援教育」を学校の柱となるように検討していたときに、B校をよく知っている中学教員から「親も子も普通の生徒（普通の学校に通っている生徒）でいたくてここに来ているのでは」というアドバイスを聞き、経営方針の変更を思いとどまっている。つまり、後期中等教育において特別な配慮が必要であると思われる生徒でも、特別支援学校の生徒ではなく普通の高校生としてみられ、そのような生徒が通う普通の高校へ進学したいと希望する生徒がいることがわかった。同じく、中学校時代の不登校生徒（B校卒業生）も「私は普通になりたくてこの学校へ進学した」（B校のカウンセラーのコメント）と述べていることから、中学時代の不登校生徒は、学校に通えなかったことを普通ではないと考え、昼間、通うことのできる学校に毎日通うことを「普通」と捉え、「普通」になることを目指し普通の高校らしいB校に進学していた[3]。発達障害を抱えた生徒や不登校生徒はそれぞれタイプが違うかもしれないが、いずれも生徒や保護者が普通の生徒でいたくて、普通の学校（昼、毎日学校に通う全日制タイプの高等専修学校）に進学を決めていたといえる。そのような普通の高校生として普通の高校に通いたいという生徒や保護者のニーズに対して、高等専修学校が後期中等教育の教育機会を供給しているということが北海道のB校の事例を通して明らかとなった。

次に、生徒や保護者のニーズだけではなく、地域社会の要請に対応して高等専修学校はどのように応えてきたのかをみていく。

(三) 地域社会の教育ニーズの変化と高等専修学校の役割の変化

第3章の検討では、現在、地域における高校の配置や定員によって埋めることのできない生徒のなかで、全日制タイプの学校へ通学希望する生徒を引き受けていることが明らかとなった。さらに、第4章におけるB校の事例を通して、地域社会の要請によってその補完のありようを変化させていることが明らかとなった。設立者のM氏は、一九五三年B市に編物学校を設立。幅広い年齢の女性が通い手に編物の技術を身につける「教室」のようなものだったが、当時の北海道B市には幅広い年齢層の女性に対して編物技術の需要があったと思われる。東京のタイプ学校で学んだ経験のあるM氏は、B市にもタイプライターの需要が生まれると信じ、タイプ科も増設。タイプ科を増設当初はB市でタイプ技術の必要性は低かったが、一九六三年に港が開港され多くの企業がB市に進出してくるとタイプライターの需要が高まり、それを機に編物からタイピストのみの学校へと切り替える。一九六〇年代中盤から高校進学熱の高まりと第一次ベビーブーム世代が高校入学を控え、M氏は高校へ進学を希望していても進学できない生徒、そのなかでも女子生徒の存在に気がつき中卒の女子生徒だけのコースをつくる。これが後期中等教育としてのB校の始まりである。地域社会の教育ニーズをいち早くくみ取ったM氏の経営戦略である。そのような地域社会の教育ニーズに応えるために、M氏は自校を高校教育に近づけようと努力し、一九七〇年にようやく技能教育施設としての許可が下り、道立G高校と技能連携制度を結んで高卒資格も取得できるようになった。これを機に商業学校となる。幸いにもB市には当時、商業科の高校はあっても商業高校は存在せず、一九九〇年ぐらいまでは公立高校から漏れた女子生徒の受け皿として私立商業高校的な役割があった。一九九〇年頃から、不登校で卒業後行き場のない生徒の相談を中学校の教員からT氏は聞き、それは一つのかけであったが不登校生徒の受け入れに踏み切った。中学時代の一時の心の迷いから学校に通えなくなった生徒を、後期中等教育とB校卒業後の進路も含めて救おうというものであった。

現在では不登校生徒を受け入れる全日制高校や後期中等教育段階の教育機関が存在するようになったが、当時、B市で不登校生徒の受け入れを行った全日制タイプの学校はB校だけだった。ちょうど同じ頃、B市に公立の商業高校が誕生すると、今までB校に進学していた高校卒業後就職を目指す学力の高い女子生徒が公立の商業高校へ流れ始め、B校の生徒の学力が落ち込んでいく。一九九〇年代の中盤ぐらいから、公立高校にも私立高校にも進学することのできない生徒の受け皿へとなっていく。その後、第二次ベビーブーム世代も高校を卒業すると生徒数が減少し始める。その頃、高校から漏れてしまい行き場のない男子生徒の受け皿を中学校で求めていることをT氏は聞き、創立以来、女子校として存続していたが男子生徒も受け入れるようになっていった。その結果、B校でも生徒指導や学習指導で困難を抱えた生徒が集中し始め、いわゆる課題集中校となっていった。学力的なことや中学のランクの低さから全日制高校への進学が難しい生徒を引き受けた結果として、発達障害を抱えた生徒も入学するようになっていった。その後、よりいっそう少子化が進行し、同じ学区内でB市周辺の公立高校が定員割れの状態になると、いわゆるやんちゃな生徒がそちらのほうへ進学するようになり、B校自体も不登校生徒や発達障害を抱えた生徒が落ち着いて学校生活を過ごせるように非行傾向のある生徒は受け入れないような入学選抜基準にシフトし、それによって静かな学校へと変容していった。

以上のように、学校創設者の思いだけではなくB校は私立学校であるがゆえに学校経営を考え、地域社会の教育ニーズをいち早くキャッチし、それに対応する形で学校のありようを変え、地域の後期中等教育に必要な学校として現在まで存続しているといえる。ほかの地域の古い高等専修学校がB校のように変化してきたわけではないだろうが、ここに定時制高校などの社会的機能の変容と相違点を見出すことができる。異なる点は、定時制高校は地域社会の変化によって受け入れる生徒層が変化し、それによって社会的機能が変容してきたが[4]、高等専修学校（各種学校）は、地域社会の要請によって小さな街角の学校が疑似全日制高校化するという受け入れている生徒層の変化のみならず学校そのものが変容するということであった。高等専修学校（各種学校）は一条校でなく、しかも私立学校が大半を占めるので、学校そのものの変容が可能だったのかもしれない。共通点は全日制高校の数的な受け皿から一九九〇年以降を境に不登校生徒など、なにかしら困難を抱えた生徒の受け皿へと質点転換が図られた点である。これは生徒数の増減に対応した主流の全日制高校のあり方が非主流の後期中等教育機関のあり方へと影響を及ぼすことを意味しているものであろう。

では実際、高等専修学校ではどのような教育活動が展開され卒業生になにをもたらしたのだろうか。

（四）当事者（卒業生）による高等専修学校の教育活動の評価

第5章では、おもに卒業生からの聞き取り調査をもとに卒業生にとっての高等専修学校教育の意義を検討した結果、次の六点にまとめることができた。

第一に、卒業生にとって地域の学校で学力的に下位ランクの学校との認識はあるものの朝から毎日通学する学校で学校文化も高校と同じことから、全日制の高校として卒業生たちは認識し通学していたということである。卒業生たちは高校と違う学校種という認識はなく、小規模な学校でも全日制の高校という認識で学校生活を送っていた。

第二に、不登校生徒や中学時代にいじめや人間関係で悩んでいた生徒にとっては、人間関係をリセットし新たな人間関係を構築することができた所であった。進学を機会に、いじめていた生徒や中学までの自分を知っている生徒と離れることによって、不登校や別室登校していた生徒が問題なく登校できていたり、中学のときにいじめに耐えて登校していた生徒が、いじめがなくなったことによって楽しい学校生活を送っていたりした。

第三に、勉強に興味がなかった、勉強が苦手だった卒業生に対して、勉強の楽しさを体験させる授業が職業に関する専門科目を中心に展開されていることである。専門教科に関しては高等専修学校進学後からのスタートになるが、その専門教科に面白さを見出し勉強が楽しいと感じる卒業生が高い割合で存在していた。

第四に、教員と生徒との距離が近く教員との関わりによって学校生活に面白味を感じていた卒業生がいた。

第五に、全日制高校と同じような行事を中心とした教育活動が存在し、卒業生たちはそれらの活動を通して集団における学びを体験していたことである。小規模校なので行事の規模もそう大きくはなく、それに対して物足りなさを感じていた卒業生もいたが、多くの卒業生は学校行事に充実感を感じ、また、一部の卒業生のなかには部活動に生き甲斐を感じていた。

第六に、進路先を検討する際、高等専修学校における専門教科での学びが契機となっていた卒業生が存在していた。

以上のように、高等専修学校は「高卒資格の取得」に特化するのではなく、中学時代に授業についていけなかった生徒や学校不適応の生徒に対して全日制タイプの学校での学校生活の機会を与え、そのなかで職業に関する専門教科を柱に勉強の楽しみを経験させ、学校行事を通して集団での学びを体験させている学校であった。

卒業生の聞き取り調査から、不登校生徒（過年度生も含めて）や軽度発達障害の生徒だけに特化することなく、怠学傾向の生徒、中学時代の学力が十分に身についていない生徒、公立高校が不合格で入学した生徒など、広い意味で後期中等教育の受け皿（セーフティネット）となっている。それと同時に、多様な生徒が集団で学んでいるという意味でインクルーシブな教育が偶然にも創り上げられた学校といえる。

B校での勤務歴が長いT氏が、生徒募集の際、中学の教員によく話す内容をここで引用する。

学校に通えていない生徒でも、勉強ができない生徒でも、非行傾向の生徒でも、先生から見たらどうしようもない生徒でも、このままじゃだめだと思い変わりたいと思っている。とくに、中学から高校（後期中等教育）など進学によって環境が変わるときに、変われる大きなチャンスである。B校はそのような生徒に高校（後期中等教育）の機会を与えている学校で、多くの生徒はその機会と環境の変化を利用して変わることができるんです。

中学のとき、不登校や学力不振などなにかしら課題を抱えている生徒も自分はよい方向へ変わりたいと願っている。高校（後期中等教育）への進学は自分を変える大きなチャンスである。そのような生徒に高等専修学校は全日制タイプの進学の機会を与え、生徒に変わることのできる環境を提供している。入学後は職業の専門科目や資格試験を中心に学ぶ楽しさを実感し、小規模ながらも行事を通して人間関係を学び、親密でサポーティブな教員に支えられながら生徒は成長していったのであろう。

しかし高等専修学校は利点だけではなく課題ももちろんある。職業に関する専門科目はそれに関連しない進学先や就職を選択した場合、十分に活用できないという課題がある。また、従来の固い学校システムでありながら多様な生徒を抱えるなかで、これから柔軟なシステムを採用するのかどうかの岐路に立たせられている状況にあるといえる。

以上、本研究の四つの課題の検討を通して、地域の教育ニーズとの関係から後期中等教育における高校専修学校の評価を行うと次のようなことがいえる。

もともとは、地域の職業技術教育を目的として設立された各種学校であったが、地域の高校教育（後期中等教育）のニーズを経営者がくみ取り、高校に行きたくてもそこから漏れてしまった中卒の女子生徒を引き受けたことによって、B校は後期中等教育機関として変容していった。それ以降も、地域社会における高校教育（後期中等教育）のニーズを拾い上げるような形で対応し、学校が存続してきたといえる。専修学校だったからこそ、地域の教育ニーズに対して柔軟に対応しやすかったと考えられるし、同時に地域の教育ニーズを拾い上げなければ経営が成り立たない状態だったのであろう。その結果、一九六〇年代後半からB市やその周辺の全日制高校から漏れてしまっていた一定数の生徒に高校教育（後期中等教育）の教育機会を与えてきたということがいえる。

その後、一九九〇年から生徒減少期を迎えた現在にかけては、中学時代の不登校経験者や発達障害を抱えた生徒等の後期中等教育段階の進学先の一つとなり、それらの生徒のなかでも毎日昼に通学する全日制タイプの学校生活を希望する生徒に対して、全日制タイプの高校っぽい教育機会を与えているといえよう。卒業生の語りにおいても母校を全日制高校と認識しており、単に高卒資格を付与するだけの学校ではなく、日常の教育のなかで勉強が苦手な生徒に職業に関する専門科目の指導を中心に勉強する楽しみやきっかけを育み、行事を通して集団的な学びの空間もしっかりと保障されていた。不登校経験者であっても、進学後の環境の変化をうまく利用して学校へ通い続け、進級・卒業できた生徒も多い。不登校生徒が進学後通学できるようになる要因をしっかりと現場の教員は分析しているわけではなかったが[5]、不登校が改善されたことによって自信をもち、卒業後の進路へとつなげていった卒業生も多く存在している。

このように実態がほぼ全日制高校化しているにもかかわらず、最終的に私立高校へとなれなかったのも、高校の設置基準を満たすことができなかっただけではなく地域の私立高校の後押しが十分ではなかったからだと考えられる。地域で必要な学校と認識されていても、高校ではなく高等専修学校として存続しているのは、生徒数を確保したい地域の私立高校の高校化への賛同が得られなかったためであろう。ただし、地域のニッチな教育ニーズを拾い上げる高等専修学校であったからこそ、他の私立高校と受け入れる生徒層に違いが生じB市で存続しているともいえる。

以上のように、私立学校が大半の三年制の高等専修学校は、地域の「ニッチ」（隙間産業）な教育ニーズを拾い上げ、かき集めながら経営が成り立っているのだが、高等専修学校が後期中等教育におけるB市ではたしてきた（はたしている）役割は、本来、高校（一条校）が担うべきものではないのだろうか。B校の視点から地域の高校教育でなにが課題となっているのだろうか。次節で整理をしていく。

二　B校からみえてきた地域の高校教育の課題

第4章のB校の事例や第5章の卒業生へのインタビュー調査より、高等専修学校が地域社会の高校教育（後期中等教育）における教育ニーズを拾い上げてきたことが明らかとなった。それと同時に、本研究から地域の高校教育の課題も浮かび上がってきた。

本研究から、不登校や学力不振などで中学のランクが低く、地域の全日制高校の枠から漏れてしまった生徒のなかで全日制タイプの学校生活を希望する生徒が一定数存在していることが明らかとなった。とくに、不登校生徒は学びのスタイルとして、登校日数の少ない通信制高校を選択するのではないかと思われがちだが、なかには普通の高校（全日制高校）に毎日通い、普通の生徒として思われたいと願う生徒が存在していた。裏を返せば、その地域の中学卒業生を引き受けるだけの全日制高校の器が十分ではないということである。B市周辺をみれば、定員割れしている全日制高校もあるが、通学の不便さからそちらを選択しない生徒も存在していた。B市に定員割れをしている全日制高校や昼間定時制高校があれば、そこへの選択肢も考えられるが、それが実在しないなかで、もし高等専修学校のB校がなければ、夜間定時制高校や通信制高校を選択するしか高卒資格を取得する方法はない。経済的に厳しくない家庭の生徒なら卒業率が比較的高い私立の通信制高校を選択する道もあるが、そうでない家庭の生徒は、卒業率の高くない夜間定時制高校や公立通信制高校を選択することになるだろう。たとえ全日制高校の定員内に市内の中学生が収まったとしても、高校入学後に中学と同じく学習面でついていくことができず、入学できても留年や中退へと結びついてしまうことも考えられる。いずれにせよ、B市にB校がなければ高校に入学できても中途退学者が増えることが懸念されてくる。

また、少数ではあるがB市周辺からB校に通学している生徒もいる。B市周辺の公立全日制高校は、ほぼ全入の状態であり、そこへ入学することも十分に可能であったはずだ。しかし、不登校生徒などは同じ中学から多く進学する地元の公立高校を避け、自分を知らないB校へ進学を選択する者も筆者は確認している。当然、不登校などでランクの低い生徒は、B市内の公立高校の枠からははじかれてしまう。もし高等専修学校のB校がなければこのタイプの生徒たちは定員割れしている地元の公立高校へ進学し、人間関係で再び学校へ通えなくなり高校中退へと結びつく可能性が高い。仮に登校できても中学時代の負の人間関係を引きずりながら、苦痛な高校生活を過ごすことになる。それが耐えられないなら、先ほどと同じくB市の夜間定時制高校や通信制高校へと進路を定めていくしかない。

もう一つ全日制高校の定員数の課題だけではなく、高校の学科の設置についても多様性のなさが指摘できる。卒業生の高等専修学校への入学動機から、定員割れをしていて全入状態の全日制高校があっても、普通科のカリキュラムを採用している高校だけで、それを望まない生徒が存在していることがわかった。高校進学前から大学等への進学は希望せず就職を希望していたり、小学校から普通教科でつまずいている生徒のなかには、普通科のカリキュラムの選択を好まない生徒がいる。B市では、商業と工業の専門高校がそれぞれ一校ずつ存在しているが、その二校だけではB市やその周辺の中学生の進路や興味関心などに十分対応しきれていないことの現れであろう。勉強ができない生徒でも職業に関する専門科目に興味をもち、実際、高校入学後（後期中等教育の入学後）も専門教科によって学ぶモチベーションを高める働きが第5章の検討から見られているので、高校（後期中等教育）は普通科に偏らない多様な学科を設置すべきである。大学進学をベースにした普通科への偏りについては、以前から再三指摘されている点ではあるが、北海道のB市その周辺の全日制高校の学科の設置においても同じような課題が存在していることを確認できた。

このような課題は、おそらくB市やその周辺の地域にだけ存在する課題ではないだろう。その詳細については異なっていてもB市やその周辺のような傾向がある地域が存在していると考えられる。そのような地域の高校教育の隙間を縫って高等専修学校や技能教育施設、都市部ではサポート校などが私立通信制高校と連携をし、生徒や保護者の教育ニーズに応えているといえる。全国的にはほぼ一〇〇％に近い中学生が高校を中心とする後期中等教育の教育機関へ進学する状況のなかで、その中身について、地域によって再考しなくてはならないときにきているのではないだろうか。高等専修学校であるB校の事例は、そのようなことを投げかけるものであった。

おわりに――本研究の学術的な意義と高等専修学校の可能性

以上を踏まえて、本研究の学術的な意義は、一つの学校に事例を絞って地域社会における教育ニーズとの関係を詳細に検討していったことが、高等専修学校のような非主流の後期中等教育機関の学校研究には有効であることを示すことができた点である。二〇〇〇年以降、非主流の後期中等教育機関の研究が以前より多く行われるようになってきたが、それでも地域社会における教育ニーズとの関連性を軸にした学校の分析については、ほとんど行われてこなかった。あっても、戦後から一九八〇年代ぐらいまでの分析であり[6]、地域の教育ニーズに着目するのではなく、地域社会における学校の社会的機能の変遷を描いたものしか存在しなかった。近年、設置者の教育理念のもと、オルタナティブな高等専修学校も登場しているが、そのようなタイプでない以前から存在している高等専修学校は、その地域の高校教育で埋められないニッチを探し求めて経営しているので、学校研究において「地域の教育ニーズ」は非常に重要な分析の視点であると考えられる。本研究では、高等専修学校のB校を事例に、その変遷を地域の教育ニーズとの関連性で検討したことで、街角の教室が疑似全日制高校化するプロセスを明らかにし、その時々のB市の高校教育（後期中等教育）に対する保護者や生徒のニーズ、地元の中学教員の思いを受け止めながら、学校が変容し、生き残っている様子を描き出すことができた。それと同時に、高等専修学校の評価だけではなく、B市やその周辺の地域における高校教育の課題を鮮明に浮かび上がらせることができた。

ただし、本研究で中心となって描いてきた全日制高校タイプのB校が全国的な高等専修学校の特徴をあらわしているとはいいがたい。高等専修学校には、全日制高校から比べれば、中学時代の不登校生徒、発達障害を抱えている生徒、学力不振の生徒など高い割合で存在しているという共通点はあるものの、個々の学校の経営や教育の実態に関しては、経営者の思いと学校がある地域の教育ニーズによって形成されているので、一条校の高校以上に多様な教育を展開している学校種ではないかと考えられるからである。第3章では北海道内の三年制の高等専修学校を全日制高校タイプと専修学校タイプと大きく二分してみたが、内実は個々の学校で異なるものであった。よって、本研究のような地域を軸とした学校研究の蓄積を、B市とは異なるタイプの地域で、時間をかけて一つひとつ積み重ねていくことによって、高等専修学校のような多様で雑多な学校種を把握していくことが可能となるであろう。

次に、今後の後期中等教育における高等専修学校の可能性について述べていきたい。第一に、一条校より高等専修学校は、財政的に脆弱ではあるが高校よりも設置基準の緩やかさを活かして、地域に必要なタイプの学校を創設していくことである。たとえば、佐賀星生《ほっしょう》学園は県内において、不登校や発達障害などの子どもたちに対して中学校卒業以降、専門的な見地から支援している後期中等教育機関がなかったため、そのようなタイプの生徒が社会的に自立できるような適切な教育支援を目指し、二〇一一年に開校している（加藤・眞田 二〇一四）。このように、設置基準の緩やかさを活かし、必要な地域に必要なタイプの学校を設置することで、地域の生徒にとって後期中等教育をより充実したものにしていくことができるだろう。

開校当時の佐賀星生学園校舎
写真提供：佐賀星生学園

第二に、三年制の資格取得型の学校のさらなる増設である。理容・美容や調理・製菓などの学校は、資格取得に必要な年数によって修業年数が定まっているので、一、二年の短期の学校である。近年では、第1章でも確認したように、高校と同じく三年制の資格取得型の高等専修学校が増えてきている。通信制高校と技能連携していれば、卒業と同時に高卒資格取得も可能であり、技能連携をしていない学校でも三年制になるとほぼ大学・短期大学への受験資格を得ることができる。これは、高卒者が進学する専門学校よりも中卒の早い段階から技能・技術を磨いていくことが可能であり、専門学校卒業後に就職する学生よりも早い段階から社会のなかで実践力を磨いていくことができる。それと同時に高卒（高卒扱い）も卒業と同時に取得できるので、卒業後に関連する分野や異なる分野の大学や専門学校の進学への道も確保されている。[7] 勉強が苦手でもそのような職業に関して興味のある生徒にとっては、高校に進学するよりも個人の長所を伸ばしていくことができ、かつ社会的自立も早い段階で達成することが期待できる。このようなタイプの学校は、専修学校の特徴である資格取得の強みを活かし、中卒の早い段階からの技術習得が可能であり、卒業後の大学・短大への進学も認められていることから、今後の発展が期待できるタイプの高等専修学校だと考えられる。

第三に、高等専修学校卒業後、同じ学校法人のなかで就職サポートコースを設置することである。伊藤（二〇一二）は、高等専修学校を卒業し専門学校や大学に進学する生徒は比較的安定的に就学を続ける者の割合が高いが、経済的な理由で進学ができず、就職をした生徒のなかで早期の離職率が高いことを述べている。高等専修学校は同じ学校法人内に専門学校を設置している場合が多く、そこへ進学する生徒の割合も高い。[8] しかし、経済的な理由から進学を断念し就職を選択しなくてはならない生徒が一定数存在しており、中学時代の不登校生徒も多いので、就職後に人間関係がうまくいかず早期離職する生徒も多い（伊藤 二〇一二）。そこで、不安を抱えやすく対人関係のサポートを必要とする人々が認め支えられながら自己実現を達成できるような就労・就学の場を、後期中等教育後にも創出すべきことを指摘している（伊藤 二〇〇九・二〇一二）。高等専修学校は専修学校の特性を活かし、卒業後、専門学校の修業期間より短期な半年から一年くらいの就職に向けたサポートコースを設置しコミュニケーション能力や基礎学力、高等専修学校の三年間で逃してしまった検定の取得、就職試験に向けてのサポートなどを、できるだけ少ない費用で訓練できるコースを設置していくべきであると考える。高等専修学校在学中に就職先が決まらなかった生徒や、卒業後すぐに就職することが難しいと思われる生徒を中心に就職する前の段階的なコースをつくり、安い費用で学ぶことができれば早期離職の課題に対応できると考えられる。つまり、高等専修学校は受け入れる生徒層をしっかりと把握し、卒業後の進学先の確保や早期離職しない就職へと確実につなげるような仕組みを職業教育に力点をおいた専修学校の利点を活かしてつくっていくべきであると考える。

最後に、今後の研究課題を述べる。本研究においては、北海道以外の高等専修学校を検証することはできなかった。そのような課題は残るものの、地域の教育ニーズを軸に後期中等教育における高等専修学校の評価を行い、そこから得られた地域の高校教育の課題も示すことができた。今後、後期中等教育における高等専修学校の研究を深めていくために、次の三点の課題を記しておきたい。

第一の課題は、B市と異なるタイプの地域にある学校をいくつか抽出し、事例校と地域社会の教育ニーズとの関係について検討を行うことである。B市は北海道のなかでも工場が多く地方工業都市と考えられるが、東京や大阪等の大都市の高等専修学校や、B市よりも人口が少ない地域にある高等専修学校などは、B校とは異なる理由で学校が成り立っていることも考えられる。代表的な地域とそこに存続している高等専修学校に着目し、地域の教育ニーズとの関連性を軸に事例を積み重ねていくことで、B校とは異なる高等専修学校の評価や地域の高校教育の課題が見えてくるかもしれない。

第二の課題は、文化・教養分野における、いわゆる夢追い型高等専修学校の教育について、実態を明らかにしていくことである。本研究では、夢追い型高等専修学校の卒業生調査が実施できなかったため、その実態が十分につかめなかった。文化・教養分野の学校は、歌手、タレント、イラストレーター、声優、スポーツ選手等、バラエティに富んだ学校・学科があるが、卒業後、その道でプロとなれるケースはきわめて少ない。しかし、その分野に関して興味関心のある生徒は、その専門教科の魅力によって、中学時代の不登校生徒であっても、登校を継続することが可能になるかもしれない。このような文化・教養分野における専門教科の教育の実態と生徒の登校動機や進路形成を分析していくことによって、工業系、商業系の学校とは異なる高等専修学校教育の利点を見出すことが可能であると考える。

第三の課題は、資格取得型の高等専修学校の実態を捉えていくことである。資格取得型の学校は、たとえば、准看護学校のように高卒・大卒者も在籍し、高卒（高卒扱い）資格取得を目的としていないため、今回の研究の対象外だったが、このタイプの資格教育を中心とした学校こそ、専修学校教育の特徴や長所がもっとも顕著に現れている学校だと思われる。どのような生徒が何を目的として在籍しているのかを明らかにし、資格取得型の高等専修学校が存続していることの意義も考えていきたい。しかも、資格取得型の学校には看護学校（二年制）など公立の高等専修学校も存在している。三年制の高等専修学校はほとんどが私立学校であるが、「高卒（高卒扱い）資格取得」を目的とした三年制の学校においても、公立の高等専修学校が展開できるのかどうかを検討する材料を得ることができるだろう。

注

（1）尾形利雄・長田三男『夜間中学・定時制高校の研究』校倉書房、一九六七年、一六〇頁参照のこと。

（2）各種学校や企業内学校のうち技能教育施設と認可され、G高校と技能連携を結んでいた教育施設の生徒のこと。

（3）柊澤利也「オルタナティブな学校に通う不登校経験者のリアリティ――選択要因と学校への意味づけに着目して」『早稲田大学大学院教育学研究科紀要 別冊』二六（二）、二〇一九年、一三〇頁。チャレンジスクールに通う不登校経験者のインタビュー調査においても、不登校経験者は学校に登校することを〈普通〉と捉え、〈普通っぽい〉チャレンジスクールを進学先に選択し、「不登校」から「登校者」に移行することによって〈普通〉へ回帰したと述べている。

（4）たとえば、渡辺潔「定時制高校の変容と現状――都立F高等学校を事例として」門脇厚司・飯田浩之編『高等学校の社会史：新制高校の「予期せぬ帰結」』東信堂、一九九二年、片岡栄美「戦後社会変動と定時制高校――一都市型および農村型定時制高校の変容の比較」『関東学院大学文学部紀要』六八、一九九三年、前田崇「戦後復興期から高度成長期の社会変動と定時制高校の社会的機能の変容」『日本学習社会学会年報』五、二〇〇九年などがある。

（5）筆者が高等専修学校で担任経験が長い教員を対象にインタビュー調査（二〇一四年）を行った結果、なぜ中学時代の不登校経験者が入学後に登校できるようになるのか、明快な回答は得られなかったが、「環境の変化」を指摘する教員が複数存在していた。伊藤秀樹「不登校経験者への登校支援とその課題」『教育社会学研究』八四、二〇〇九年、二一三頁では、不登校経験者は高い割合で不登校直後から「不登校を改善したい」という「規範的正当性への信念」をもっているという。それが進学という「環境の変化」によって活かされた結果、進学後に登校が継続できていると考えられる。
(6)　前掲書(4)と同じ。
(7)　瀧本知加「高等専修学校における職業教育：私立学校の多様性と青年の進路保障」『関西教育学会年報』三八、二〇一四年。瀧本は、首都圏にある美容師養成の高等専修学校の調査をもとに、このタイプの学校は、多様な進路に対応することができると利点を述べている。
(8)　筆者が二〇一三年に七〜八月にかけて実施した北海道における高等専修学校の管理職調査より。

補論

高等専修学校の一条校化をめぐる論点

――管理職への聞き取り調査を中心に

簿記専門学校として開校した各種学校

出典：『G高等学校「周年記念誌」通信制課程70周年・単位制課程30周年・技能連携教育50周年』G高等学校周年記念事業協賛会、2019年

はじめに

本章の目的は、専修学校の一条校化、とくに高等専修学校の一条校化をめぐる論点を整理することである。専修学校には、高卒者を入学対象とする専門課程（いわゆる専門学校）、中卒者を入学対象とする高等課程（高等専修学校）、入学基準のない専修学校一般課程とがある。本章では、高校と同じ後期中等教育機関である高等専修学校における論点を整理する。

専修学校は、学校教育法第一二四条に規定されており、学校教育法第一条に規定されていないので、一条校の大学や高校と比べて、学校に対する公的な補助金[1]（私立学校経常費補助）に関しては、大きな格差が存在している。専修学校も生徒減少期を迎え、学校を存続させていくため、一条校との格差を解消しようと全国専修学校各種学校総連合会[2]（以下、全専各連）が中心となって、二〇〇六年から専修学校を学校教育法第一条の「学校」に追加規定しようとする動きが始まった。これを専修学校の「一条校化運動」と呼んでいる[3]。しかし、全専各連から提案された専修学校の一条校化の要望については、一般的には知られておらず、専修学校の先行研究においても、専修学校の一条校化について議論されることはほとんどなかった[4]。むしろ、専修学校はその設置基準の緩やかさを活かして、変化する社会のニーズに対応した柔軟な教育を行い、それが専修学校の発展を遂げた要因であるとも考えられている[5]。

だが、そのような専修学校の利点は圧倒的に数が多い専門学校の特徴を中心に語られることが多く、その他の二つの課程（高等課程、一般課程）は、数が少ないこともあって取り上げられることすらなかった。そのうちの一つである高等専修学校は、後期中等教育の主流である高校との関係や中等後教育への接続から、一条校の高校教育との互換性を主眼とし[6]、大学入学資格付与指定校制度や技能連携制度の利用によって、高校（専門高校）の教育に近づいてきたため、「柔軟性」の利点が専門学校ほど活かされているとは考えにくい。それよりも、高等専修学校は全日制の高校と比較して、中学時代の不登校経験者や発達障害の生徒など、受け入れ可能な生徒の対象を広げその生徒たちに職業教育を行うことによって、少ないながらも生徒数を維持してきたと考えられる。少数ではあるが、そのような課題を抱えた生徒の重要な進学先の一つであるにもかかわらず、一条校である高校との取り扱いにおける格差が依然として残り、今後、高等専修学校が存続できる要件を検討していく意味でも、あるいは高校で学ぶ生徒との格差を解消するためにも、高等専修学校における一条校化について一度論点を整理しておく必要がある。

瀧本知加（二〇〇八）が、専門学校関係者に行った調査によれば、一条校化については賛成意見が多かったが、そのなかで、規制が多くなることへの懸念も指摘された（たとえば、教員資格の面や施設設備規定の強化による設備費用の負担など）。それに対して、多くの学校が一条校の高校を意識しながら経営している高等専修学校では、全専各連の掲げている専修学校の一条校化について、どのような意見を管理職がもっているのだろうか。全専各連の一条校化の要望だけではなく、実際、学校運営に携わっている高等専修学校の管理職の意見を踏まえ、高等専修学校の一条校化に関わる論点の整理を行うべきであろう。

そこで本章では、第一節で専修学校の一条校化の議論を説明するために、文部科学省が設置した「専修学校の振興に関する検討会議」(7)のなかから、全専各連から提案した専修学校の一条校化の要望とそれに対する有識者からの意見を取り上げる。第二節では一条校化の要望が起きるきっかけとなった一条校と専修学校の違い、とくに高校と高等専修学校の取り扱いの格差について説明する。さらに、その背後にある高等専修学校の特徴について、学校教育法と専修学校設置基準を中心に高校との比較において説明をする。第三節では筆者が実施した北海道における三年制の高等専修学校の調査のなかから、高等専修学校の一条校化に関わる管理職の意見を取り上げ、全専各連の提案する専修学校の一条校化について、現場の管理職が自校の実態からどのように捉えているのかを整理する。以上のことを踏まえて、第四節では高等専修学校の一条校化に関する論点を示していきたい。

一　「専修学校の振興に関する検討会議」における一条校化の議論

専修学校の一条校化に関する議論を説明するには、「専修学校の振興に関する検討会議」における議論を取り上げるのがよいと考える。この検討会議は、職業教育・キャリア教育の重要性が問われ、専修学校の社会的要請も増大しているなかで、専修学校の教育制度の改善や今後の振興方策などについて研究・検討を行い、政策形成上の参考とすることを目的に設置されたものである。二〇〇七年九月に文部科学省に設置され、二〇〇八年三月までに一二回開催されており、そのなかで「専修学校の一条校化」に関する議論も行われている。

全専各連は、検討会議のなかで、専修学校の制度的な位置づけの明確化と一条校との格差是正を目的に、「専修学校制度の部分的改正ではなく、現行の専修学校制度はそのまま残しつつ、新しい学校種を創設し、学校教育法第一条に規定すること」を基本方針として、「新しい学校種の創設」を提案している。[8] ある一定水準の高い教育を行っている専門学校を「(仮称)新専門学校」、高等専修学校を「(仮称)新高等専修学校」とし、新しい学校種を創設して、学校教育法第一条の「学校」への追加規定を提案している。ある一定水準とは、「(仮称)新専門学校」の修業年限を二年(三年又は四年)、「(仮称)新高等専修学校」の修業年限を三年とし、設置者はともに、「国、地方公共団体及び学校法人」としている。[9] 現在の専修学校制度は残す提案なので、一定基準に満たない専門学校や高等専修学校、そして専修学校一般課程は、そのまま専修学校として存続していくことになる。

全専各連の一条校化の提案についての概略は以上であるが、検討会のなかで、この提案に対して有識者からどのような意見が出されているのか。インターネット上で公開されている「専修学校の振興に関する検討会議」

「専修学校の振興に関する検討会議」（第7回）資料2「これまでの主な意見概要（案）」より抜粋

- 一条校であろうとなかろうと、制度上、専門学校が高等教育機関であることには変わりはない。緩やかな設置基準により、柔軟かつ自由闊達に学校運営できる点こそ、専修学校の強さであり、それを活かすべき。
- 高等教育の一条校は、現行の大学、短大の設置基準が最低の水準であり、高等教育の国際的な「質の保証」が問われる今、これらを下回るような新たな学校種の創設を行うべきではない。
- 一条校化を目指すのであれば、一条校である大学・短期大学、高等専門学校等を目指せば済むことではないか。
- 大学・短期大学、高等専門学校、高等学校においても、専門教育を通じての職業教育を行っており、大学・短期大学と新しい学校種の職業教育との違いが明らかでない。
- 「新高等専修学校」については、従来ある専門高校とどのように違うのか。学習指導要領に基づいて教育をするということであり、また目的も高等学校と変わらない。
- 「新専門学校」については高等教育全体、「新高等専修学校」については中等教育全体の議論の中で考えるべき。
- 専修学校と一条校の「差異」あるいは「格差」については、個別に全て洗い出し、各省庁にそれを投げて一つずつ解決していくという地道なことをしていくべき。
- 現在の専修学校を「新しい学校種」と残りの専修学校とに分ければ、残りの専修学校には依然として「格差」は残ることになり、残りの専修学校の切り捨てではないか。
- 一条校との「差別」を是正するという理由だけで、専修学校を一条校の中に組み入れて国の政策にのっとった教育を行うことは避けた方がよい。
- 設置基準の中核である「校地及び校舎の面積」「校地・校舎・施設設備の内容」「教員資格及び教員数」など具体的な内容が明らかでない段階では、新しい学校種の構想に賛意を表すことはできない。

（第七回）の資料二「これまでの主な意見概要（案）」[10]から、専修学校の一条校化に対するおもな反対意見を抜粋したのが上記の内容である。

つまり、検討会議でも専修学校と一条校との取り扱いの格差は認めているが、高等教育全体のなかでの「（仮称）新専門学校」、後期中等教育全体のなかでの「（仮称）新高等専修学校」のそれぞれの位置づけや役割を明確にし、現在の専修学校とは異なる設置基準を示さなくては、「新学校種」の創設の実現は難しい現状にあるといえる。検討会のなかでも、職業教育の充実のために、現在の学校教育制度を見直し、新しい学校種を創設すべきかどうかは、当然、専修学校以外の高等教育全体、あるいは中等教育全体のなかで議論をする必要があるとなった。ただし、これは、専修学校振興の検討を超えるものであり、今後、中教審で審議を深めていくことが適当であると考えられた。

なお、専修学校の専門課程（専門学校）においては、その後、一条校化へ向けての進展がみられている。二〇一一年一月の中央教育審議会答申「今後の学校におけるキャリア教育・職業教育の在り方について」の議論を踏まえ、文部科学省に設置された「専修学校の質の保証・向上に関する調査研究協力者会議」のなかで、調査・検討されてきた。その結果、専門課程（専門学校）においては、高等教育のキャリア教育・職業教育の充実を図ることを目的に、企業、関連施設、業界団体等と連携しながら、より実践的・実務的な職業教育を行い、教育の質の確保を組織的に取り組む学校を文部科学大臣が「職業実践専門課程」[11]として認定し、奨励することになった。これは、二〇一三年八月三〇日から告示・施行され、翌年四月からスタートし、二〇一八年二月二七日現在、職業実践専門課程に九五四校（全体の三三・八％）、二八八五学科（全体の三八・九％）が認定されている。その後も、中央教育審議会「実践的な職業教育を行う新たな高等教育機関の制度化に関する特別部会」（二〇一五年五月〜二〇一六年五月）から「社会・経済の変化に伴う人材需要に即応した質の高い専門職業人養成のための新たな高等教育機関の制度化について（審議経過報告）」（二〇一六年三月）が出された（金子 二〇一七）。これを基礎として学校教育法が改正されて（二〇一七年五月）、「専門職大学」「専門職短期大学」[12]が法文に明記された（金子 二〇一七）。二〇一九年四月から創設されることとなり、専門学校からだけではなく、大学からの学科の新設も含めて、一七校から設置申請があり、認可されたのは三校のみであった[13]。設置基準は、厳しいものの「専門職大学」「専門職短期大学」の認可に向けて個々の学校法人（専門学校）が段階を踏んでいけば、一条校へと昇格できる可能性が高まったと考えられる。それに対して、高等専修学校に関する一条校化の進展はまったくみられない。

次に、全専各連が専修学校の一条校化を要求している一条校と専修学校の違い、とくに高校と高等専修学校の取り扱いにおける違いについて説明していきたい。

二　高校と高等専修学校の比較

（一）高校との取り扱いの相違点

全専各連が専修学校の一条校化を要求しているのは、公的な補助金（私立学校経常費補助）を中心とした一条校との格差改善に集約することができる。本節では、とくに高等専修学校に焦点を絞り、その大半が私学であるという点から、一条校である私立高校との取り扱いの相違点を整理する。扱いが異なる点と変わらない点（私立高校と扱いが変わらない点）について、それぞれ項目ごとに説明していきたい。

［私立高校と扱いが異なる点］

・私立学校経常費補助（各都道府県）

最初にあげられるのがやはり、各都道府県が実施している私立学校経常費補助の金額である。これは、私立学校を運営していくために必要な人件費や教材費などのことである。この経常費を補助することにより、保護者の負担軽減、教育条件の維持向上や学校経営の健全性向上が図られており、私立学校にとっては、非常に大切な補助金である。(14) 私立高校の場合、都道府県によっても異なるが、平均すると生徒一人当たり三四万円程度の金額が学校へ補助されている。(15) それに対して、私立の高等専修学校への補助金は低く、都道府県や学校の種類によっても大きな格差がみられるのが特徴である。たとえば、北海道の学校法人立指定校・技能連携校は、生徒一人当たり八万四九九〇円、その他の学校法人立は生徒一人当たり四万一〇六八円である。新潟県の学校法人立は、少なく生徒一人当たり二万二四〇〇円である。東京都の学校法人立は生徒一人当たり一六万三一〇〇円、神奈川県の学校法人立は生徒一人当たり一八万四八七二円、千葉県の学校法人立は生徒一人当たり一八万二七一二円と、関東圏の補助金は比較的高くなっている。さらに、大阪の学校法人立は生徒一人当たり三一万一〇五〇円と際立って高く、私立高校の平均に近い金額が補助されている。[16]

・激甚災害に対処するための特別の財政援助等に関する法律

この法律は、災害のうち、その規模がとくに甚大な場合、復興に際して国が財政的な支援を行うものである。地震、台風、集中豪雨などの大規模災害が発生し、当該災害が激甚災害（本激）に指定された場合には、「激甚災害に対処するための特別の財政援助等に関する法律」第一七条に基づき、私立学校における校舎等施設の復旧に要する工事費等に対して、国がその二分の一以内を補助することができることとなっている。[17] 私立の幼稚園、小学校、中学校、高等学校、中等教育学校、特別支援学校、大学、短期大学および高等専門学校の施設（建物、工作物、土地、設備）が対象となっており、専修学校はこれに該当していない。

・高等学校等授業料軽減制度（各都道府県）

各都道府県が私立高校等の月々の授業料負担を、世帯の所得に応じて段階的に軽減する制度。北海道の場合、市町村民税所得割額が一五万四五〇〇円未満の世帯であれば、月額最大二〇〇〇円が支給されている。[18] この制度については、近年、高等専修学校側の働きかけもあってか、各都道府県において私立高校と同じく扱われている都道府県が増えてきているのだが、地域によっては私立の高等専修学校生は対象外となっているところも存在している。

・推薦入試（学校推薦型選抜）やＡＯ入試（総合型選抜）の認否について

三年制の高等専修学校には大学入学資格が認められているが、大学・短期大学によっては高等専修学校からの推薦入試やＡＯ入試を認めていないところも存在している。職業の専門教科にウェートをおいている高等専修学校のカリキュラム上の特徴や在籍している生徒の学力から、大学や短期大学を希望する生徒は、推薦入試やＡＯ入試を活用しての受験となる。高等専修学校からの推薦入試やＡＯ入試を認めていない大学・短期大学[19]については、進学を希望しても受験することを諦めるしかない。そこで、生徒の進路保障という観点からも、多くの高等専修学校は通信制高校（定時制高校）と技能連携をしており、高等専修学校からの推薦入試やＡＯ入試を認めていない大学については、連携先の高校から出願する形を取っているが、技能連携をしていない高等専修学校においては、推薦入試やＡＯ入試でチャレンジできる大学・短期大学が限定されているという課題がある。

［私立高校と扱いが変わらない点］

この点に関しては、おもに全国高等専修学校協会のホームページに掲載されている「平成三〇年度『高等専修学校の実態に関するアンケート調査』報告書[20]」のまえがきを参考に整理していきたい。

・高等学校等就学支援金（国）

国が高校等の月々の授業料負担を、世帯の所得に応じて段階的に軽減する制度[21]。受給資格の確認は、年収ではなく、市町村民税所得割額で行われ、その金額が三〇万四二〇〇円以上の世帯は、授業料の全額を家庭が負担することになる。市町村民税所得割額が三〇万四二〇〇円未満であれば年間一一万八八〇〇円、一五万四五〇〇円未満であれば年間一七万八二〇〇円、五万一三〇〇円未満であれば年間二三万七六〇〇円（私立学校のみ）、非課税なら年間二九万七〇〇〇円（私立学校のみ）、それぞれ国から授業料を軽減してもらうことができる[22]。これに関しては、制度がスタートした二〇一〇年四月より私立高校の生徒と同じく私立の高等専修学校の生徒も軽減されている。

・奨学のための給付金（各都道府県）

私立高校等に通う高校生等の授業料以外の教育費負担を軽減する制度。生活保護（生業扶助）受給世帯又は保護者等の道府県民税所得割と市町村民税所得割が非課税（年収二七〇万円未満程度）の世帯が対象となる。[23] これに関しては、制度がスタートした二〇一四年四月より、私立高校の生徒と同じく扱われている。

・奨学金制度（各都道府県）

各都道府県が行っている貸付型の奨学金制度。国公私立に在学している生徒対象。これに関しても、私立高校の生徒と同じく扱われている。

・ＪＲの定期の割引率

一九九四年度より、ＪＲ各社、大学入学資格付与指定校（三年制）の高等専修学校等の通学定期割引率を高校と同率に扱ってくれるようになった。[24]

・独立行政法人日本スポーツ振興センターの災害共済給付制度等

つい最近まで、専修学校は日本スポーツ振興センターが行う災害共済給付の加入対象外となっていて、専修学校に在籍する生徒が、校内の活動で事故に遭うことを想定して、この制度に加入することはできなかった。しかし、二〇一七年三月に、議員立法により「独立行政法人日本スポーツ振興センター法の一部を改正する法律」が参議院で可決成立。高等専修学校の管理下における生徒の災害につき、当該生徒の保護者に対して災害共済給付を行うこととなった[25]。

・**ハローワークの取り扱い**

厚生労働省職業安定局は都道府県の労働局職業安定部長あてに「専修学校に設置される高等課程（高等専修学校）の卒業予定者に対する就職支援について」を通知。二〇〇四年三月三〇日、ハローワークは高等専修学校卒業予定者に対して高校卒業予定者と同じ求人情報を提供することとなった[26]。

・**入学資格付与（大学入学資格付与指定校制度）**

一九八五年より、三年制の高等専修学校で基準を満たした学校を大学入学資格付与指定校と認定し、その学校の高等専修学校の生徒に「大学入学資格」が与えられた。

・**発達障害者支援法**

二〇〇四年一二月一〇日に公布され、二〇〇五年四月一日に施行。、自閉症、アスペルガー症候群その他の広汎性発達障害、学習障害、注意欠陥・多動性障害などの発達障害をもつ者に対する援助等について定めた法律である。二〇一六年五月に、「発達障害者支援法」が改正されて、「高等学校、中等教育学校及び特別支援学校並びに専修学校の高等課程に在学する者も含む」と、高校などと同等に明記されるようになった[27]。

以上、私立高校と扱いが異なる項目と私立高校と扱いが変わらない項目をそれぞれ整理してみたが、扱いが変わらない項目についても、制度創設当初から私立高校と同じ扱いでスタートした制度もあれば、扱いが異なったために、全国高等専修学校協会が中心となって関係機関と協議を重ね、改善されてきたものとがある。大学入学資格については、三年制の高等専修学校生にも認められてはいるものの、大学・短期大学によっては、高等専修学校からの推薦入試やAO入試を認めていないところも存在しているが、おおむね高等専修学校生に対しては、私立高校生と変わらない扱いになっているのが確認できる。これは、高等専修学校を高校と同じく、後期中等教育段階の教育機関として社会的に認識されているということだと考えられる。一方、扱いが異なる項目について、「高等学校等授業料軽減制度」「私立学校経常費補助」と「激甚災害に対処するための特別の財政援助等に関する法律」は、間接的には生徒にも影響を与えているが、直接的には生徒ではなく「学校」への支援の格差であることが確認できる。

では、なぜ学校種によって、このような取り扱いに格差が生じてくるのか。次に一条校の高校と高等専修学校の違いを整理していく。

（二）高校と比較した高等専修学校の特徴

学校教育法と専修学校設置基準を中心に、一条校の高校と比較して高等専修学校の特徴を説明しておきたい。「学校教育法」第一一章（一二四条から一三三条まで）に専修学校のことが明記されている。高校や大学との大きな違いは、専修学校の場合「修業年限が一年以上」と幅があることである。したがって、専修学校は修業年限一年の比較的短期の学校から、それ以上の学校が存在することになる。高卒資格（もしくは高卒扱い）を目的とした高等専修学校は、修業年限が三年に定められている。

一条校では設置者が国、地方公共団体、学校法人であるが[28]、学校教育法第一二七条には、専修学校の設置者は、次のように明記されている。

〔学校教育法第一二七条〕

専修学校は、国及び地方公共団体のほか、次に該当する者でなければ、設置することができない。

一　専修学校を経営するために必要な経済的基礎を有すること。

二　設置者（設置者が法人である場合にあっては、その経営を担当する当該法人の役員とする。次号において同じ。）が専修学校を経営するために必要な知識又は経験を有すること。

三　設置者が社会的信望を有すること。

つまり、経営するために必要な経済的基盤や知識と経験があり、社会的信望をもっていれば、法人でなくとも個人で学校をつくることができるのが特徴である。看護学校では、学校法人よりも、社団法人、医療法人が設置者になっている[29]。

次に、教員についても違いがみられる。たとえば、「高等学校には、校長、教頭、教諭及び事務職員を置かなければならない」（学校教育法六〇条）に対して、「専修学校には、校長及び相当数の教員を置かなければならない」（学校教育法一二九条）とあり、専修学校には、教頭や事務職員を必ずしもおく必要がないことになる。具体的な教員資格に関しては、専修学校設置基準に示されている。ここでは、高等専修学校のみを取り上げる。高校の教員は、大学で所定の単位を取得した教員免許保持者であるが、高等専修学校の場合、教員免許をもたなくてもよい。大卒者だけではなく、短期大学や専修学校専門課程（専門学校）卒業者も規定の実務経験があれば、専修学校の教員になることができ、そのような学歴等がなくても、同等以上の能力があると認められた者は教員になることができる。ちなみに、各都道府県の専修学校各種学校連合会では、採用三年以内の新任教員に対して、教職科目を中心とした研修を行っている[30]。

高等専修学校の教員資格

［専修学校設置基準 第四二条］

専修学校の高等課程の教員は、次の各号の一に該当する者でその担当する教育に関し、専門的な知識、技術、技能等を有するものでなければならない。

一　前条各号の一に該当する者（専修学校の専門課程を修了した後、学校、専修学校、各種学校、研究所、病院、工場等においてその担当する教育に関する教育、研究又は技術に関する業務に従事した者であつて、当該専門課程の修業年限と当該業務に従事した期間とを通算して六年以上となる者）

二　専修学校の専門課程を修了した後、学校、研究所等においてその担当する教育に関する教育、研究又は技術に関する業務に従事した者であって、当該専門課程の修業年限と当該業務に従事した期間とを通算して四年以上となる者

三　短期大学士の学位又は準学士の称号を有する者で、二年以上、学校、研究所等においてその担当する教育に関する教育、研究又は技術に関する業務に従事した者

四　学士の学位を有する者

五　その他前各号に掲げる者と同等以上の能力があると認められる者

また、学校設備の面においても、一条校より緩く、専修学校設置基準には、「なるべく図書室、保健室、教員研究室等を備えるものとする」（「専修学校設置基準」四六条二）、「目的に応じ、実習場その他の必要な施設を確保しなければならない」（「専修学校設置基準」四六条三）となっており、設置されている学科において、その必要性がない設備については、設置する必要はない。校地・校舎の面積についても、高等専修学校は高校より基準が狭く定められている[31]。

最後に、高等専修学校は、学校教育法第一二五条の二に位置づけられている学校種なので、一条校の高校のように学習指導要領の適応義務はない[32]。したがって独自の教科書や教材を作成し、教育を行っている高等専修学校もある[33]。ただし、通信制高校（定時制高校）と技能連携を結んでいる学校は、連携先の通信制高校が普通教科の単位認定を行うため、普通教科に関しては学習指導要領に則った学習内容を指導することになる。

以上のように、高等専修学校は一条校の高校より、学校に対する補助金等について格差はあるものの、設置基準が緩やかで、必ずしも教員免許を持たなくても、その職業分野での実務経験があれば教員になることができる。つまり、高等専修学校は、一条校よりも学校の設置や教員の確保がしやすく、生徒の実態

に即した学習内容を実施しやすいという利点をもっている。

三　一条校化に対する管理職の意見

さて、一条校との格差是正を目指している全専各連の一条校化運動であるが、実際、学校経営に携わる高等専修学校の管理職は専修学校の一条校化、なかでも高等専修学校について、どのような意見をもっているのだろうか。本章で使用する聞き取り調査の結果は、北海道における高等専修学校（三年制）六校の管理職を対象として実施したもので、第3章で説明している聞き取り調査と同じである。本章では、そのなかで管理職の一条校化に関わる回答を中心に、高等専修学校の一条校化に関する論点を整理する。

まず、最初に、学校現場で経営に携わる管理職にとって、一条校との格差を感じるときがあるのだろうか。また、どのようなときに、それを感じるのか尋ねてみた。

【質問一】　一条校との違いや格差はどのようなときに感じているか？

・激甚災害の補助が適応されていない。後回しにされちゃう。補助金（私立学校経常費補助）の面でもそう。専修学校で図書館司書の資格は取れない。なんせお金が違うからね。これからは、専修学校と高校の格差なく進展してほしい。（A校　校長）

・一条校との助成金のあるなし。専修学校は国からはゼロで、都道府県から助成金（私立学校経常費補助）をもらっているが、その額は、一条校と比較して開きがある。大阪府は、私立高校と同額。東京都も多い。地方

の学校は少ない。地域格差の典型的な例だと思う。（B校　顧問）

・高等専修学校は、学校名に「高等学校」とつけることができない。中学生向け雑誌にも一条校のページには入れてもらえない。たとえば、道新受験情報にも一条校の枠には入れてもらえず、塾の枠に入れられてしまう。知名度が低い。（C校　教頭）

・とくになし。（D校　事務局長）

・格差は感じることはあまりないが、諸制度を使うときに、一条校ではないとだめだということもあり、そんな時に不便さを感じることはありますけども、教育の中身に関しては、そんなに感じることはない。たとえば、全経[34]で一級をとった子どもがいて、その子がわからない子どもに教えたりするのが、専修学校の良さであると思っている。ですから、格差とは感じたことはない。（E校　教頭）

・就職が洋裁に限られているので、就職先が狭い点。なかなか事務職とか難しい。現在、生徒が少なくても成り立っているのは補助金（私立学校経常費補助）があるからですね。（F校　校長）

A校、B校は補助金（私立学校経常費補助）の格差についてや激甚災害の補助が適用されない点をあげている。A校の司書教諭については、専門学校と大学を比較しての格差で、高等専修学校のことではない。C校は雑誌等で高等学校と一緒のページに紹介されない点、E校は格差とまではいかないまでも諸制度を利用するときの不便さ、F校は就職の職種が限定されてくる点をあげている。D校の場合は、特別格差を感じることはないようだ。このように、それぞれの学校や管理職によって、一条校との格差を感じる点は異なっているし、まったく格差を感じていない管理職もいる。これは、各校の管理職が一条校との格差について、どのような認識をもっているのかによって、回答の内容が異なってくるのではないかと思われる。

では、北海道の高等専修学校の管理職は、全専各連の一条校化運動に対してどのような意見をもっているのか。

それを尋ねたのが次の質問である。

【質問二】　全専各連の一条校化運動に対する意見について、高等専修学校は一条校化を目指すべきなのか、それともその柔軟性を利点に専修学校として経営していくべきなのか。

・一条校へなったほうがいい。一条校へなったら、地方の公立は驚異に感じるのでは。（A校　校長）

・一条校化と柔軟性、どちらも必要である。一条校にならないとほかの学校とは戦えない。この学校が国民から支持される独自なものが必要になる。柔軟性を活かして、国民からの信頼を得て、一条校を目指すのがよい。評価されるような努力がいる。一条校との格差がなくなったら、一条校より上になると思う。（B校　顧問）

・一条校になって、柔軟性が失われてしまうのはデメリットですが、一条校化は総合的にメリットが大きいと思う。（C校　教頭）

・この質問に関しては、学園グループ全体として回答すべき質問なので、本校だけでは回答できません。（D校　事務局長）

・専修学校全体の括りで一条校化するのではなく、それぞれでよいのでは？専門課程と高等課程をごっちゃにして一条校化は難しいのではないか。専門課程は一条校化するのは、ある程度、意味があるのかなぁと思うのですけど、高等課程はどうなんでしょうかね。一条校化してもどこにメリットがあるのかわからない。それぞれ区分けして一条校化していかないと。後期中等教育と中等後教育を分けて一条校化するのがいいんじゃないでしょうかね。私は、前職、東京の専門学校に勤務していましたが、職業人養成の学校だなぁと強く感じましたし、その辺の中途半端な短大よりも負けないよと思っていました。それぞれの課程の一条校化するメリット、デメリットを分けて議論しないといけないのかなぁと思います。お金のことで全専各連は一条校化をと思うのですが、お金のつながりだけで考えていくと自由度は活かされないなぁと思います。（E校　教頭）

・やれる力のあるところはやってくださいって感じで、今は、資金力がないと学校というのはつくれないし、充実させれば、生徒にとってもよいことなので、やりたい学校はやってもらい、地方は地方なりの地方でできることをなるべく頑張ってやっていただきたいと思っている。パソコンなどにも頼らず、専修学校のままで。都市部で力のある学校は、一条化を目指したらよいと思う。（F校　校長）

A校、B校、C校は一条校化が全体的に学校へメリットをもたらすと判断し、専修学校の一条校化に賛成している。ただし、C校のように一条校化によって、柔軟性が失われてしまうことを心配している管理職もいる。B校は「一条校」と「柔軟性」どちらも必要であるとし、「柔軟性」を活かして一条校を目指すべきだと述べている。F校は一条校化に対しては否定的である。F校は資金のある学校なら一条校を目指したらよいが、自校の現状からその基準を満たす設備投資や人材確保の点で一条校化の実現は困難であると感じているようだ。E校は一条校化について、専門学校と高等専修学校を別々にして考えていくべきであり、高等専修学校の一条校化については、そのメリットとデメリットをもっと慎重に議論しながら進めていくべきと述べている。E校の管理職の意見については、筆者も同じ意見をもち、本章でも専門学校と高等専修学校を分けて検討しているが、多くの学校は、両課程が設置されているケースが多いため、一条校化の意見が経営者のなかで一緒くたになりやすい傾向にあるのかもしれない。

今度は、全専各連のある基準を満たした学校が一斉に一条校に格上げするのではなく、自校が独自に、一条校を目指していきたいのかどうか、もし、目指すのであれば課題となっていることは何かを尋ねた。

【質問三】　高等学校の設置基準を満たして一条校の高等学校を目指さないのか（それともその必要性はないのか）。一条校を目指すうえで課題となっていることは何か。

・いままではこれでよかったが、これから先ですかね。子どももどんどん減っていきますしね。国からの補助が増える。けど、自由度がなくなる。規制が増える。お金が入ってくるから、いい教育ができるかもしれないしね。自分の代ではならないと思うよ。（A校　校長）
・本校独自で一条校化は難しい。校地の面積など、そのような条件をクリアすることはできるのだが、地域に一条校の必要性が高くないと認められない。地域で、一条校が不足しているという状況がなければ、一条校化は難しい。地元の私立高校の承認もいるので。ある一定の基準をつくりそれをクリアしたら一条校になるという制度的にも明確なものがほしい。（B校　顧問）
・この質問に関しては、私（教頭）の立場では回答できない。（C校　教頭）
・この質問に関しては、学園グループ全体として回答すべき質問なので、本校だけでは回答できません。（D校　事務局長）
・目指さないでしょうね。高等学校化する考えはないと思う。一番は、教員の問題で、E市では高校の教員免許保持者を確保することが難しいし、余裕もない。E市には、私立でE高校があり、その関係で免許保持者の教員確保は困難だから。それにみあう給料を払い雇うということは不可能である。（E校　教頭）
・目指さない。子どもの数も少なくなっていき、専門課程も都市部に集中するので、地方は、なかなかどこも大変になってきている。大きな学校へ行けば、また、勉強もできますし、大きな所にはかなわないかな。また、洋裁もパソコンでやる時代なので、パソコンを設置するなどそのような設備投資に関しては難しいので。

今は、洋裁をコンピューターで行う時代なんです。うちは、デザインは手書きですが、今はパソコンでやる時代になってきている。そういうのを設置するにはお金がかかるから、学校が生き残れるのは、札幌しかないかな。（F校　校長）

一条校化は今後の生徒数確保に向けては必要なのだが、そうなると自由度がなくなることを危惧しており、A校の立場は明らかでない。さらに、A校は専修学校の一条校化の実現に関しては、そうとう時間がかかるとみている。B校は一条校化を望んでいるが、仮に一条校の基準をクリアしても、地域や周辺の学校からの承認がないと一条校化が困難である状況を述べている。過去に、B校では独自に一条校を目指した経験があったのだろうと考えられる。E校、F校は一条校化を目指さない方向のようである。この二校は、現状の経営規模から、資格のある教員の確保と教育施設の充実という観点で、一条校化は難しいと見込んでいる。

次に、一条校なみの補助金（私立学校経常費補助）が得られたとしたら、自校の教育がどのように変化するのかを聞いてみた。

【質問四】もし、一条校なみの補助金が得られたら、自校の教育は変化すると思うか。するとしたらどのように変化するのか。

・教育施設の充実と人材確保ができる。（A校　校長）
・施設設備が充実してくる。給料もアップできる。教員も増やすことができる。経営面がかなり変わってくると思う。助成金（私立学校経常費補助）はあとで、まずは一条校になるのが先という流れで全専各連等は進めている。（B校　顧問）

・設備投資が変化してくる。（C校　教頭）
・（現在は）国からの助成金は受け取らない方針でやっている。（専門課程も）（D校　事務局長）
・教員の資質と社会との連携が重要。お金があって、人の気持ちがあって教育の質は向上していくものなので、教員の資質があると教育の質は、向上するのではないかと思う。何よりも教員の資質が大事。だから、金があるとよくなるとは言えない。ただ、一条校化によって補助金が得られると、それがきっかけとなり教員の資質向上につながっていけるとも考えられるけど。（E校　教頭）
・それは変化する。設備投資の面でも、教員を多く雇うことができる。（F校　校長）

D校以外は、補助金が一条校なみに得られることで教育施設が充実し、より多くの教員を採用しやすくなると述べている。とくに教員数の増加は、中学時代、なんらかのつまずきを感じた生徒を受け入れている高等専修学校において、生徒へのより手厚い指導が可能になるという点で優先すべき項目であると思われる。それに対してE校は、教員の資質が何よりも重要であると考え、補助金アップが必ずしも教員の資質向上にプラスの影響を与えるかどうかは判断が難しいと慎重な意見を述べている。ただし、補助金によって教員の資質向上へつながる可能性を全面的に否定しているわけではない。

最後の質問として、一条校の高等学校にはない高等専修学校独自の教育について聞いてみた。この質問は、一条校と専修学校の違いを明らかにし、一条校化の論点を整理するためにも、意味のある質問内容だと考えられる。

【質問五】　一条校にはない高等専修学校独自の教育とはなんだと思うか。それを可能にしている要因はなにか。

・人間教育。一条校は学習面中心になる。道徳的な生き方、人間の誠意とか、理解とか。福祉の心を育てている。毎月一回地域ボランティアを実施している。ＬＨＲの時間に。町内会清掃活動。かつては、郵便ポストの掃除、老人クラブの窓ふき、冬は除雪。今年の一年生のなかで足の不自由な子がいる。その子が入ってくるとわかったときに、二、三年生対象に障害者理解の教育を行った。利き腕を使わないで電卓をやったり、車いす、二人ペアでアイマスクで校内を歩く。（筆者「なぜそれらが可能なのか?」）昭和六一年から北海道のボランティア指定校になっている。社会福祉協議会との連携があるので、いろいろなボランティアをやっている。うちは先生方が主導。公立は生徒任せの傾向にあるかもしれないが、うちは、先生も生徒と一緒にボランティアに参加している。子ども盆踊りの復活。（A校　校長）

・公立では、ねらい、目標が一律があるが、そこでできない取り組みができるのでは。高等学校では、特別支援教育の取り組みが、なかなか進展していっていないので、不登校（発達障害）の受け入れができると思う。東京都にある高等専修学校はこのような傾向が強く、都でもそれらの学校に予算づけされている。高等専修学校では、軽い一部の障害のある子どもを受け入れていったらよいと思う。高校を卒業した子としてみてもらいたいという親や本人の願いをかなえるためにも。私立高校でも、その学校の特長とする「スポーツが強い」「進学校」というものがあるわけだが、そこからスイッチを換えて特別支援教育を導入することは難しい。スイッチを切り替えられるのは、高等専修学校の特徴だと思う。学校に対する規制が緩やかなので、学校自身が自由な発想で動けるから、スイッチの切り替えができる。（B校　顧問）

・柔軟で弾力的にカリキュラムを組むことができる。普通科目に関しては、技能連携をしているので学校独自の教育内容は難しいが、専門科目に関しては、生徒の実態にあわせて授業内容を組み立てることができる、教科書も独自に選べる。（C校　教頭）

・講師の先生は現場で活躍されている方。その方から直接、学ぶことができる。業界とのつながりがある。業界デビューのための教育ができる。（D校　事務局長）

・自由度。教科・中身に関して自由度があるという点が一番のメリット。おそらく、一条校化になると、文部科学省の定めたカリキュラムに縛られるのではないかと思う。教員の資格の問題がある。教員資格も厳密に定められてしまう。そうなると、一条校になると自由度が低くなり、実務経験のある教員の指導がなくなってくる。教員としての素養も必要ですが、実務経験のある方の指導を受けられるのが専修学校の強みであると思うので。文部科学省のガチガチの役人的縛りがあると難しい。専修学校のよさを残しながら一条校化というのはいいと思うが、たぶんそうはならないでしょうね。一条校化そのものは悪くないと思うが、（全専各連の）一条校の像、ビジョンがわからないので、なんとも賛成・反対とも言えない。（E校　教頭）

・いろいろな生徒を受け入れ可能である。それが、強みでもあり、弱みでもある。セールスポイントがなくなってきているというか……年齢的に幅のある子たちが入ってくるので、生徒に、兄、姉のような存在ができる。技術の習得とは、一年、二年の括りがなくて生涯なんですよね。なんでもそうかもしれませんが、とくに洋裁は、年を重ねるごとに技術力が増します。生涯学習的な部分もあると思う。技術を身につけることができる学校だからこそ、いろいろな生徒を受け入れることが可能なのではないか。（F校　校長）

A校は、高等専修学校独自の教育として、人間教育をあげている。ほかの学校は、カリキュラムや指導内容の柔軟性を指摘している。しかし、人間教育やカリキュラムの柔軟性も、多様な生徒を受け入れ始めている高校でも実施されていると思われるので、高等専修学校独自の特徴とはいえないのではないかと考える。F校の「いろいろな生徒を受け入れ可能である」という点に関しても、この特徴はF校のみで、ほかの学校は、ほぼ高校生と同じ年齢の生徒を受け入れており、高等専修学校全体の特徴とはならない。それよりもむしろ、傍線部にあるように「重点をおいている教育についてスイッチの切り替えができる点」や「現場で活躍している方や実務家教員から指導が受けられる点」などが高等専修学校独自の特徴であると考えられる。

四　高等専修学校における一条校化をめぐる論点

以上の聞き取り調査から、一条校化に対する高等専修学校の管理職の意見は、立場が明らかでないD校以外は、「賛成派」と「反対派」に分かれた。

ある程度の生徒数がいるA校、B校、C校の管理職は、賛成派で専修学校の一条校化を望んでいた。この三校については、技能連携制度も利用し高校と同等の教育を行っているので、高校との取り扱いの格差を感じやすいためだと思われる。A校、B校については学校独自で定めた推薦入試日以外に、一般入試日は地域の私立高校の入試日と同じ日に設定され、地域の人々（中学生、保護者、中学校教師）からは私立高校と同じように位置づけられており、今後、生徒数確保の点からも一条校の私立高校へ格上げしたいと願っているようだ。さらに、「個々の学校が基準を満たして一条校を目指せばよい」という考え方に対しては「個々の学校が一条校化を目指し設置基準を満たしたとしても、地域や周辺の学校からの承認がなければ一条校化の実現が難しい」というB校のコメントから、個々の学校の一条校化は容易ではないことが明らかになった。

一方、一条校との格差を感じていながらも、規模が小さい学校は専修学校の一条校化に反対であった。学校規模が小さいほうが経営の安定化を目指し、高校並みの補助金を得られる一条校化の方向性を望んでいるのかと予測していたが、むしろ反対の結果である。一条校となれば、教員資格のある人材の確保や施設面の整備、校地面積の確保などある程度の資金力が必要となってくるため、むしろ小規模のE校、F校のほうがこのまま専修学校として経営していくこと望んでいた。そのなかでもとくにE校の教頭は、一条校化によって支援は手厚くなるが、半面、専修学校独自の「自由さ」「柔軟さ」が失われてくることを心配していた。また教員の資質がなによりも重要であると考え補助金が増えることで、教員の資質が必ずしも向上するとは限らないと慎重な意見を述べていた。

このような結果は、一条校化についての賛成意見が多かったが、そのなかでも規制が多くなることを懸念していた瀧本（二〇〇八）の専門学校関係者からの調査と同じような意見となった。ただし、今回の高等専修学校の調査において大きな特徴は学校規模や技能連携制度の利用の有無によって一条校化に対する立場がはっきりと二分された点である。

追加として、全国規模で学校を運営しているD校は専修学校の一条校化について、自校だけでは回答できないため、その立場は明らかにできなかった。しかし少なくともD校は、第一線で活躍しているプロの講師から積極的に指導を行ってもらうなど、現在、専修学校の利点を活かしながら、細やかで徹底的な職業教育を実践していることには間違いない。

以上の管理職の意見から、高等専修学校の一条校化をめぐる論点を四つ示しておきたい。

第一に、全専各連の提案している高等専修学校の一条校への条件と現場の管理職との意見の間に「ギャップ」が生じている点である。全専各連は、高等専修学校のうち修業年限が三年以上で、設置者が学校法人である学校を一条校へ追加規定したい考えだが、今回の管理職への聞き取り調査からは三年制で設置者が学校法人であり大学入学資格付与指定校となっていても、生徒の人数や学校の経営規模または経営方針等から、すべての学校が一条校化を望んでいるわけではないことが明らかになった。つまり、今後、一条校化に格上げになれば、それと同時に教育内容や教育設備、そして教員の資格などが厳格化され、自校の経営規模ではそれらを十分に賄いきれないためであろう。また、北海道の地方においては地元の公立高校や私立高校との役割分担から、生徒の住み分けのようなものができていて、私立高校として経営するよりは高等専修学校として経営していったほうが、学校の特色が活かされてくるのかもしれない。

第二の論点は、「専修学校の振興に関する検討会議」でも出されているように、専修学校の一条校化を実現し補助金の格差改善を獲得するのか、それとも専修学校のままで「柔軟性」や「自由度」を維持していくのかという点である。この論点については管理職の話のなかにもたびたび出てきている。ただし、一条校の通信制高校や定時制高校と技能連携を結んでいる学校は結んでいない学校と比べると、すでに「柔軟性」や「自由度」は狭められている。さらに、ダブルスクールとして生徒や教員の負担も大きいことから、このタイプのA校、B校、C校は一条校化を望んでいるのだろう。

第三の論点は、教員資格の問題である。高等専修学校の教員は、高校の教員と異なり、教員免許がなくても教える専門科目に関わって実務経験があれば教員になることができる。津田敏（二〇一一、二〇一二、二〇一三）は、高等専修学校ではなく専門学校の教員において資格教育に頼ることなく職業教育を充実させるには、大学・短大の教員と同じく修士レベルの学歴と第三者が認める実績をもつ必要があると述べている。確かに専門学校を高等教育機関と位置づけるなら、大学・短大教員のように専門学校の教員も学歴や学術性が必要であると考えられるが、専修学校は職業人の養成の場と考えれば、専門学校の教員が大学や短大教員と同様の学歴や研究実績をもつべきかどうかは判断が難しいところである。実際、今回の調査でも、管理職は高校の教員免許がなくても現場で活躍している方から直接指導を受けられるのが、高等専修学校の一番の強みであると述べている。したがって、この教員資格の問題は、専門学校だけではなく高等専修学校においても検討すべき課題であり、今後、専修学校を一条校化へ追加規定する際の基準として「教員資格」[35]は大きな論点となるであろう。

最後の論点として、同一学校法人内の専門学校やほかの学校との関係性の問題をあげておく。高等専修学校は先にも述べたように、それ単独で経営している学校は少なく、たいていは複数の課程や学校を経営している場合がある。高等課程は専門課程と比べて生徒数が少ない傾向にあり、その収益面は同一学校法人内においても補完的な役割だと思われるので、その学校をわざわざ一条校へ格上げする必要性があるのかどうかという疑問が出てくる。同一の学校法人が高校と高等専修学校を有しているところもあり、それぞれ役割を分担している学校をあえて一条校に一本化してしまう必要性は低いと思われる。

本章では高等専修学校の管理職の意見を中心に一条校化の論点を整理してきたが、一条校化の要望を学校経営面からの要望としてのみ捉えるのではなく、高等専修学校が担ってきた役割を確認し、そこで学ぶ生徒たちの立場から一条校化を目指すべきなのか、それとも高等専修学校の「自由度」「柔軟性」を活かしていくべきなのかを検討すべきであろう。それと同時に、この運動の根っことなる学校への補助金の改善に向けて、都道府県対応である私立学校経常費補助が都道府県によって大きく異なっている点に注目していく必要がある。比較的高い補助金を受けている地域の特性を分析し、行政に対する働きかけなどの情報も全国的に共有して自分たちの地域の補助金を高めていく努力をすべきであろう。

注

（1）「私立学校法」第五九条による。そこでは、「国又は地方公共団体は、教育の振興上必要があると認める場合には、別に法律で定めるところにより、学校法人に対し、私立学校教育に関し必要な助成をすることができる」とある。

（2）全国専修学校各種学校総連合会ホームページ（https://www.zensenkaku.gr.jp/zensen_index.cgi）によると、全専各連は、専修学校および各種学校における教育の振興を図ることを目的に、専修学校および各種学校によって構成される都道府県協会等により組織されている。全国の各種学校を統一した「全国各種学校総連合会」を前進とする団体

（3）「広報全専各連№128」全国専修学校各種学校総連合会ホームページ（http://zensenkaku.gr.jp/koho/koho_zensenkakuren_128.

pdf)（筆者最終閲覧日：二〇二一年八月二六日）それによると、二〇〇六年二月二三日の全専各連五四回定例総会において、一条校化運動の推進を議決している。

（4）一条校化の議論については、瀧本知加「専門学校の制度的特徴とその多様性：青年期職業教育機関としての可能性を展望して」『産業教育学研究』三八巻一号、二〇〇八年、安田水浩「『一条校化』は本当に必要か？（特集 専門学校のこれまでとこれから）」『月刊高校教育』二〇〇七年九月号などがある。

（5）梶原宣俊『専門学校教育論』学文社、一九九三年、一四―二五頁参照

（6）瀧本知加「専修学校制度の構造と一条校との関連性」『教育学論集』第三七号、大阪市立大学、二〇一一年、三六頁参照のこと

（7）「専修学校の振興に関する検討会議」文部科学省ホームページ（https://www.mext.go.jp/b_menu/shingi/chousa/shougai/015/index.htm）（筆者最終閲覧日：二〇二一年八月二六日）

（8）「専修学校の振興に関する検討会議」における「第二回『専修学校の振興に関する検討会議』意見発表専修学校の具体的な振興方策の提案――当面する重要な課題の解決に向けて」（検討会議第二回配付資料）参照。文部科学省ホームページ（http://www.mext.go.jp/b_menu/shingi/ chousa/shougai/015/siryo/08010708/001.htm）（筆者最終閲覧日：二〇一四年一月三一日）。それによると、そのほか、全専各連は「新しい学校種は、入学資格を特定するとともに、学校体系において、適切と認められ、かつ他の学校種と住み分けることができる独自の目的を規定すること」「新しい学校種は、専修学校及び他の学校種の基準等とは異なる独自の基準により設置すること」を一条校化の基本方針に掲げている。

（9）同前(8)に同じ。それによると、全専各連の掲げる「新高等専修学校」の基準・要件については、そのほか「教育課程（学習指導要領）、教科用図書、教員資格、校地・校舎の面積及び校地・校舎・施設設備の内容は、『教育の目的を達成するために最低限必要となる基準（専修学校設置基準を基本）』を新たに定める」「後期中等教育機関にふさわしい新たな学校名称を付し、修了者に大学入学資格を付与する」とがある。

（10）「専修学校の振興に関する検討会議」（第七回）の資料二「これまでの主な意見概要（案）」文部科学省ホームページ（http://www.mext.go.jp/b_menu/shingi/chousa/ shougai/015/siryo/ 08050711/001.htm）（筆者最終閲覧日：二〇一四年一月二〇日）

（11）「『職業実践専門課程』について」文部科学省ホームページ（http://www.mext.go.jp/a_menu/shougai/senshu/1339270.htm）（筆者最終閲覧日：二〇一四年一月二〇日）

（12）「専門職大学等の概要・特色」文部科学省ホームページ（https://www.mext.go.jp/a_menu/koutou/senmon/1387235.htm）（筆

者最終閲覧日：二〇二一年八月二六日）

（13）「専門職大学等の審査結果について」文部科学省ホームページ（https://www.mext. go.jp/b_menu/shingi/daigaku/toushin/attach/1409977.htm）（筆者最終閲覧日：二〇二一年八月二六日）と「専門職大学等一覧」文部科学省ホームページ（https://www.mext.go.jp/a_menu/koutou/senmon/1414446.htm）（筆者最終閲覧日：二〇二一年八月二六日）

（14）「経常費補助とは」東京都生活文化局ホームページ（https://www.seikatubunka.metro.tokyo.lg.jp/shigaku/jyosei/0000000050.html）（筆者最終閲覧日：二〇二一年八月二五日）

（15）「陳情第七七号、七八号の参考資料」川崎市ホームページ（https://www.city.kawasaki.jp/980/cmsfiles/contents/0000086/86907/29.07.28_bunkyou1-(1)(2)sankoushiryou_tinjyou77_tinjyou78.pdf）（筆者最終閲覧日：二〇二一年八月二四日）

（16）「令和二年度『高等専修学校の実態に関するアンケート調査』報告書」全国高等専修学校協会ホームページ（https://www.zenkokukoutousenshugakkoukyoukai.gr.jp/hokoku_r02.pdf）（筆者最終閲覧日：二〇二一年八月二六日）四四頁の「令和二年度高等専修学校への都道府県の助成状況」参照

（17）「激甚災害に対処するための特別の財政援助等に関する法律」より

（18）「教育費の負担軽減について」北海道教育委員会ホームページ（https://www.pref.hokkaido.lg.jp/sm/gkj/kyoikuhihutankigen.html#jumpkeigen）（筆者最終閲覧日：二〇二一年八月二五日）

（19）全国高等専修学校協会制度改善委員会が実施した『大学・短期大学への推薦入試に対する高等専修学校対応状況調査』（二〇〇三年）と『大学・短期大学への推薦入試及びＡＯ入試に対する高等専修学校対応状況再調査報告』（二〇〇六年）より。大学や短期大学によっては、高等専修学校からの推薦入試やＡＯ入試を認めていないところが多く存在していた。公募推薦入試については、調査に協力してくれた大学のうち四三・四％が高等専修学校からの出願を認めていたが、残りの五六・六％の大学は高等専修学校からの出願を認めていなかった。指定校推薦になるとさらに厳しく、認めている大学が一三・七％、認めていない大学が八六・三％であった。ＡＯ入試については、認めている大学が六〇・六％、認めていない大学が三九・四％と推薦入試よりも認めている大学が多くなっている。いずれも『大学・短期大学への推薦入試及びＡＯ入試に対する高等専修学校対応状況再調査報告』（二〇〇六年）の数値より

（20）「平成三〇年度『高等専修学校の実態に関するアンケート調査』報告書」全国高等専修学校ホームページ（https://www.zenkokukoutousenshugakkoukyoukai.gr.jp/hokoku_h30.pdf）（筆者最終閲覧日：二〇二一年八月二五日）二一―三頁参照

（21）「教育費の負担軽減について」北海道教育委員会ホームページ（https://www.pref.hokkaido.lg.jp/sm/gkj/kyoikuhihutankigen.

html#jumpsyugakusienkin）（筆者最終閲覧日：二〇二一年八月二五日）

（22）「高等学校等就学支援金リーフレット」兵庫県教育委員会ホームページ（https://www.hyogoc.ed.jp/~aboshit-hs/sub05_jimu/sub05_sienkin/monbu_sienkin.pdf）（筆者最終閲覧日：二〇二一年八月二五日）

（23）「教育費の負担軽減について」北海道教育委員会ホームページ（https://www.pref.hokkaido.lg.jp/sm/gkj/kyoikuhihutankigen.html#jumpkyufukin）（筆者最終閲覧日：二〇二一年八月二五日）

（24）前掲(20)と同じ

（25）前掲(20)と同じ

（26）前掲(20)と同じ

（27）前掲(20)と同じ

（28）学校教育法の特例として、二〇〇四年から株式会社やNPO法人も一条校の「学校」の設置が認められている。ただし、これらの「学校」は私学助成の対象とはなっていない。

（29）山田千春「教育の目的による高等専修学校の分類」『教育福祉研究』（第一九号）、二〇一三年、一〇頁

（30）「教育研修」一般財団法人職業教育・キャリア教育財団ホームページ（http://www.sgec.or.jp/scz/business/induction/new_induction.html）（筆者最終閲覧日：二〇一四年二月五日）。津田敏「社会人等入学者における専門学校教員についての一考察」『佛教大学教育学部学会紀要』（第一二号）、二〇一三年。これによれば看護師、歯科衛生士、美容師・理容師、柔道整復師など、それぞれの養成施設指定規則に従って、教員養成講習会を実施している。

（31）高等学校設置基準第二号表、専修学校設置基準第二一条関係別表第二に詳しい。

（32）清水信一『ダメ人間はいない　学校で生徒はかわる』文芸社、二〇〇二年、一〇四頁参照

（33）同前(32)と同じ

（34）公益社団法人全国経理教育協会のこと。ここでは、その主催の簿記検定を指す。

（35）「専門職大学等の設置について」文部科学省ホームページ（https://www.mext.go.jp/a_menu/koutou/senmon/__icsFiles/afieldfile/2018/11/16/1410421_001_1.pdf）（筆者最終閲覧日：二〇二一年九月一二日）。ちなみに、大学の教員は研究者教員が中心とあるが、専門職大学の教員は専任教員数の四割以上は実務家教員（研究能力を併せ有する教員を含む）となっている。

参考文献・資料一覧

◎参考文献

青砥恭『ドキュメント高校中退――いま、貧困から生まれる場所』ちくま新書、二〇〇九年

阿久澤麻理子「後期中等教育における学習権保障の場としての通信制高校：社会的条件不利とともに学ぶ生徒を支える私学四校の取り組み」『人権問題研究』No.14、大阪市立大学人権問題研究会、二〇一四年

――「広域制とサテライト教育施設（特集 通信制高校をめぐる研究と実践）」『ねざす』五六、神奈川県高等学校教育会館教育研究所、二〇一五年

――「通信制高校の実態と実践例の研究――若者の総合的支援の場としての学校のあり方」科学研究費助成事業研究成果報告書(https://kaken.nii.ac.jp/ja/file/KAKENHI-PROJECT-24531071/24531071seika.pdf)、二〇一五年

――「第八章 広域通信制高校と『サテライト施設』」手島純編著『通信制高校のすべて――「いつでも、どこでも、だれでも」の学校』彩流社、二〇一七年

朝比奈なを『見捨てられた高校生たち――公立「底辺校」の実態』新風舎、二〇〇六年

阿部剛志・喜多下悠貴「高校存続・統廃合が市町村に及ぼす影響の一考察――市町村の人口動態からみた高校存続・統廃合のインパクト」三菱ＵＦＪリサーチ＆コンサルティング政策研究レポート(https://www.murc.jp/wp-content/uploads/2020/10/seiken_191122_1-1.pdf)、二〇一九年

荒牧草平・香川めい・内田康弘「高校教育研究の展開――学校格差構造から多様なリアリティへ」『教育社会学研究』第一〇五集、二〇一九年

飯田浩之「中等教育の格差に挑む――高等学校の学校格差をめぐって」『教育社会学研究』第八〇集、二〇〇七年

伊藤秀樹「不登校経験者への登校支援とその課題」『教育社会学研究』第八四集、二〇〇九年

――「不本意入学者と専門教育のレリバンス」『研究所報』Vol.57、ベネッセコーポレーション、二〇一〇年

――「後期中等教育のセーフティネットにおける不平等：高等専修学校に着目して」『東京大学大学院教育学研究科紀要』第五二巻、二〇一二年
――「高等専修学校における進路決定：進路展望を形成する『出来事』の分析より」『子ども社会研究』第二〇号、二〇一四年
――「〝非主流〟の後期中等教育機関を概観する：生徒層・カリキュラム・進路」『東京大学大学院教育学研究科紀要』第五四巻、二〇一五年
――「不登校の子どもとオルタナティブな学校――登校を支える人間関係」『青少年問題』第六五四号、二〇一四年
――『高等専修学校における適応と進路――後期中等教育のセーフティネット』東信堂、二〇一七年
乾彰夫『一八歳の今を生き抜く――高卒一年目の選択』青木書店、二〇〇六年
――「高校教育の現状と『高卒資格』をめぐる課題――二〇〇〇年代の変容を中心に」『人文学報』No.471、首都大学東京人文科学研究科、二〇一三年
乾彰夫・桑嶋晋・平原未来・船山万里子・三浦芳恵・宮島基・山﨑恵里菜「高校中退者の中退をめぐる経緯とその後の意識に関する検討：内閣府調査（二〇一〇）の再分析」『教育科学研究』首都大学東京都市教養学部人文・社会系教育学研究室、第二六号、二〇一二年
今井博「定時制高校の研究（V）」『関西教育学会紀要』第二二号、一九九八年
植上一希「公的職業資格制度と専門学校の歴史的考察」『生涯学習・社会教育学研究』第二八号、東京大学大学院教育学研究科生涯教育計画講座社会教育学研究室、二〇〇三年
――「専門的職業教育研究の予備的検討：英米系専門職研究の系譜の検討を通して」『生涯学習・社会教育学研究』第二九号、東京大学大学院教育学研究科生涯教育計画講座社会教育学研究室、二〇〇四年
――「専門学校の教育内容の検討」『産業教育学研究』三五巻一号、二〇〇五年
――『専門学校の教育とキャリア形成――進学・学び・卒業後』大月書店、二〇一一年
内田康弘「私立通信制高校サポート校の誕生とその展開：教育政策との関連に着目して」『平成二五年度日本通信教育学会 研究論集』日本通信教育学会、二〇一三年
――「私立通信制高校サポート校の展開とその現状に関する一考察：都道府県データの分析を中心に」『日本教育社会学会大会発表要旨集録』六六、二〇一四年
――「サポート校生徒は高校中退経験をどう生き抜くのか：スティグマと『前籍校』制服着装行動に着目して」『子ども社会研

究』第二一号、二〇一五年
――「サポート校生徒と大学進学行動：高校中退経験者の『前籍校の履歴現象効果』に着目して」『教育社会学研究』第九八集、二〇一六年
内田康弘・神崎真実・土岐玲奈・濱沖敢太郎「なぜ通信制高校は増えたのか――後期中等教育変容の一断面」『教育社会学研究』第一〇五集、二〇一九年
内田康弘・濱中敢太郎「通信制高校における中退経験者受け入れの推移に関する研究――中退率及び在籍者年齢層の変遷を基にした一考察」『平成二七年度 日本通信教育学会 研究論集』日本通信教育学会、二〇一五年
撫尾知信・加藤雅世子「不登校経験生徒が通学する高等専修学校『佐賀星生学園』における生徒の変容に関する心理学的研究」『佐賀大学教育実践研究』二九号、二〇一二年
遠藤宏美「『サポート校』における学校文化――『学校文化』なるものの特性解明の前提として」『教育学研究集録』第二六集、筑波大学大学院博士課程教育学研究科、二〇〇二年
大越忠臣「不登校受入れサポート校を訪ねて東京文理学院高等部」『月刊生徒指導』(二〇〇二年一一月号)、二〇〇二年
――「もう一つの高校 サポート校――聖進学院(東京校)を訪ねて」『月刊生徒指導』(二〇〇五年一〇月号)、二〇〇五年
――「もう一つの高校 サポート校――聖進学院(東京校)を訪ねてその二」『月刊生徒指導』(二〇〇五年一二月号)、二〇〇五年
大村恵「技能連携制度の研究(その一)――愛知県の実態を中心に」『愛知教育大学研究報告(教育科学編)』第四一輯、一九九二年
大脇康弘「高校進学率の推移と収容対策」『教育行財政研究』第一一号、関西教育行政学会、一九八四年
――「戦後高校教育の歴史――一九四五年〜一九九〇年」『教育学論集』第二三号、大阪教育大学教育学教室、一九九四年
尾形利雄・長田三男『夜間中学校・定時制高校の研究』校倉書房、一九六七年
小川洋『なぜ公立高校はダメになったのか――教育崩壊の真実』亜紀書房、二〇〇〇年
奥野真人「よみがえる不登校生――あるサポート校を訪ねて」『月刊高校教育』(二〇〇一年六月号)、二〇〇一年
小野喜郎・保坂亨『移行支援としての高校教育』福村出版、二〇一二年
小原優貴『インドの無許可学校研究――公教育を支える「影の制度」』東信堂、二〇一四年
香川めい・児玉英靖・相澤真一『〈高卒当然社会〉の戦後史』新曜社、二〇一四年
香川めい、劉語霏「生徒減少期の高校教育機会――日台比較から見る公私分担と多様性の確保の課題」『教育社会学研究』第九九集、二〇一六年

柿内真紀・大谷直史・太田美幸「現代における定時制高校の役割（特集 移行局面と周辺化）」『鳥取大学生涯教育総合センター研究紀要』六、二〇〇九年
梶原宣俊『専門学校教育論』学文社、一九九三年
梶原豪人「不登校経験者の高校進学とその後の不登校、中退」『Working Paper Series』Vol.12、東京都立大学 子ども・若者貧困研究センター、二〇二〇年
金子元久「『専門職大学』の意味するもの」『日本労働研究雑誌』No.687、二〇一七年
片岡栄美「定時制高校における学校統廃合とそのインパクト」『関東学院大学文学部紀要』五九号、一九九〇年
――「教育機会の拡大と定時制高校の変容」『教育社会学研究』第三八集、一九八三年
――「戦後社会変動と定時制高校――都市型および農村型定時制高校の変容の比較」『関東学院大学文学部紀要』六八号、一九九三年
――「学校世界とスティグマ――定時制高校における社会的サポートと学校生活への意味付与」『関東学院大学人文科学研究所報』第一七号、一九九三年
加藤雅世子・眞田英進「実践報告佐賀星生学園の現在までと今後の課題」『西九州大学子ども学部紀要』第五号、二〇一四年
門脇厚司・飯田浩之編『高等学校の社会史――新制高校の「予期せぬ帰結」』東信堂、一九九二年
門脇厚司・陣内靖彦編『高校教育の社会学――教育を蝕む〈見えざるメカニズム〉の解明』東信堂、一九九二年
苅谷剛彦「閉ざされた将来像――教育選抜の可視性と中学生の『自己選抜』」『教育社会学研究』第四一集、一九八六年
川井悠一朗「定時制高校における教育的役割の変容：サポーティブな高校としての新たな期待」『社会論集』第二五号、関東学院大学人文学会社会学部会、二〇一九年
神崎真実・土岐玲奈・手島純「第六章　株式会社立通信制高校」手島純編著『通信制高校のすべて「いつでも、どこでも、だれでも」の学校』彩流社、二〇一七年
韓民『現代日本の専門学校』玉川大学出版部、一九九六年
菊地栄治「高等学校における不本意就学の発生メカニズム」『日本教育経営学会紀要』第三二号、一九九〇年
――『高校教育改革の総合的研究』多賀出版、一九九七年
――『夢をつむぐ高校――生徒の現実と向き合う学校改革』岩波書店、二〇一二年
城所章子・酒井朗「夜間定時制高校生の自己の再定義過程に関する質的研究――『編成資源』を手がかりに」『教育社会学研究』第

七八集、二〇〇六年
木村元『学校の戦後史』岩波書店、二〇一五年
金志英「シリーズ韓国の高校⑤ オルタナティブ教育（代案教育）の挑戦（その一）――特性化高校（代案教育）を中心に」『高校のひろば』No.80、二〇一一年
――「シリーズ韓国の高校⑥ オルタナティブ教育（代案教育）の挑戦（その二）――特性化高校（代案教育）の事例」『高校のひろば』No.81、二〇一一年
倉内史郎「専修学校制度の発足」『教育』二六巻三号、一九七六年（a）
――「学校制度からみた専修学校」『季刊教育法』二〇号、一九七六年（b）
――「専修学校の役割の検討」『教育学研究』四七巻四号、一九八〇年
桑田恵「専門教育と学業適応――内発的動機づけと階層分化に着目して」『研究所報』Vol.57、ベネッセコーポレーション、二〇一〇年
月刊高校教育編集部『高校教育改革シリーズⅢ これまでの高校、これからの高校――高校教育のあゆみと展望』学時出版、一九九八年
小池由美子編『新しい高校教育をつくる――高校生のためにできること』新日本出版社、二〇一四年
古賀正義『〈教えること〉のエスノグラフィー――「教育困難校」の構築過程』金子書房、二〇〇一年
小金井義「各種学校の歴史（一三）」『各種学校教育』No.21、一九六九年
児玉英靖「戦後日本の高校教育供給システムにおける私立高校の役割――進学率停滞をともなわない教育拡大はいかにして可能となったか」『東京大学大学院教育学研究科紀要』第四八巻、二〇〇八年
後藤真「確かな教育で一人ひとりの学び直しを可能にする――サポート校・東京文理学院高等部」『月刊生徒指導』（二〇一〇年二月号）、二〇一〇年
小林宏「不登校生の多くが進学する公立通信制高校の実態と課題」『名寄市立大学社会福祉学科研究紀要』第三号、二〇一四年
小森健吉編『高校制度改革の総合的研究』多賀出版、一九八六年
近藤伸・横井敏郎「都市部定時制高校の実態と存立の可能性：札幌市内高校定時制課程の調査から」『公教育システム研究』第八号、北海道大学大学院教育学研究院教育行政学研究室／学校経営論研究室、二〇〇九年
斎藤貴男『人間選別工場――新たな高校格差社会』同時代社、二〇〇五年
酒井朗「高校中退の減少と拡大する私立通信制高校の役割に関する研究：日本における学校教育の市場化の一断面」『上智大学教育

学論集』五二号、二〇一八年
佐々木享『高校教育論』大月書店、一九七六年
――「戦後高校教育の理念と展開」田代三良編『講座現代の高校教育六』草土文化、一九七九年
――「臨教審の動向と技術・職業教育」『技術教育研究』巻二七号、一九八六年
――「近代日本の職業教育・職業訓練の経験に関する研究の概観」『職業と技術の教育学』第一七号、名古屋大学教育学部技術職業教育学研究室、二〇〇六年
佐野元生「技能連携制度の改正について」『各種学校教育』No.14、一九六八年
志水宏吉「職業高校の歴史的変容と現状――高校生の進路形成を軸として」（現代社会における青少年の発達と学校の役割〈特集〉）『教育学研究』五二巻三号、一九八五年
清水信一『ダメ人間はいない　学校で生徒はかわる』文芸社、二〇〇二年
白石淳「生徒の高等学校の選択に関する調査研究――高校を志望するときに生徒が抱く学校選択の要因を中心として」『人間福祉研究』第六号、二〇〇三年
鈴木翔『教室内カースト』光文社新書、二〇一二年
住田正樹「子どもの居場所と臨床教育社会学」『教育社会学研究』第七四集、二〇〇四年
高石邦男「制度創設の意義と内容（発足した専修学校〈今日の焦点〉）」『季刊教育法』二〇号、一九七六年
高木稚佳「高校生の『勉強意欲』――進路多様校の普通科と専門学科を比較して」『研究所報』Vol.57、ベネッセコーポレーション、二〇一〇年
高口明久・柿内真紀・大谷直史・太田美幸「高校教育改革下の定時制高校の状況――全国定時制高校調査の結果から」『地域学論集 鳥取大学地域学部紀要』四巻三号、二〇〇八年
高野正「地方農村部の昼間定時制課程における「教育的意義」II：音更高校定時制農業科生徒が書いた「意見発表文」の内容分析を通して」『公教育システム』第一六号、北海道大学大学院教育学研究院教育行政学研究室／学校経営論研究室、二〇一七年
高森俊弥「通信制サポート校における学校生活にかんする考察：A校の生徒たちの語りを通して」『東京学芸大学教育学研究年報』第二三号、二〇〇四年
瀧本知加「専門学校の制度的特徴とその多様性：青年期職業教育機関としての可能性を展望して」『産業教育学研究』三八巻一号、二〇〇八年

――「戦後専修学校制度の成立：各種学校制度の展開と専修学校制度構想」『人文研究』第六二巻、大阪市立大学大学院文学研究科、二〇一一年（a）
――「専修学校制度の構造と一条校との関連性」『教育学論集』第三七号、大阪市立大学、二〇一一年（b）
――「高等専修学校における職業教育：私立学校の多様性と青年の進路保障」『関西教育学会年報』通巻第三八号、二〇一四年
竹内常一編『講座高校教育改革一』労働旬報社、一九九五年
――『講座高校教育改革五』労働旬報社、一九九五年
多田鉄雄「各種学校の性格」『教育社会学研究』第六集、一九五四年
津多成輔「ユニバーサル型高校教育における『不本意入学』の実態――中退・授業態度・高校生活満足感に着目して」『国立教育政策研究所紀要』第一四七集、二〇一八年
津田敏「専門学校教員資格の現状に関する一考察」『佛教大学教育学部学会紀要』第一〇号、二〇一一年
――「専門学校の教員資格に関する一考察：指導者の『専門性』を何が担保するか」『佛教大学教育学部学会紀要』第一一号、二〇一二年
――「社会人等入学者における専門学校教員についての一考察」『佛教大学教育学部学会紀要』第一二号、二〇一三年
手島純編著『通信制高校のすべて――「いつでも、どこでも、だれでも」の学校』彩流社、二〇一七年
土岐玲奈「高校における排除と包摂：教育困難校と通信制高校の実態」『日本教育社会学会大会発表要旨集録』六四、二〇一二年
――「通信制高校の類型と機能」『平成二五年度日本通信教育学会研究論集』日本通信教育学会、二〇一三年
――「多様な教育機会の確保と学習権保障：高校教育との比較」『千葉大学教育学部研究紀要』第六五巻、二〇一七年
土岐玲奈・保坂亨「学習にブランクがある生徒に対する学習支援の現状と課題：通信制高校における調査から」『千葉大学教育学部研究紀要』第六〇巻、二〇一二年
中澤渉「推薦入学制度は『成功』しているのか――受験生の合理的選択仮説に基づく実証分析」『教育社会学研究』第七〇集、二〇〇二年
――「推薦入学制度が及ぼす進路選択への影響――中学生は何を重視して志望校を選ぶか」『進路指導研究』二一巻二号、二〇〇二年
永田佳之『オルタナティブ教育――国際比較に見る二一世紀の学校づくり』新評論、二〇〇五年
中村高康「推薦入学制度の公認とマス選抜の成立――公平信仰社会における大学入試多様化の位置づけをめぐって」『教育社会学研

究』第五九集、一九九六年
西村貴之「いま、定時制高校は青年にとってどんな場か」『教育』五二巻一号、二〇〇二年
橋本三郎『高校教育の現状と教育改革の提言』株式会社高校出版、一九九一年
畠山豊吉「後期中等教育における各種学校の地位と役割に関する研究」『岩手大学学芸学部研究年報』二五巻、一九六五年
原正敏『教育学全集14　教育と社会』小学館、一九六八年
柊澤利也「不登校経験者が『高卒』資格を得るまで：チャレンジスクールの事例から」『早稲田大学大学院教育学研究科紀要 別冊』二三号一、二〇一五年
――「オルタナティブな学校に通う不登校経験者のリアリティ――選択要因と学校への意味づけに着目して」『早稲田大学大学院教育学研究科紀要 別冊』二六号二、二〇一九年
東村知子「サポート校における不登校生・高校中退者への支援――その意義と矛盾」『実験社会心理学研究』四三巻二号、二〇〇四年
土方苑子『各種学校の歴史的研究――明治東京・私立学校の原風景』東京大学出版会、二〇〇八年
藤田武志「中学生の進路決定過程に関する事例研究：努力主義の採用と学業成績の層的認識」『東京大学教育学部紀要』三四巻、一九九五年
――「選抜システムと中学生の競争意識：東京の事例に関する社会学的考察」『東京大学教育学部紀要』三六巻、一九九六年
藤田英典「教育達成および職業達成の機会構造――その概念的考察と実証的分析」『名古屋大学教育学部紀要』二四巻、一九七七年
――『教育改革――共生時代の学校づくり』岩波新書、一九九七年
保坂亨「不登校生徒の中学卒業後の進路」『進路指導研究』一七巻一号、一九九六年
本田由紀『教育の職業的意義――若者、学校、社会をつなぐ』筑摩書房、二〇〇九年
前田崇「戦後復興期から高度成長期の社会変動と定時制高校の社会的機能の変容」『日本学習社会学会年報』五号、二〇〇九年
松本幸広「第一章　なぜ通信制高校なのか」手島純編著『通信制高校のすべて――「いつでも、どこでも、だれでも」の学校』彩流社、二〇一七年
耳塚寛明・樋田大二郎編『高校教育改革シリーズⅡ多様化と個性化の潮流をさぐる』学事出版、一九九六年
宮坂広作「戦後高校教育の再認識」『後期中等教育改革――その歴史的現実と課題』日本教職員組合、一九六一年
――「後期中等教育の歴史的課題――後期中等教育の再編成問題について」『教育評論』一八一号、一九六六年

望月哲太郎『高等学校技能連携制度の解説――指定申請・連携措置の手引き』第一法規出版、一九六八年
安田水浩「『一条校化』は本当に必要か？（特集 専門学校のこれまでとこれから）」『月刊高校教育』第四〇巻第一二号、二〇〇七年
山田千春「高等専修学校の役割と課題：検討のための研究ノート」『教育福祉研究』第一八号、北海道大学大学院教育学研究院教育福祉論研究グループ、二〇一二年
――「教育の目的による高等専修学校の分類」『教育福祉研究』第一九号、北海道大学大学院教育学研究院教育福祉論研究グループ、二〇一三年（a）
――「専修学校研究の検討」『北海道大学大学院教育学研究院紀要』第一一八号、二〇一三年（b）
――「高等専修学校の一条校化をめぐる論点：管理職への聞き取り調査を中心に」『北海道大学大学院教育学研究院紀要』第一二〇号、二〇一四年
――「後期中等教育における高等専修学校の現状と課題」『専修教育』№37、二〇一六年
山田朋子「『教育困難校』の現状と課題に関する一考察――学校改革の限界とその要因」『女子美術大学研究紀要』第四〇号、二〇一〇年
山梨大学大学教育研究開発センター『通信制高等学校の第三者評価制度構築に関する調査研究 最終報告書』二〇一一年
横井敏郎「高校教育改革政策の理論とその課題」『国立教育政策研究所紀要』第一三八集、二〇〇九年
吉野浩一「中学生の高校選択の現状と高校の情報提供の在り方」政策研究大学院大学修士論文（www3.grips.ac.jp/~education/epc/wp-content/uploads/2014/04/201107.pdf）、二〇一二年
吉田昇・長尾十三二・柴田義松編『中等教育原理』有斐閣双書、一九八〇年
渡辺潔「第3章　定時制高校の変容と現状――都立F高等学校を事例として」門脇厚司・飯田浩之編『高等学校の社会史――新制高校の「予期せぬ帰結」』東信堂、一九九二年

◎専修学校・高等専修学校に関する資料

『各種学校教育』全国各種学校連合総会、一九六四〜一九七三年
『各種学校総覧』全国各種学校連合総会、一九六六〜一九七三年
「高等専修学校卒業者に対する大学入学資格の付与についい」［解説］『大学と学生』二三八、文部省高等教育局私学部私学行政課、一

九八六年
「高等専修学校の実態に関するアンケート調査報告書」（全国高等専修学校ホームページ https://www.zenkokukoutousenshugakkoukyou-kai.gr.jp/)（二〇一六年年度〜二〇二〇年度版）
『専修学校制定二〇年史』全国専修学校各種学校連合総会、一九九五年
『専修学校における学校評価ガイドライン』文部科学省生涯学習局、二〇一三年
『一五歳からの専修・各種学校ガイド二〇一二』晶文社、二〇一二年
『進路指導資料平成二五年度版全国専修学校総覧』一般財団法人職業教育・キャリア教育財団編集、二〇一二年
『進路指導資料平成二六年度版全国専修学校総覧』一般財団法人職業教育・キャリア教育財団編集二〇一三年
『進路指導資料令和三年度版全国専修学校総覧』一般財団法人職業教育・キャリア教育財団編集、二〇二〇年
『大学・短期大学への推薦入試に対する高等専修学校対応状況調査』全国高等専修学校協会 制度改善委員会、二〇〇三年
『大学・短期大学への推薦入試及びAO入試に対する高等専修学校対応状況再調査報告』全国高等専修学校協会 制度改善委員会、二〇〇六年
「ニュース高等専修」創刊号（一九八七年一〇月三一日）〜第二三号（二〇〇二年三月三一日）全国高等専修学校協会編集

◎B校・B市に関する資料

「技能連携制度について」G高等学校技能連携部、二〇一九年
『G高等学校「周年記念誌」 通信制課程七〇周年・単位制課程三〇周年・技能連携教育五〇周年』G高等学校周年記念事業協賛会、二〇一九年
『学校法人　B学園　B校　創立五十周年記念誌』学園創立五〇周年記念事業実行委員会、二〇〇三年
「ひと百人物語」『B民報』、二〇一四年
「B校学園創立六〇周年記念対談」『B民報』二〇一三年
「B校学校新聞」第一号（一九七七年一二月一〇日発行）〜第三五号（一九八九年三月一二日発行）
「B校学校経営案」一九八六年度〜一九八九年度
「B校教育計画」一九九〇年度〜一九九七年度
「B校学校要覧」二〇一二年度版

「B市情緒障害教育研究会資料」T氏作成、二〇一五年
『B市の令和二年度（令和元年度対象）教育委員会点検・評価報告書』B市教育委員会、二〇二〇年
『B市統計書令和元年度版（二〇一九年度版）』B市、二〇二〇年
『わが人生わが経営――信念貫き、道ひらく』一般社団法人・北海道中小企業家同友会、二〇一三年

あとがき

私は研究とは無縁の人間でした。二〇代は中学校の教員としてバレーボールの指導に情熱を捧げ、故加藤明さん（南米ペルーのバレーボールナショナルチームの監督。無名のペルーチームを世界のトップチームへと育て上げ、ペルーの英雄となった人物）の生き方に憧れ、青年海外協力隊員の試験を受け、中学の教員を退職してバレーボールの指導員としてスリランカへ赴任することになりました。

スリランカに赴任して一年後ぐらいに、当時、任国外旅行というものがあり、私はネパール、バングラディシュ、タイ、モルジブの四カ国を旅行しました。そのなかでもバングラディシュがとても印象に残っています。バングラディシュの青年海外協力隊員と話をする機会に恵まれました。その方の話では、当時（二〇〇〇年）、バングラディシュの成人識字率は半数程度ときわめて低く、日本人の協力隊員に「新聞を読んで聞かせてほしい」「ベンガル語の読み書きを教えてほしい」とお願いする村人が多いということでした。青年海外協力隊員は、日本の訓練所で任国の言語を学んだあとに赴任することになっています。私はこの話を聞いて衝撃を受けました。私の祖母が、幼い頃、貧しくて学校に通うことができず、成人してから文字の読み書きを学んだという話を思い出し、それとリンクして、途上国でスポーツを教える以前に、何か自分にすべきことがあるのではないかと強く感じるようになりました。このことが帰国後、途上国の人々の生活が少しでも改善されることを願って大学院へ進学し、途上国の貧困と教育をテーマとした研究活動をスタートさせるきっかけとなりました。

帰国後、北海道に戻り、北海道大学で貧困研究を行っている青木紀先生の存在を知りました。しかも、当時、青木先生の教育福祉研究ゼミで、助手をされていた佐々木宏先生（現　広島大学大学院総合科学研究科准教授）がインドの不就学問題について研究されていたこともあり、北海道大学大学院教育学研究科へ進学をし、青木先生のもとで指導を受けることになりました。大学院の研究計画では、バングラディシュのNGOが主催しているノンフォーマル教育について研究してみたいと計画を立てましたが、バングラディシュの研究に協力してくれる人物がいない点と、私自身がバングラディシュのベンガル語を話すことができない点から、それらの条件が揃っているスリランカを足場に研究テーマを考えたほうがよいとアドバイスを受け、修士課程では、スリランカの貧困政策である「サムルディ計画」と貧困家庭の子どもの教育費について研究を行っていました。

その後、博士課程に進学。それと同時に、大学や短期大学の教員公募に書類を提出してみるものの書類選考の段階で門前払いが続きました。当時の私は、中学校の期限付き教員や高校の時間講師をして生計を立てていたので、将来の生活に不安を抱き始めていたこともあり、研究活動を続けていくにしても、とりあえずどこかに就職したほうがよいと考えるようになりました。そこで、たまたま、ハローワークのインターネット検索で探し当てたのが、現在、勤務している高等専修学校の求人だったのです。

それから、私は、二〇〇九年の四月から高等専修学校に勤務するようになりました。赴任して、二年生の担任を任され、今までの教員経験などまったく通用せず、悪戦苦闘の毎日を過ごしていました。欠席や遅刻が多い生徒がいるなかで、何とか規定の欠席時数内で収めて、一人残らず進級・卒業させることが私自身の任務だと受け止め、欠席がオーバーしそうな生徒との必死の攻防戦が続いていました。一方、そのような環境のなかで、研究はまったく進みませんでした。青木先生は、土曜日等に社会人の院生のために、定期的に論文指導の時間を設けてくださっていましたが、指導や議論していただく材料すら用意することができず、研究から完全に足が遠のいてしまうような状態でした。

転機が訪れたのは、高等専修学校に勤務して三年半経過した、二〇一二年の秋のことでした。ようやく仕事にも慣れ、研究を再開しようと思い始めていましたが、現在の勤務先のままでは海外での調査を長期的に行うことが難しく、スリランカの貧困政策と貧困家庭の教育費をテーマとして博士論文を書き上げるのは難しい状況にありました。それと同時に、遠くの国の貧困研究も大事ですが、今、私自身が目の当たりにしている身近な生徒の状況も何とかしていきたいと思い始めるようになっていました。そんな矢先に、青木先生の後任として北大に赴任された松本伊智朗先生から今後の研究について相談しましょうとお声をかけていただきました。青木先生から松本先生に代わっての初めての面談だったと記憶しています。その際、私の名刺を松本先生にお渡しすると「山田さんの勤務先は高校ではないんだね。どうだろう、山田さんの学校（高等専修学校）のことについて何かまとめてみないかい？」と松本先生からアドバイスを受けました。松本先生のその一言が、高等専修学校を題材として研究を始める直接的なきっかけとなりました。

高等専修学校に勤務以来、高校との制度の違い、ここに通学する生徒や教育活動に対して興味関心を抱いていたので、私にとっては比較的取り組みやすいテーマでした。しかし、高等専修学校のような一条校以外の学校研究がきわめて少ないなかで、高等専修学校の題材を後期中等教育のどのような課題と関連づけながら、論文のなかで何を議論していくべきなのか、高校教育（後期中等教育）全般に関する知見が乏しかったため、それを決めていくことが私にとっては難題であり、多くの時間を要しました。本書が完成した今でもそれが十分に描けているとはいえないかもしれません。それと日常の勤務をしながら、研究活動に費やすことのできる時間をいかに確保していくかも私の大きな課題でした。ときには、博士論文の完成までに、まったくといっていいほど、研究が進められない時期もたびたびありましたが、多くの皆様に支えられながら、ようやく、審査委員会における修正を経て、二〇二〇年八月一四日に博士論文の公開発表を行い、翌月に学位を授かることができました。

私は、大学等に就職することができず、生活の安定のため、たまたま就職したのが高等専修学校でした。しかし、高等専修学校の教員だったからこそ、今回の研究テーマを授かることができ、博士論文を完成させることができたと思っています。海外へ長期的に調査に行くことができる環境が整っていたとしても必ずしもスリランカの貧困政策と教育をテーマとして博士論文が完成できたかどうかはわかりません。高等専修学校は、少数かつマイナーな学校種でありますが、少ない学校への助成金のなかで、中学校教育からおいていかれた生徒を受け止め、地域社会の担い手を育成するという貴重な役割を担っている学校です。高等専修学校に勤務する一教員として、そのことを少しでも世の中の人々に知ってもらいたいという気持ちがあったからこそ、最後まで諦めずに書くことができたと思います。

人生が思う通りに行かずに嘆くことがあるかもしれませんが、それが後々、幸運の種をもたらしてくれるきっかけを作ってくれることがあります。だから、未来は必ずよくなると信じて、今の自分を一歩一歩向上させていくことが大事である。

私は、高等専修学校を題材とした博士論文の作成過程を通してそのことを学びました。

本書は、二〇二〇年に筆者が北海道大学大学院教育学研究院に提出した博士学位請求論文「後期中等教育における高等専修学校の研究——高校教育に対する『補完』の実態」(二〇二〇年八月提出、九月学位授与)をもとに加筆・修正したものです。補論以外は、未発表の内容となります。

初出一覧

序章　書き下ろし

第1章　書き下ろし

第2章　書き下ろし
第3章　書き下ろし
第4章　書き下ろし
第5章　書き下ろし
終章　書き下ろし
補論　山田千春「高等専修学校の一条校化をめぐる論点：管理職への聞き取り調査を中心に」『北海道大学大学院教育学研究院紀要』第一二〇号、二〇一四年を加筆・修正した。

本書をまとめるにあたり、多くの方々にお世話になりました。この場を借りて、感謝の言葉を申し上げます。まず、最初に、北海道大学大学院教育学研究院教授の松本伊智朗先生には、高等専修学校の研究をスタートするきっかけをつくってくださっただけではなく、私自身の問題意識を大切に尊重し、論文として形になるまでご指導していただきました。また、私が仕事で研究活動から遠のいてしまったときも、松本先生は、粘り強く、声をかけてくださいました。松本先生からの温かい声かけがなければ、おそらく博士論文を仕上げることができなかったと思います。さらに、博士論文を下敷きに本書を書き上げるにあたっても貴重なご意見をいただき、感謝しております。

北海道大学大学院教育学研究院准教授の鳥山まどか先生には、博士論文を作成するにあたり、細部にわたってご指導いただきました。鳥山先生は、教育福祉ゼミの先輩であり、修士課程のときから長きにわたってお世話になってきました。その間、教育福祉ゼミのメンバーも入れ替わりましたが、私がゼミの教室に通い続けることができたのも鳥山先生の存在によるところが大きかったと思います。いつもゼミで温かく迎えてくださってありがとうございました。また、松本先生同様に、本書を仕上げるにあたっても、最後の最後までご指導いただきありがとうございました。

名寄市立大学元学長の青木紀先生には、北海道大学大学院教育学研究科の教育福祉ゼミで大変お世話になりました。私はまったく知識がない社会人の院生でしたが、青木ゼミのなかで難解な専門書の読解や社会調査の基礎をご指導していただきました。さらに、青木先生の発想力や着眼点の素晴らしさによって、研究の楽しさや面白さも教えていただきました。現在も研究活動を継続しているのも青木先生の影響によるところが大きいと思います。

広島大学大学院総合科学研究科准教授の佐々木宏先生には、先生が北大にいらっしゃった修士課程からご指導をいただいています。スリランカの貧困政策と貧困家庭の教育費をテーマとした修士論文の作成だけではなく、先生がインドの高等教育（非正規の私立学校も存在する）についても調査・研究をされている関係から、同じ非正規の学校である高等専修学校について博士論文をまとめるにあたっても私の副査も担当してくださいました。先生には、博士論文の公開発表会に至るまで、その都度、私の論文の課題を明確に示していただき、どのような点を修正していけばよいのか、ご指導していただきました。修士論文から博士論文のテーマが大きく変わり、時間はかかりましたが、最後まで書き通すことができたのも佐々木先生の細やかなご指導のお陰です。本当にありがとうございました。

博士論文の副査を担当してくださった北海道大学大学院教育学研究院准教授の光本滋先生には、私が高等専修学校の研究を始めた頃から、教育制度を中心にご指導していただきました。また、高校教育を研究するにあたって、参考となる文献などを示していただきました。高等専修学校の研究をする前までは、教育制度や高校教育についての知識が乏しかったので、光本先生のご指導のもとで、新しい分野が開けていったと感じています。さらに、今後の研究活動を続けていくうえでの多くの課題を授けていただき心から感謝しています。

全国高等専修学校協会の会長を務められていらっしゃる清水信一先生には、東京で開催された高等専修学校の研修会にお誘いいただきありがとうございました。当時は、東京にある武蔵野東高等専修学校の校長先生もされていて、そこでの公開授業研究会にも参加させていただきました。清水先生は、高校との待遇の格差に対して、それが改善されるように精力的に取り組んでいらっしゃいましたので、私の研究に対しても応援していただきました。

東京学芸大学准教授の伊藤秀樹先生には、ご自身の書かれた研究論文をわざわざ私の勤務先まで送ってくださいました。高等専修学校を事例として扱う研究者は皆無に近い状態のなかで、先生の東京の専修学校を事例とした論文はとても貴重であり、後に刊行された書籍も含めて、私自身の論文作成に大いに参考にさせていただきました。

そして、本書を作成するにあたりお忙しいなかにもかかわらず、私のインタビュー調査にご協力いただいた北海道の高等専修学校の先生方には感謝申し上げます。インタビュー調査を通して、先生方お一人おひとりの熱き情熱によって、課題を抱えた高等専修学校の生徒たちが成長できていることを実感させられました。

そのなかでもとくに、本書で事例の中心となったB校の理事長M氏とT氏には、私の調査活動に全面的にご協力いただきました。本書が出版される二〇二二年は、M氏が学校を始めて七〇年目を迎え（B校は来年二〇二三年に七〇周年を迎える）、奇しくも、いや大変おめでたいことに理事長のM氏は七月で満一〇〇歳のお誕生日を迎えられるそうです。M氏は三〇歳で学校を創立し、現在もお元気で毎日学校に勤務されています。M氏のその教育に対する情熱に敬意を表するとともに、ささやかではありますが、本書をM氏の百寿のお祝いとしてプレゼントにさせていただきたいと思っています。

また、母校にわざわざ足を運んでいただき、インタビュー調査に協力してくれた卒業生の皆さん、本当にありがとうございました。母校の高等専修学校での出来事を語る皆さん一人ひとりの表情から、充実した学校生活を送っていたことを想像することができました。

北海道大学大学院教育学院の教育福祉ゼミの先輩・後輩の皆さんには、大変お世話になりました。とくに、教育福祉ゼミを巣立ったシニア研の皆様には、博士論文と本書の執筆において、たくさんのご指導やアドバイスをいただき感謝しています。

六花出版の山本有紀乃社長には、私の博士論文を書籍として出版する機会を与えていただき感謝しております。また、出版に際して、多大なる指導やアドバイスをいただきありがとうございました。また、六花出版の大野康彦さん、黒板博子さん、大塚直子さんにもお力添えをいただきありがとうございます。

最後になりましたが、故高崎格さん、奥様の故高崎節子さんには、あらゆる面でお世話になりました。高崎格さんは、工業高校の教員を定年退職されてから、私が北大の修士課程に在籍していた同じ頃に、北大の産業教育ゼミの修士課程に在籍していました。高崎格さんには、私が高等専修学校での生徒指導に悩んでいたときに、いつもアドバイスをしていただいていました。また、これからの学校経営は地域と一体となって進めていくべきだと学校と地域のあり方の重要性を示してくれて、それが博士論文を書いていく上でも重要なヒントとなりました。しかし、二〇一九年六月に他界され、博士論文の完成を高崎格さんに直接、伝えることができませんでした。奥様の節子さんには二〇二〇年九月に私の学位授与のことを報告すると、まるで自分のことのように喜んでくれて、お祝いの品までいただきました。しかし、ご病気のため、節子さんも二〇二一年五月に他界され、本書が刊行されたことをお伝えすることができずに、本当に残念でなりません。

このように人の命には限りがあります。それは仕方がないことですが、私自身、命ある限り、至らないながらも死ぬ直前まで研究に対して努力を続けていきたいです。それが、お世話になった皆様方への最上の恩返しであると思うからです。

二〇二一年九月

山田千春

主要人名索引

や

ら

わ

な

は

ま

た

さ

主要事項索引

高等専修学校《こうとうせんしゅうがっこう》の研究《けんきゅう》——地域《ちいき》の教育《きょういく》ニーズに着目《ちゃくもく》して

著者——山田千春

発行日——二〇二二年三月三〇日　初版第一刷

発行者——山本有紀乃

発行所——六花出版

〒一〇一-〇〇五一　東京都千代田区神田神保町一-二八　電話〇三-三二九三-八七八七　振替〇〇一二〇-九-三二五二六

出版プロデュース——大野康彦

校閲——黒板博子・大塚直子

組版——寺田祐司

印刷——モリモト印刷

製本——青木製本

装丁——山田英春

著者紹介——山田千春（やまだ・ちはる）

一九六九年　山形県に生まれる

一九九九年　青年海外協力隊員としてスリランカに赴任（バレーボール指導員）

二〇〇三年　東洋大学文学部国文学科卒業

二〇一五年　北海道大学大学院教育学研究科博士課程単位取得退学 博士（教育学）

現在　北海道内の高等専修学校教員

ISBN978-4-86617-163-0